SpamAssassin

open source library

open source library

Open Source Software wird gegenüber kommerziellen Lösungen immer wichtiger. Addison-Wesley trägt dieser Entwicklung Rechnung mit den Büchern der **Open Source Library**. Administratoren, Entwickler und User erhalten hier professionelles Know-how, um freie Software effizient einzusetzen. Behandelt werden sowohl Themen wie Betriebssysteme, Netzwerke und Sicherheit als auch Programmierung.

Eine Auswahl aus unserem Programm:

Dieses Buch zeigt, wie mit den Bordmitteln jeder Linux-Distribution – z.B. Snort 2.0 – auf einem Linux-Server ein professionelles System zur Einbruchserkennung und -Verhinderung aufgesetzt wird. Der Autor erläutert die Anwendung von IDS auf komplexe Netzwerke, beschreibt die Arbeit mit den wichtigsten Tools (Tripwire und Snort) zur System- und Netzwerküberwachung, schildert ausführlich die Analyse der gewonnenen Daten sowie ihre Interpretation und gibt Richtlinien für die Prävention und die richtige Reaktion im Ernstfall. Er beschreibt außerdem die technischen und formalen Voraussetzungen für den Einsatz eines IDS, zeigt Grenzen auf und warnt vor juristischen Fallstricken.

Ralf Spenneberg
Intrusion Detection und Prevention mit Snort 2 & Co.
ISBN 3-8273-2134-4
816 S., 1 CD
Euro 59,95 (D), 61,70 (A)

In einem VPN (Virtual Private Network) tauschen Rechner untereinander Daten aus, die nur sie allein entschlüsseln können. Ihre Kommunikation ähnelt damit der in einem geschlossenen, sicheren Netzwerk, auch über ein öffentliches Netz wie das Internet. VPN-Lösungen für Linux sind sicher, kostengünstig und nehmen mit der wachsenden Zahl von Linux-Servern zu. Autor Ralf Spenneberg beschreibt nach den Grundlagen der Thematik (Kryptographie, Protokolle, Key-Management, Netzwerkstrukturen) die Praxis von Konfiguration und Betrieb eines VPN mit FreeS/wan und Openswan (für Kernel 2.4) und Kernel IPsec (für den neuen Kernel 2.6). Anschließend behandelt der Autor Fragen der fortgeschrittenen VPN-Konfiguration wie den Einsatz in heterogenen Netzen, Bandbreiten-Kontrolle, NAT-Traversal, Kooperation mit anderen (nicht IP-) Protokollen und die dynamische Adressvergabe mit DHCP über das VPN.

Ralf Spenneberg
VPN mit Linux
ISBN 3-8273-2114-X
432 S., 1 CD
Euro 49,95 (D), 51,40 (A)

Alistair McDonald

SpamAssassin

Leitfaden zu Konfiguration, Integration und Einsatz

An imprint of Pearson Education

München • Boston • San Francisco • Harlow, England
Don Mills, Ontario • Sydney • Mexico City
Madrid • Amsterdam

Die Deutsche Bibliothek – CIP-Einheitsaufnahme

Die Deutsche Bibliothek verzeichnet diese Publikation in der Deutschen
Nationalbibliografie; detaillierte bibliografische Daten sind im Internet
über http://dnb.ddb.de abrufbar.

Die Informationen in diesem Produkt werden ohne Rücksicht auf einen eventuellen Patentschutz
veröffentlicht.
Warennamen werden ohne Gewährleistung der freien Verwendbarkeit benutzt.
Bei der Zusammenstellung von Texten und Abbildungen wurde mit größter Sorgfalt vorgegangen.
Trotzdem können Fehler nicht vollständig ausgeschlossen werden.
Verlag, Herausgeber und Autoren können für fehlerhafte Angaben und deren Folgen weder eine
juristische Verantwortung noch irgendeine Haftung übernehmen.
Für Verbesserungsvorschläge und Hinweise auf Fehler sind Verlag und Herausgeber dankbar.

Autorisierte Übersetzung der englischen Originalausgabe *SpamAssassin*.

Authorized translation from the English language edition, entitled *SpamAssassin* by Alistair McDonald,
published by Packt Publishing, Copyright © 2004

Alle Rechte vorbehalten, auch die der fotomechanischen Wiedergabe und der Speicherung in
elektronischen Medien.
Die gewerbliche Nutzung der in diesem Produkt gezeigten Modelle und Arbeiten ist nicht zulässig.

Fast alle Hardware- und Softwarebezeichnungen, die in diesem Buch erwähnt werden, sind gleichzeitig
auch eingetragene Warenzeichen oder sollten als solche betrachtet werden.

Umwelthinweis:
Dieses Produkt wurde auf chlorfrei gebleichtem Papier gedruckt.

10 9 8 7 6 5 4 3 2 1

07 06 05

ISBN 3-8273-2205-7

© 2005 by Addison-Wesley Verlag,
ein Imprint der Pearson Education Deutschland GmbH
Martin-Kollar-Straße 10–12, D-81829 München/Germany
Alle Rechte vorbehalten
Übersetzung: G&U Technische Dokumentation, Flensburg
Einbandgestaltung: Marco Lindenbeck, webwo GmbH (mlindenbeck@webwo.de)
Fachlektorat: Ralf Spenneberg, Steinfurt
Lektorat: Boris Karnikowski, bkarnikowski@pearson.de
Korrektorat: Florence Maurice, München
Herstellung: Monika Weiher, mweiher@pearson.de
Satz: reemers publishing services gmbh, Krefeld, www.reemers.de
Druck: Bercker Graphischer Betrieb, Kevelaer
Printed in Germany

Inhaltsübersicht

	Vorwort	17
	Einleitung	19
1	Einführung in das Thema Spam	23
2	Spam- und Anti-Spam-Techniken	31
3	Offene Relays	43
4	E-Mail-Adressen schützen	53
5	Spam erkennen	61
6	SpamAssassin installieren	71
7	Konfigurationsdateien	89
8	SpamAssassin im Einsatz	95
9	Bayes-Filterung	117
10	Benutzerdefinierte Anpassungen	129
11	Netzwerktests	137
12	Regeln	157
13	Filteroptimierung	173
14	Leistung	189
15	Wartung und Berichte	213
16	Aufbau eines Anti-Spam-Gateways	223
17	E-Mail-Clients	239
18	Andere Anti-Spam-Programme	253
19	Glossar	263
	Stichwortverzeichnis	267
	Über den Autor	273
	Über die technischen Gutachter	275

Inhaltsverzeichnis

	Vorwort	17
	Einleitung	19
	Der Inhalt dieses Buchs	19
	Was Sie für dieses Buch benötigen	21
	Schreibweisen in diesem Buch	21
	Die Beispiele dieses Buchs herunterladen	22
1	**Einführung in das Thema Spam**	**23**
1.1	Was ist Spam?	23
1.1.1	Definitionen	24
1.1.2	Spam im historischen Rückblick	24
1.1.3	Spammer	25
1.2	Die Kosten von Spam	25
1.2.1	Kosten für den Spammer	26
1.2.2	Kosten für den Empfänger	27
1.3	Spam vor dem Gesetz	27
1.4	Zusammenfassung	29
2	**Spam- und Anti-Spam-Techniken**	**31**
2.1	Spam-Techniken	31
2.1.1	Ausnutzung von offenen Relays	31
2.1.2	Sammeln von E-Mail-Adressen	32
2.1.3	Verschleierung des Inhalts	32
2.1.4	Statistisches Filter-Poisoning	32
2.1.5	Generierung einmaliger E-Mail-Texte	32
2.1.6	Trojanische Pferde	32
2.2	Anti-Spam-Techniken	33
2.2.1	Schlüsselwortfilter	33
2.2.2	Open Relay Blacklists (ORBLs)	33
2.2.3	Beschwerde beim ISP	33
2.2.4	Statistische Filterung	34
2.2.5	Analyse des E-Mail-Headers	34
2.2.6	Inhaltsüberprüfung	34

Inhaltsverzeichnis

		2.2.7	Whitelists	35
		2.2.8	Inhaltsdatenbanken	35
		2.2.9	Absendervalidierungssysteme	35
		2.2.10	Sender Policy Framework (SPF)	36
		2.2.11	Grey Listing	36
	2.3	Spam-Filterdienste		36
		2.3.1	Sammeln und Weiterleiten	37
		2.3.2	Sammeln und Zurückschicken	37
		2.3.3	Senden und Weiterleiten	37
		2.3.4	Auswahl eines Anti-Spam-Dienstleisters	38
		2.3.5	Dienste des ISPs	39
	2.4	Anti-Spam-Programme		39
		2.4.1	SpamAssassin	39
		2.4.2	Zusammenfassung	41
3	**Offene Relays**			**43**
	3.1	E-Mail-Zustellung		44
	3.2	Testverfahren für offene Relays		44
		3.2.1	Automatisierte Tests	45
		3.2.2	Manuelle Tests	46
	3.3	MTA-Konfiguration		47
		3.3.1	Sendmail	47
		3.3.2	Postfix	48
		3.3.3	Exim	49
		3.3.4	qmail	51
	3.4	Zusammenfassung		51
4	**E-Mail-Adressen schützen**			**53**
	4.1	Websites		53
		4.1.1	Alternative Zeichendarstellung	54
		4.1.2	JavaScript	54
	4.2	Usenet		55
		4.2.1	Trojanische Pferde	56
	4.3	Mailinglisten und Archiv		56
	4.4	Registrierung auf Websites		57
		4.4.1	Die Verwendung von E-Mail-Adressen nachverfolgen	57
		4.4.2	Unlautere Angestellte	58

4.5		Personal	58
4.6		Visitenkarten und Werbematerial	59
4.7		E-Mail-Validierung durch Spammer	59
	4.7.1	Webbugs	60
4.8		Zusammenfassung	60

5 Spam erkennen ... 61

5.1		Inhaltsprüfung	61
5.2		Headerprüfung	62
5.3		DNS-basierte Blacklists	62
5.4		Statistische Tests	63
5.5		Nachrichtenerkennung	64
5.6		URL-Erkennung	64
5.7		Header untersuchen	65
	5.7.1	Gefälschte Header	66
5.8		Spammer melden	67
5.9		Rechtmäßiger Versand von Massen-E-Mails	68
5.10		Zusammenfassung	70

6 SpamAssassin installieren ... 71

6.1		Erstellung aus dem Quellcode	72
	6.1.1	Vorbereitungen	72
	6.1.2	Ist ein C-Compiler vorhanden?	75
6.2		Verwendung von CPAN	76
6.3		Manuelle Installation	77
6.4		Build-Fehler reparieren	78
6.5		Distributionen	79
	6.5.1	RPM	80
	6.5.2	Debian	80
	6.5.3	Gentoo	81
	6.5.4	Andere Formate	81
6.6		Windows	81
6.7		Die Installation überprüfen	82
6.8		Aktualisieren	83

	6.9	Deinstallieren	84
		6.9.1 Deinstallation bei Verwendung des Quellcodes	84
		6.9.2 Andere Pakete	85
		6.9.3 Deinstallation unter Windows	85
	6.10	Die Komponenten von SpamAssassin	85
		6.10.1 Ausführbare Dateien	86
		6.10.2 Perl-Module	86
		6.10.3 Dokumentation	86
	6.11	Zusammenfassung	86
7	**Konfigurationsdateien**		**89**
	7.1	Konfigurationsdateien	89
		7.1.1 Standardkonfiguration	89
		7.1.2 Site-umfassende Konfiguration	89
		7.1.3 Benutzerspezifische Konfiguration	90
	7.2	Regeldateien	90
		7.2.1 Regeln	90
		7.2.2 Wertung	91
	7.3	Zusammenfassung	93
8	**SpamAssassin im Einsatz**		**95**
	8.1	SpamAssassin als Daemon	96
		8.1.1 Benutzerkonten erstellen	97
	8.2	SpamAssassin und Procmail	98
		8.2.1 Ist Procmail vorhanden?	98
		8.2.2 Procmail beschaffen und installieren	99
		8.2.3 Procmail konfigurieren	99
		8.2.4 MTA-Konfiguration	99
		8.2.5 Benutzerkonten konfigurieren	102
		8.2.6 Site-umfassender Einsatz von Procmail	104
	8.3	SpamAssassin in den MTA integrieren	104
		8.3.1 Sendmail	104
		8.3.2 MIMEDefang	105
		8.3.3 Postfix	107
		8.3.4 Exim	107
		8.3.5 qmail	108

Inhaltsverzeichnis

8.4	Test und Fehlerbehebung	109
	8.4.1 Überprüfen des MTA	110
	8.4.2 Weiterführende Diagnose	111
8.5	Spam zurückweisen	112
8.6	Zusammenfassung	116

9 Bayes-Filterung **117**

9.1	Wertung	117
9.2	Training	119
9.3	Ist der Filter aktiv?	120
9.4	Filtertraining	121
	9.4.1 Benutzereingriff	121
	9.4.2 Lokale Benutzer	122
	9.4.3 Verlernen	123
	9.4.4 Schwellenwerte für den automatischen Lernvorgang	124
	9.4.5 Bayes-Datenbankdateien	124
	9.4.6 Eine Bayes-Datenbank entfernen	125
	9.4.7 Eine Bayes-Datenbank gemeinsam nutzen	125
9.5	Die Bayes-Filterung deaktivieren	127
9.6	Zusammenfassung	127

10 Benutzerdefinierte Anpassungen **129**

10.1	Header	129
	10.1.1 Header ändern	132
	10.1.2 Header erstellen	132
	10.1.3 Header entfernen	132
10.2	Berichte	133
	10.2.1 Berichte aktivieren und deaktivieren	134
	10.2.2 Berichte ändern	134
10.3	Den Betreff neu schreiben	136
10.4	Zusammenfassung	136

11 Netzwerktests **137**

11.1	RBLs	139
11.2	SURBLs	140
	11.2.1 SpamAssassin 2.63	141

11.3	Vipul's Razor		141
	11.3.1	Razor installieren	142
	11.3.2	Razor konfigurieren	142
	11.3.3	SpamAssassin konfigurieren	145
	11.3.4	Razor testen	146
11.4	Pyzor		147
	11.4.1	Pyzor installieren	148
	11.4.2	Pyzor konfigurieren	148
	11.4.3	SpamAssassin konfigurieren	148
	11.4.4	Pyzor testen	149
	11.4.5	Pyzor-Header	150
11.5	DCC		150
	11.5.1	DCC installieren	151
	11.5.2	SpamAssassin konfigurieren	151
	11.5.3	DCC testen	152
	11.5.4	DCC-Header	153
11.6	Spam-Fallen		153
	11.6.1	Adressen für Spam-Fallen	154
	11.6.2	Köder legen	154
	11.6.3	Das E-Mail-Konto konfigurieren	155
11.7	Zusammenfassung		156

12 Regeln 157

12.1	Regeln verfassen		158
	12.1.1	Leistung von Regeln	162
	12.1.2	Metaregeln	162
	12.1.3	Positive Regeln schreiben	164
	12.1.4	Rohtextregeln	166
	12.1.5	Ein E-Mail-Corpus zum Testen der Regeln und der Wertung	167
12.2	Andere Regelsätze verwenden		170
12.3	Zusammenfassung		171

13 Filteroptimierung 173

13.1	Whitelists und Blacklists		173
	13.1.1	Whitelists und Blacklists manuell anlegen	174
	13.1.2	Domains in Whitelists aufnehmen	175
13.2	Die automatische Whitelist		176

Inhaltsverzeichnis

13.3	Falsche Klassifizierungen berichtigen	177
	13.3.1 Nachrichten untersuchen	178
	13.3.2 Den Schwellenwert für Spam ändern	178
	13.3.3 Testwertungen neu gewichten	180
	13.3.4 Bayes'sches Verlernen und Neulernen	183
13.4	Zeichensätze und Sprachen	184
	13.4.1 Sprachen ausschließen	184
	13.4.2 Zeichensätze ausschließen	185
13.5	Zusammenfassung	187

14 Leistung ... **189**

14.1	Engpässe	189
	14.1.1 Speicher	189
	14.1.2 Festplatten-E/A	191
	14.1.3 Engpässe ermitteln	192
14.2	Methoden zur Leistungssteigerung	192
	14.2.1 Den SpamAssassin-Daemon verwenden	195
	14.2.2 SpamAssassin in den MTA integrieren	195
	14.2.3 Nachrichten überspringen	195
	14.2.4 Einige Testverfahren deaktivieren	197
	14.2.5 Netzwerkbasierte Tests vorziehen	197
	14.2.6 Zusätzliche Rechner verwenden	198
	14.2.7 Schnellere Dateisperren	200
14.3	SQL verwenden	200
	14.3.1 Voraussetzungen	201
	14.3.2 MySQL	202
	14.3.3 Spamd mit SQL	203
	14.3.4 SQL für Benutzervoreinstellungen	203
	14.3.5 SQL für Bayes-Datenbanken	208
	14.3.6 Die Datenbank für die automatische Whitelist	210
14.4	Zusammenfassung	211

15 Wartung und Berichte ... **213**

15.1	Spam nach Wahrscheinlichkeiten trennen	213
15.2	Fehler von SpamAssassin erkennen	214

15.3	Spam- und Ham-Berichte		216
	15.3.1	Spam-Zähler	216
	15.3.2	Die Verarbeitungszeit von SpamAssassin bestimmen	219
15.4	Zusammenfassung		222

16 Aufbau eines Anti-Spam-Gateways 223

16.1	Die PC-Plattform auswählen		224
16.2	Die Linux-Distribution auswählen		225
	16.2.1	Linux installieren	226
16.3	Postfix konfigurieren		227
	16.3.1	E-Mail an die Domain akzeptieren	228
	16.3.2	Mail an den Benutzer root	228
	16.3.3	Grundlegende Spam-Filterung mit Postfix	229
	16.3.4	E-Mails an den ursprünglichen E-Mail-Server weiterleiten	229
	16.3.5	Postfix neu laden	230
	16.3.6	Postfix testen	230
16.4	Amavisd-new installieren		231
	16.4.1	Installation von einem Paket	232
	16.4.2	Vorbereitung	232
	16.4.3	Installation aus dem Quellcode	233
	16.4.4	Ein Benutzerkonto für Amavisd-new anlegen	233
16.5	Amavisd-new konfigurieren		234
16.6	Postfix für Amavisd-new konfigurieren		235
16.7	Externe Dienste konfigurieren		236
16.8	Die Firewall konfigurieren		236
16.9	Backups		236
16.10	Tests		236
16.11	Im Einsatz		237
16.12	Zusammenfassung		238

17 E-Mail-Clients 239

17.1	Allgemeine Konfigurationsregeln	239
17.2	Microsoft Outlook	240
17.3	Microsoft Outlook Express	245
17.4	Mozilla Thunderbird	247

	17.5	Qualcomm Eudora 250
	17.6	Zusammenfassung 251

18 Andere Anti-Spam-Programme 253

    18.1 Spam-Richtlinien 253
    18.2 Spam-Filter bewerten 254
    18.3 Einen zweiten Filter konfigurieren 255
        18.3.1 Einzelner Rechner 255
        18.3.2 Getrennte Rechner 256
    18.4 Andere Techniken 259
        18.4.1 Greylists 259
        18.4.2 SPF 259
        18.4.3 Absendervalidierung 260
    18.5 Zusammenfassung 261

19 Glossar 263

Stichwortverzeichnis 267

Über den Autor 273

Über die technischen Gutachter 275

*Dieses Buch ist meinen Kindern Imogen und Keir gewidmet
– so lebhaft am Tage und so friedlich zur Nacht.*

Vorwort

Ich kann mich noch daran erinnern, wie ich meine erste Spam-E-Mail erhielt. Das war in den Neunzigern, als CompuServe zum ersten Mal E-Mail-Adressen für das Internet anbot. Ich hatte schon von Spam gehört, aber noch keine erhalten. Diese erste Spam-E-Mail erschien mir sonderbarerweise wie ein Zeichen dafür, dass ich jetzt im Internet erwachsen geworden war, aber die zweite, dritte und vierte machten mir sehr schnell klar, was für eine Geißel Spam ist. Damals hatte ich noch nicht erkannt, welchen großen Einfluss Spam auf das Internet haben würde und wie viel Aufwand in die Bekämpfung gesteckt werden muss. Von da an habe ich E-Mail-Adressen geschützt, bis ich begann, mit SpamAssassin zu arbeiten.

Ich hoffe, dass dieses Buch meinen Kollegen Systemadministratoren hilft, SpamAssassin zu installieren und zu konfigurieren. Es ist eine wirklich gute Lösung für das Problem Spam und erfordert wenig Zeit zum Aufsetzen.

Dieses Buch zu schreiben, war nicht das Verdienst eines Einzelnen, und viele andere Menschen bedürfen der Erwähnung.

Zuallererst meine Frau Louise, die viele lange Nächte geopfert hat, um meine Entwürfe kritisch zu begutachten und mein Englisch zu verbessern, während sie mit der anderen Hand zwei sehr aktive Kinder großzog. Trotz ihrer Bemühungen, alle Kommafehler aus dem Text zu tilgen, sind wohl doch ein oder zwei geblieben.

Eine Reihe von Freunden und Kollegen hat die Entwürfe der Kapitel kommentiert und Ideen und Anregungen beigetragen. Ich möchte diese Gelegenheit nutzen, um ihnen in aller Öffentlichkeit für ihre Anstrengungen zu danken: Paul Serjeant, Ian Haycox, Colin Jenkins und Jamie O'Shaugnessey.

Während ich dieses Buch schrieb, hatte ich das Pech, mich lange Zeit fern von zu Hause aufhalten zu müssen. Das wurde nur dadurch erträglich, dass ich einen Großteil dieser Zeit mit meinen Eltern verbringen durfte. Ich möchte ihnen dafür danken, dass sie so gut für mich gesorgt haben, und mich auch dafür entschuldigen, dass ich manchmal ein so schrecklicher und ungeselliger Gast gewesen bin.

Natürlich gibt es viele Menschen, denen ich danken möchte. Allen SpamAssassin-Entwicklern von einst und jetzt gebühren Glückwünsche für dieses wirkungsvolle Werkzeug. Ihre Arbeit wiederum beruht auf der von vielen Entwicklern der Sprache Perl, einem anderen großartigen freien Softwareprojekt. Hut ab vor eurer harten Arbeit und eurem Einfallsreichtum.

Schließlich ein großes Dankeschön an das Team von Trade Router für alle anregenden Kommentare. Bleibt erfolgreich!

Ich habe dieses Buch auf einem Dell-Laptop mit Gentoo Linux geschrieben und VMware verwendet, um nicht weniger als sieben verschiedene Virtual Machines für die Tests zu installieren – vier separate Gentoo-Konfigurationen für Sendmail, Postfix, Exim und Gmail, eine Windows 2000-, eine RedHat 9- und eine Debian-Installation von der wunderbaren Knoppix-CD.

Einleitung

SpamAssassin ist ein Open-Source-Spam-Detektor. Sein Ruf ist exzellent, er wird von vielen großen Unternehmen eingesetzt und ist außerdem die Basis für kommerzielle Dienstleistungen und Produkte. SpamAssassin kann kostenlos heruntergeladen, installiert und benutzt werden und lässt sich vielfältig anpassen, konfigurieren und auf große Architekturen skalieren. Sie können das Programm innerhalb eines Nachmittags installieren, es lohnt sich aber, etwas Zeit zu investieren, um die Erkennungsrate zu steigern.

Dieses Buch bildet einen Leitfaden für die Installation, Konfiguration und Anpassung von SpamAssassin. Es behandelt außerdem die Geschichte von Spam und die zahlreichen Verfahren, dieses Ärgernis zu bekämpfen, und enthält ausführliche Informationen über die beliebten MTAs (Mail Transport Agents) Sendmail, Postfix, Exim und qmail. Dieses Buch beschreibt detailliert die Installation von SpamAssassin unter Unix und Linux und gibt Hinweise für die Installation unter Windows. Außerdem beschreibt es die Integration eines separaten Spam-Filters in eine bestehende Infrastruktur, z. B. Microsoft Exchange.

Die meisten Spam-Detektoren verwenden nur eine oder zwei Methoden zur Erkennung, SpamAssassin dagegen setzt viele Verfahren ein, ist erweiterbar und ermöglicht den Benutzern, eigene Regeln für die Erkennung von Spam einzurichten. Neue Verfahren, etwa das Sender Policy Framework (SPF), lassen sich SpamAssassin als Modul hinzufügen. Benutzer und Systemadministratoren können fast jede Funktion von SpamAssassin konfigurieren, was zu außerordentlich hohen Erkennungsraten führt. SpamAssassin ist Open Source, was bedeutet, dass der Quelltext für andere zur Durchsicht oder Überarbeitung frei erhältlich ist. Das Programm wird von Freiwilligen entwickelt, dokumentiert und unterstützt, die ihre Zeit unentgeltlich zur Verfügung stellen.

Der Inhalt dieses Buchs

Dieses Buch gliedert sich im Wesentlichen in drei Teile. Der erste beschreibt Spam, Spammer und Anti-Spam-Verfahren. Der zweite erklärt die Grundlagen von SpamAssassin: wo Sie das Programm erhalten, wie Sie es installieren und konfigurieren. Der letzte Abschnitt befasst sich mit der Verbesserung der Spam-Erkennung und Leistungssteigerung einer Installation.

Kapitel 1 führt in Spam ein und enthält Definitionen einiger Begriffe, die in diesem Buch verwendet werden. *Kapitel 2* erläutert die vielfältigen technischen Ansätze zur Erkennung von Spam und die Gegenmaßnahmen der Spammer.

Kapitel 3 beschäftigt sich mit offenen Relays, einer der Hauptquellen von Spam, und zeigt, wie Sie überprüfen, ob Ihr Server von Spammern missbraucht werden kann. Außerdem wird erläutert, wie ein MTA umkonfiguriert wird, der sich als Open Relay erweist. *Kapitel 4* beschreibt, auf welche Weise Spammer an E-Mail-Adressen gelangen, und zeigt Ansätze auf, wie Adressen auf Webseiten veröffentlicht werden können, ohne von automatisierten Systemen entdeckt zu werden. *Kapitel 5* erläutert die Verfahren zur Spam-Erkennung.

Kapitel 6 bietet ausführliche Anweisungen zur Installation von SpamAssassin unter Unix, Linux und Windows und erklärt, wie Sie die anderen Pakete erhalten, die für SpamAssassin erforderlich sind.

Kapitel 7 behandelt kurz die Konfigurationsdateien von SpamAssassin und bildet die Grundlage für die verbleibenden Kapitel. *Kapitel 8* erläutert, wie SpamAssassin in den MTA eingebunden oder von Procmail aufgerufen wird. Es werden verschiedene Ansätze besprochen, die die unterschiedlichen Anforderungen von Unternehmen erfüllen.

Kapitel 9 erläutert die Bayes-Filter von SpamAssassin, ein Werkzeug, das aus Spam-E-Mails lernen kann und die Erkennungsrate dramatisch steigert.

SpamAssassin ist unglaublich flexibel, und *Kapitel 10* zeigt, wie dieses Programm E-Mails verändern kann, um sie als Spam zu kennzeichnen. *Kapitel 11* stellt einige externe Netzwerktests vor, die Datenbanken mit bekanntem Spam einsetzen, um die Erkennungsrate zu steigern.

Kapitel 12 enthält eine Beschreibung der Regeln von SpamAssassin und erläutert, wie sie geschrieben, getestet und bewertet werden.

Kapitel 13 beschreibt weitere Methoden zur Verbesserung der Erkennungsrate, z.B. White- und Blacklists.

Kapitel 14 erklärt, wie Sie die Leistung einer SpamAssassin-Installation steigern können.

Kapitel 15 beschreibt einige hilfreiche Berichte und Werkzeuge, die ein Administrator einsetzen kann, um die Ausführung einer SpamAssassin-Installation zu verbessern.

Kapitel 16 enthält eine vollständige Beschreibung zur Einrichtung eines Gateways zur Spam-Filterung, von der Linux- und SpamAssassin-Installation bis zur Konfiguration und der Weiterleitung der Nicht-Spam-E-Mails (oder Ham-E-Mails) an den bestehenden Mail-Server.

Kapitel 17 beschreibt, wie Sie die wichtigsten E-Mail-Clients konfigurieren, um damit Nachrichten auf der Grundlage der Kennzeichnung von SpamAssassin auszufiltern.

Kapitel 18 zeigt schließlich die Vor- und Nachteile und die Möglichkeiten auf, die ein zusätzlicher Spam-Filter in einer bestehenden SpamAssassin-Installation bietet.

Was Sie für dieses Buch benötigen

SpamAssassin und alle benötigten Werkzeuge können aus dem Internet heruntergeladen werden. Die Basis für SpamAssassin, Perl, ist in allen wichtigen Linux-Distributionen enthalten und auch für die meisten Unix-Betriebssysteme erhältlich. Sie können Perl auch unter *http://www.perl.org/get.html* herunterladen. Das Perl-Modul CPAN wird normalerweise verwendet, um SpamAssassin zu installieren; alles was dafür notwendig ist, ist ein Internetanschluss.

Dieses Buch behandelt die Integration von SpamAssassin in die vier beliebtesten MTAs: Sendmail, Postfix, Exim und qmail. Die MTA-Integration bildet nur einen kleinen Abschnitt, während sich die meisten Informationen in diesem Buch nicht auf einen bestimmten MTA beziehen. SpamAssassin kann in die meisten MTAs integriert werden.

Schreibweisen in diesem Buch

In diesem Buch finden Sie verschiedene Schriftarten und Schreibweisen, die unterschiedliche Arten von Informationen kennzeichnen. Es folgen einige Beispiele und eine Erklärung der Bedeutung.

Quelltext wird in drei verschiedenen Schreibweisen dargestellt. Innerhalb von Textpassagen erscheinen Codeelemente wie folgt: »Statt auf den Inhalt von `MyFile` über die Methode `GetContents` zuzugreifen, erstellen wir ein neues Objekt namens `CmsXmlControlFile`.«

Gibt es einen ganzen Abschnitt Quelltext, wird er folgendermaßen dargestellt:

```
#!/usr/bin/perl -w
# spamlogfileparser.pl - parse /var/log/messages and calculate statistics
use strict;

# declare variables
my (@ham, @spam, %seen);
```

Wenn Ihre Aufmerksamkeit auf einen bestimmten Abschnitt im Quelltext gelenkt werden soll, erscheinen die entsprechenden Zeilen in Fettdruck:

```
#!/bin/sh
# check_process.sh - check a process is running
RECIPIENT=postmaster@mycompany.com
if [[ $1 = "" ]]; then
```

Neue oder *wichtige Begriffe* werden in Kursivschrift dargestellt. Wörter, die auf dem Bildschirm erscheinen, z.B. in Menüs oder Dialogfeldern, erscheinen wie folgt im Text: »Klicken Sie auf die Schaltfläche WEITER, um zum nächsten Bildschirm zu gelangen.«

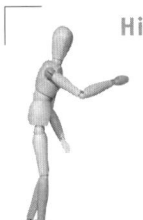

Hinweis

Tipps, Exkurse oder wichtige Hinweise erscheinen in einem Kasten wie diesem.

Eingaben an der Kommandozeile sind wie folgt formatiert:

```
mysql> create table books (name char(100), author char(50));
Query OK, 0 rows affected (0.03 sec)
```

Die Beispiele dieses Buchs herunterladen

Auf der Website des Verlages (*www.addison-wesley.de*) finden Sie alle Beispiele aus diesem Buch. Wenn Sie auf der Einstiegsseite im Feld SCHNELLSUCHE *SpamAssassin* eingeben, gelangen Sie auf die Webkatalogseite zu diesem Buch, dort finden Sie dann den Link zum Herunterladen der Dateien.

Hinweis

Die Dateien zum Herunterladen enthalten Informationen darüber, wie sie zu verwenden sind.

1 Einführung in das Thema Spam

Spam ist ein häufig verwendeter Begriff, aber ebenso wie viele andere Begriffe hat er für verschiedene Menschen eine unterschiedliche Bedeutung. In diesem Kapitel wird der Begriff »Spam« so definiert, wie er in diesem Buch verwendet wird, und die Geschichte des Phänomens aufgezeigt. Durch eine Untersuchung der Wirtschaftlichkeit und der Kosten von Spam erklären wir, warum Spam in der modernen Computerwelt so massiv auftritt. Schließlich beschreiben wir die derzeitige Rechtslage zum Thema Spam.

1.1 Was ist Spam?

Spam bedeutet im Zusammenhang mit Computern etwas Unerwünschtes. Dieser Begriff wurde normalerweise zur Bezeichnung von unerwünschten E-Mail- oder *Usenet*-Nachrichten verwendet, wird inzwischen aber aber auch auf unerwünschte *Instant Messenger*- und *SMS*-Mitteilungen (*Short Message Service*) angewandt. Spam ist unerwünscht, unaufgefordert und preist zwangsläufig irgendwelche Produkte zum Kauf an. Oft werden auch die Begriffe *Junk-Mail*, *unerwünschte Massen-E-Mail* (*Unsolicited Bulk E-Mail, UBE*) oder *unerwünschte kommerzielle E-Mail* (*Unsolicited Commercial E-Mail, UCE*) für Spam verwendet. Im Allgemeinen dient Spam zur Werbung für den Handel über das Internet, manchmal aber auch für den Verkauf per Telefon oder andere Methoden. Personen, die sich dem Versenden von Spam widmen, werden als Spammer bezeichnet. Unternehmen bezahlen Spammer, um E-Mails in ihrem Auftrag zu versenden, und die Spammer haben sich eine breite Palette von Hilfsprogrammen und Techniken zurechtgelegt, um diese Nachrichten abzuschicken. Manche Spammer leiten auch ein eigenes kleines Online-Unternehmen und vermarkten es über Spam-E-Mail. Der Begriff »Spam-E-Mail« betrifft im Allgemeinen keine Nachrichten aus bekannten Quellen, unabhängig davon, ob sie erwünscht sind oder nicht. Ein Beispiel dafür wäre eine endlose Liste von Witzen, die Ihnen ein Bekannter sendet. E-Mail-Viren, Trojanische Pferde und andere *Malware* (eine Bezeichnung für bösartige Software) wird gewöhnlich ebenfalls nicht als Spam klassifiziert, obwohl es einige Gemeinsamkeiten gibt. E-Mails, die kein Spam sind, werden vor allem in Anti-Spam-Communitys häufig als *Ham* bezeichnet. »Spam« ist ein subjektiver Begriff, so dass eine Nachricht, die von einem Empfänger als Spam angesehen wird, bei einem anderen willkommen ist.

Obwohl Anti-Spam-Werkzeuge auch teilweise erfolgreich bei der Abwehr von Malware sind, eigenen sie sich doch am besten zum Blockieren von Spam. Um Ihren Posteingang von anderen Formen unerwünschter E-Mail zu schützen, können und sollten Sie spezielle Anti-Viren-Software verwenden.

1.1.1 Definitionen

In diesem Buch werden die folgenden Definitionen verwendet:

- **Spam**: Unerwünschte kommerzielle E-Mail (UCE). Dabei handelt es sich um E-Mail, die Sie nicht angefordert haben und die eine Form von Werbung enthält.
- **Ham**: Das Gegenteil von Spam – erwünschte E-Mail.
- **Nichterkennung (»False negative«)**: Eine Spam-E-Mail, die nicht als solche erkannt wurde.
- **Fehlalarm (»False positive«)**: Eine Ham-E-Mail, die fälschlicherweise als Spam betrachtet wird.

1.1.2 Spam im historischen Rückblick

In der Entwicklung des Internets gibt es folgende wichtige Daten:

- 1969: Zwei Computer werden über einen Router zum Netzwerk zusammengeschlossen.
- 1971: Die erste E-Mail wird über ein rudimentäres System gesendet.
- 1979: Das Usenet (Newsgroups) wird aufgebaut.
- 1990: Der Grundgedanke des World Wide Web erblickt das Licht der Welt.
- 2004: Das Internet ist zu einem größeren globalen Netzwerk gewachsen, das jährlich Umsätze von Milliarden Euro hervorruft.

In dieser Liste fehlt jedoch eine Angabe:

- 1978: Die erste Spam-E-Mail wird gesendet.

Spam gehörte seit einem relativ frühen Entwicklungstadium zum Internet. Die erste Spam-E-Mail wurde vom 3. Mai 1978 gesendet, als die US-Regierung das Arpanet gründete, wie es damals genannt wurde. Der erste Spammer war ein DEC-Ingenieur namens Gary Thuerk, der die Empfänger seiner E-Mail zu einer Produktpräsentation einlud. Diese Nachricht wurde über das Arpanet gesendet, was eine sofortige Antwort von dessen Leiter, Major Raymond Czahor, über die Verletzung der nichtkommerziellen Natur des Arpanets zur Folge hatte.

1994 ging es mit Spam erst richtig los, als Laurence Carter, ein Anwalt aus Arizona, Nachrichtenpostings an viele Internet-Newsgroups (Usenet) automatisierte, um die Dienste seiner Firma anzupreisen. In dem Aufschrei der Usenet-Benutzer, der daraufhin erfolgte, wurde auch der Begriff *Spam* geprägt, als einer der Betroffenen antwortete: »Sendet Kokosnüsse und dosenweise Spam an Cantor & Co.« Diese Aufforderung geht auf einen Monty Python Sketch zurück, in dem eine Gruppe Wikinger ununterbrochen »Spam, Spam, Spam ...« singen und damit jede weitere Unterhaltung unterbinden. Analog verhindert Spam die Kommunikation im Internet. Dies ist die Geburtsstunde des Phänomens *Spam*, wie wir es heute erleben.

Mit der Entwicklung des Internets stieg auch das Aufkommen an Spam-E-Mail an. Im April 2004 berichtete das *PC Magazine*, dass 67% aller E-Mails Spam sind.

1.1.3 Spammer

Üblicherweise sind Spammer Spezialisten für das Versenden von Spam-E-Mail und werden dafür bezahlt, bestimmte Websites, Produkte und Unternehmen zu bewerben. Es gibt einige bekannte Spammer, die für einen großen Anteil des Spamaufkommens verantwortlich sind und sich der Strafverfolgung entziehen konnten.

Auch die Manager einzelner Websites können Spam versenden, aber Spammer verfügen über ausführliche Mailinglisten und hochwertige Dienstprogramme, um Spamfilter zu umgehen und eine Erkennung zu vermeiden. In der heutigen Werbebranche belegen Spammer eine Nische, was von ihren Kunden ausgenutzt wird.

Wie aus einer Pressemitteilung des Breitbandspezialisten Sandvine hervorgeht, wird die meiste E-Mail heutzutage von Computern aus versendet, die mit Trojanischen Pferden verseucht sind. Die Besitzer oder Benutzer dieser Computer wurden dazu gebracht, Software auszuführen, mit denen die Spammer ihre E-Mails ohne Wissen dieser Benutzer versenden können. Oft nutzen diese Trojanischen Pferde Sicherheitslücken des Betriebssystems, des Browsers oder des E-Mail-Clients aus. Beim Besuch einer bösartigen Website wird diese Software auf dem Computer installiert. Ohne Wissen des Benutzers wird ihr Computer zu einer Quelle von Tausenden von Spam-E-Mails täglich.

Eine andere Gefahr, die damit in Zusammenhang steht, ist das so genannte *Phishing*, bei dem eine Website zu einer Bank oder einem Finanzdienstleister zu gehören scheint, in Wirklichkeit aber eine Fälschung ist, um die Anmeldeinformationen eines Opfers zu sammeln. Diese Einzelheiten können dann zu Betrugszwecken verwendet werden. Phishing wird oft über E-Mails mit einem Weblink zu der gefälschten Seite betrieben, die sich als eine andere tarnt.

1.2 Die Kosten von Spam

Spam ist billig zu versenden. Im Gegensatz zu herkömmlichen Marketingtechniken sind die Kosten vernachlässigbar, so dass Spam selbst angesichts der sehr geringen

Anzahl der Verkäufe, die als Antwort darauf erfolgen, extrem kostengünstig ist. Für die Opfer allerdings ergeben sich bedeutende Kosten.

1.2.1 Kosten für den Spammer

Ein Bericht von Tom Geller, Geschäftsführer der SpamCon Foundation, hat die Kosten für den Versand einer einzigen Spam-E-Mail auf nicht mehr als ein Tausendstel Cent geschätzt, während die Kosten für den Empfänger bei 10 Cent lagen.

Der Aufwand zum Senden von Spam ist sehr gering. Die wichtigsten Kostenfaktoren sind folgende:

- *Internetverbindung:* Es gibt eine Menge von ISPs (Internet Service Provider, Internetdienstanbieter), die Flat-Rate-Pakete ab ungefähr 10 €/Monat anbieten. Spammer brauchen nicht unbedingt eine DSL-Verbindung (Digital Subscriber Line) oder Kabelmodem-Dienste, denn auch über eine Einwählverbindung können sie große Mengen an Spam versenden. Tatsächlich werden Einwählverbindungen sogar bevorzugt, da die Konten von Spammern immer wieder gesperrt werden, sobald Beschwerden über Spam eingehen. Einwählkonten sind leicht einzurichten und können innerhalb von Minuten aktiviert werden, wohingegen bei DSL Vorlaufzeiten von einigen Tagen die Regel sind.

- *Software:* Spezialisierte Spam-Software ist unabdingbar. Ein normaler E-Mail-Client schränkt die Anzahl der zu versendenden Spam-Nachrichten ein und zwingt den Spammer dazu, mehr Zeit vor dem Computer zu verbringen. Spammer schreiben gewöhnlich ihre eigene Software, stehlen oder kaufen sie. Ein Spammer mit einem gewissen technischen Hintergrund kann eine solche Software ohne Vorlagen innerhalb von einer Woche einsatzbereit haben. Um jemanden zu bezahlen, der eine solche Software entwickelt, müsste der Spammer ungefähr 1.000 € ausgeben.

- *Mailingliste:* Die meisten Spammer stellen sich ihre eigene Liste von E-Mail-Adressen zusammen. Anfänger können eine CD mit sechs Millionen E-Mail-Adressen für ungefähr 50 € erwerben. Paradoxerweise werden diese CDs über Spam beworben. E-Mail-Adressen, die zurzeit garantiert aktiv sind, werden für höhere Preise gehandelt.

- *Webserver:* Dies ist ein optionaler Kostenfaktor, mit dessen Hilfe ein Spammer »Webbug«-Bilder zur Überprüfung seiner Mailingliste verteilen kann. Webbugs werden in einem anderen Kapitel diees Buchs ausführlicher besprochen. Basispakete für das Webhosting kosten weniger als 10 €/Monat.

Für weniger als 1.100 € zuzüglich monatlicher Kosten von weniger als 150 € kann ein Spammer die Software, die Internetverbindung und einen Vorrat an Adressen erwerben, um den Betrieb aufzunehmen.

Über eine Einwählverbindung kann ein Computer Tausende von E-Mails pro Stunde senden. Die Größe von Spamnachrichten ist unterschiedlich, liegt aber durchschnittlich bei 6.000 Byte. Bei einer schnellen 50-Kbit/s-Verbindung dauert es eine Sekunde, um eine solche Nachricht an einen Empfänger zu senden und nur wenig mehr, um sie an 100 Empfänger zu schicken. Mit anderen Worten, es können pro Stunde mindestens 3.600 E-Mails verschickt werden, bei kleinerem Nachrichtenumfang noch mehr. Sobald der Spammer seine Software aufgesetzt hat, kann er seinen Computer unbeaufsichtigt weiterarbeiten lassen und etwas anderes tun. Er muss nur 15 Minuten Zeit aufwenden, woraufhin die Software in den nächsten Stunden damit fortfährt, Spam zu versenden. Bei drei Telefonleitungen kann er bei einer Stunde Arbeit ungefähr 10.000 E-Mails pro Stunde oder 200.000 pro Tag senden.

1.2.2 Kosten für den Empfänger

Die Europäische Union hat 2001 eine Studie über unerwünschte kommerzielle E-Mail in Auftrag gegeben. Im Ergebnis wurden die durch Spam verursachten Kosten für Verbraucher und Wirtschaft auf ungefähr 8 Milliarden Euro geschätzt. Diese Kosten treten teilweise durch einen Verlust an Produktivität oder Zeit auf, teilweise sind es auch direkte Kosten oder Kosten, die von Zulieferern weitergeleitet werden.

Die Kosten von Spam in kommerziellen Umgebungen werden auf 600 bis 1.000 Euro pro Jahr und Angestellten geschätzt, was bei einem Unternehmen mit 50 Mitarbeitern 50.000 Euro pro Jahr ausmachen kann. Spam-E-Mails lenken Angestellte ab oder stehlen ihre Zeit und verbrauchen Festplattenplatz, Rechenleistung und Netzwerkbandbreite. Bei einem großen Aufkommen an Spam ist das manuelle Entfernen zeitraubend und arbeitsaufwändig. Außerdem besteht ein geschäftliches Risiko, wenn wichtige Nachrichten zusammen mit den unerwünschten entfernt werden. Spam kann auch geschmacklose Themen enthalten, die von einigen Angestellten abgelehnt werden.

1.3 Spam vor dem Gesetz

In den USA besteht seit 1997 eine Rechtsprechung gegen Spam. Das zuletzt verabschiedete Gesetz ist der CAN-SPAM Act (Nr. S.877) von 2003, das Priorität über die Gesetzgebung der Einzelstaaten hat und derzeit verwendet wird, um Dauerspammer rechtlich zu verfolgen. Allerdings bildet es keine wirksame Abschreckung. Die *CAUCE* (*Coalition Against Unsolicited Commercial E-Mail, Koalition gegen unerwünschte kommerzielle E-Mail*) hat im Juni 2004 berichtet, dass das Aufkommen von Spam trotz mehrerer Aufsehen erregender Verfahren, die von der FTC (Federal Trade Commission, Bundeshandelskommission) und verschiedenen ISPs angestrengt wurden, weiterhin steigt. Der CAN-SAPM Act wird in zwei Punkten als schwach angesehen: Erstens müssen sich Verbraucher ausdrücklich gegen den Empfang kommerzieller E-Mail aussprechen (opt-out), zweitens können nur ISPs rechtlich gegen Spammer vorgehen.

Die Gesetzgebung in Europa erklärt das Versenden von Spam für illegal. Als die Direktive 2002/58/EC im Jahre 2002 verabschiedet wurde, wies sie jedoch mehrere Probleme auf. Business-to-Business-E-Mails waren ausgeschlossen – ein Unternehmen kann also Spam an jedes Konto eines anderen Unternehmens senden, ohne gegen geltendes Recht zu verstoßen. Außerdem verabschieden die einzelnen Mitgliedsstaaten ihre eigenen Gesetze und legen das Strafmaß fest. Anders als das Opt-Out-Modell in den USA, wo jeder Spam empfangen kann und dann verlangen muss, von der Mailingliste gestrichen zu werden, verlangt das Gesetz von Spammern eine Opt-In-Lösung für das Versenden von E-Mails, bei der die Empfänger kommerzielle E-Mails ausdrücklich anfordern müssen.

Die britische Zeitung *The Guardian* hat im Juni 2004 berichtet, dass Spammerbanden ihre Aktivitäten in das Vereinigte Königreich verlegen, um von der dortigen milden Gesetzgebung zu profitieren. Die Höchststrafe für Spammer beträgt im UK 5.000 £, während sie in Italien mit drei Jahren Gefängnis rechnen müssen. Im Juni 2004 war im Vereinigten Königreich noch niemand nach der Maßgabe dieses Gesetzes verurteilt worden.

In Deutschland wird dies seit dem 08.07.2004 in dem novellierten Gesetz gegen den unlauteren Wettbewerb (UWG) geregelt. Der Paragraph 7 ordnet Spam als *unzumutbare Belästigung* ein:

§ 7 Unzumutbare Belästigungen

(1) Unlauter im Sinne von § 3 handelt, wer einen Marktteilnehmer in unzumutbarer Weise belästigt.

(2) Eine unzumutbare Belästigung ist insbesondere anzunehmen

1. bei einer Werbung, obwohl erkennbar ist, dass der Empfänger diese Werbung nicht wünscht;

2. bei einer Werbung mit Telefonanrufen gegenüber Verbrauchern ohne deren Einwilligung oder gegenüber sonstigen Marktteilnehmern ohne deren zumindest mutmaßliche Einwilligung;

3. bei einer Werbung unter Verwendung von automatischen Anrufmaschinen, Faxgeräten oder elektronischer Post, ohne dass eine Einwilligung der Adressaten vorliegt;

4. bei einer Werbung mit elektronischen Nachrichten, bei der die Identität des Absenders, in dessen Auftrag die Nachricht übermittelt wird, verschleiert oder verheimlicht wird oder bei der keine gültige Adresse vorhanden ist, an die der Empfänger eine Aufforderung zur Einstellung solcher Nachrichten richten kann, ohne dass hierfür andere als die Übermittlungskosten nach den Basistarifen entstehen.

Hat ein Unternehmer die elektronische Adresse eines Kunden im Zusammenhang mit dem Verkauf einer Ware oder Dienstleistung erhalten, kann er diese Adresse zur Direktwerbung für eigene ähnliche Waren oder Dienstleistungen nutzen, es sei denn, der Kunde hat diese Nutzung untersagt. Die Nutzung ist außerdem nur zulässig, wenn der Kunde bei Erhebung der Adresse und bei jeder Nutzung klar und deutlich darauf hingewiesen wird, dass er diese Nutzung jederzeit untersagen kann, ohne dass hierfür andere als die Übermittlungskosten nach den Basistarifen entstehen.

Hierzu wurden auch bereits erste Urteile in Deutschland gesprochen. Das OLG Düsseldorf hat in seinem Urteil vom 22.09.2004 AZ: I-15 U41/04 (*http://www.beckmann-undnorda.de/olgduesspam.html*) zum Beispiel Spam als unzulässig anerkannt.

In Australien wurde der Spam Act 2003 im April 2004 verabschiedet. Damit wird Spam illegal, wobei ebenfalls ein Opt-In-Modell verwendet wird. Überdies wurden in Australien einige Spammer bereits erfolgreich aufgrund von früheren Gesetzen verurteilt.

Das Internet ist ein internationales Netzwerk, wobei die Rechtsprechung eines Landes in einem anderen nicht greift. Ein Spammer in den USA riskiert nur dann eine Strafverfolgung, wenn er Spam an US-Bürger sendet und darin für Produkte wirbt, die in den USA hergestellt und verkauft werden. Ein Spammer aus dem Fernen Osten geht jedoch nur ein sehr geringes Risiko ein. Landeseigene Gesetze werden keine Auswirkung auf das Spamvolumen zeigen, können aber gelegentlich die Art der Produkte beeinflussen, für die mit Spam geworben wird.

Oft leiten Spammer ihre E-Mails über andere Nationen, so dass Spam aus den USA an ein anderes Land und von dort aus zurück in die USA geht. Dies macht es noch schwieriger, die Quelle einer E-Mail aufzuspüren und die Verantwortlichen zur Rechenschaft zu ziehen. Viele Länder haben keine Anti-Spam-Gesetzgebung, so dass für die Spammer gar kein oder nur ein geringes Risiko besteht. Das Verwischen nationaler Grenzen durch das Internet ist keine große Hilfe beim Ermitteln der Quellen von Spam-E-Mail. Der Kampf gegen Spam verlagert sich jetzt darauf, Spammer mit anderen Mitteln aufzuspüren. Im Mai 2004 hat die *New York Times* berichtet, dass die Direkt Marketing Association Spuren auf physischen Dokumenten verwendet hat, um Spammer erfolgreich aufzuspüren.

1.4 Zusammenfassung

In diesem Kapitel haben Sie nicht nur eine Definition von Spam erhalten, sondern auch gelesen, dass Spammer echte finanzielle Vorteile genießen, da die Kosten für Werbung per E-Mail sehr gering sind, dass die Empfänger aber sehr stark beeinträchtigt werden.

Spam ist schon seit langer Zeit ein Bestandteil des Internets, selbst bevor das World Wide Web Wurzeln schlug, und wird trotz gesetzlicher Gegenmaßnahmen wahrscheinlich auch in Zukunft ein Problem bleiben. Selbst wenn ein Land über eine wirklich nützliche Anti-Spam-Gesetzgebung verfügt, kann aufgrund der globalen Natur des Internets nach wie vor Spam aus dem Ausland eintreffen.

Da E-Mail für geschäftliche und persönliche Zwecke immer stärker genutzt wird und der Anteil von Spam noch stärker ansteigt, müssen Unternehmen Spam ausfiltern, um einen wirtschaftlichen Betrieb aufrechterhalten zu können. In vielen Fällen wird E-Mail sogar bereits für geschäftskritische Prozesse eingesetzt. SPAM kann hier auch in großer Menge einen Denial-of-Service (DoS) erzeugen. *SpamAssassin* ist ein Dienstprogramm, das Spamnachrichten als solche markiert und bei korrekter Konfiguration sehr effiziente Filtermöglichkeiten bietet. In diesem Buch erfahren Sie, wie Sie SpamAssassin als wirkungsvolle Lösung zur Spamabwehr installieren, konfigurieren und warten.

2 Spam- und Anti-Spam-Techniken

Als das Spam-Aufkommen immer mehr anstieg und zu einem Problem wurde, entwickelte man Anti-Spam-Techniken als Gegenmaßnahmen. Professionelle Gruppen erstellten Dienstprogramme, die Spam blockierten. Diese Programme waren nicht immer automatisiert, aber der Systemadministrator einer großen Site konnte damit für eine große Anzahl Benutzer erfolgreich Spam ausfiltern. Im Gegenzug entwickelten die Spammer ihre Techniken weiter, um die Anzahl der ausgelieferten Spam-Nachrichten zu erhöhen, indem sie die Filter umgingen oder durchbrachen. Mit zunehmender Verbesserung der Spam-Filter entwarfen die Spammer andere Methoden, um sie zu umgehen, woraufhin sich das Spiel wiederholte. Daraus ergab sich über Jahre hinweg eine Weiterentwicklung sowohl der Spam- als auch der Anti-Spam-Techniken. Dieser Prozess dauert nach wie vor an.

Anti-Spam-Programme verwenden eine breite Palette an Techniken, um das von einem Benutzer empfangene Volumen an Spam zu reduzieren. Eine Reihe dieser Techniken wird in diesem Kapitel beschrieben. SpamAssassin ist ein wichtiges Open-Source-Werkzeug, das wir im Licht seiner verschiedenen Methoden zur Spam-Filterung untersuchen.

2.1 Spam-Techniken

Spammer haben ein ausgefeiltes Arsenal an Techniken zum Versenden von Spam aufgebaut. Der folgende Abschnitt stellt einige wichtige Spam-Techniken vor.

2.1.1 Ausnutzung von offenen Relays

Ein offenes Relay ist ein Computer, der *jedem* Benutzer erlaubt, E-Mail zu versenden. Spammer nutzen solche Computer, um Spam zu verschicken, ohne dass sich die E-Mail zu ihrem wahren Ursprung zurückverfolgen lässt. Eine ausführliche Beschreibung von offenen Relays finden Sie in Kapitel 3.

2.1.2 Sammeln von E-Mail-Adressen

Schon die ersten Spammer mussten E-Mail-Adressen sammeln, um Spam zu versenden. Sie verwenden dazu verschiedene Methoden, vom Abgreifen der E-Mail-Adressen im Internet und in Internet-Newsgroups bis zum Raten von Adressen. Das Sammeln von E-Mail-Adressen wird ausführlich in Kapitel 4 beschrieben.

2.1.3 Verschleierung des Inhalts

Die meisten Menschen können Spam schon anhand des Betreffs oder des Absenders erkennen. Oft lassen sich solche Nachrichten löschen, ohne dafür zunächst den Inhalt lesen zu müssen. Eine der Techniken von Spammern besteht darin, den wahren Inhalt ihrer E-Mails zu verschleiern. Oft lautet die Betreffzeile einer E-Mail einfach »Hi«; in anderen Fällen kann die E-Mail als Antwort auf eine frühere E-Mail erscheinen, z.B. »Re: Heute Abend«. Zu den anderen Tricks der Spammer zählt die Verwendung zufälliger Namen entweder für den Absender oder innerhalb der Betreffzeile. Spammer können eine E-Mail auch als wichtig erscheinen lassen, z.B. indem sie in der Betreffzeile auf eine versäumte Kreditkarten- oder Hypothekenzahlung oder den Arbeitsplatz anspielen.

Da Spam-Filter offensichtliche Spam-Wörter wie »Viagra« blockieren, verwenden Spammer absichtlich falsch geschriebene Wörter, die weniger wahrscheinlich ausgefiltert werden können. So kann aus »Viagra« z.B. »V1agra« oder »V-iaggr@« werden. Ein Mensch übersetzt diese fehlerhaften Schreibweisen im Unterbewusstsein korrekt, doch ein Computerprogramm kann diese Wörter nicht als Spam erkennen.

2.1.4 Statistisches Filter-Poisoning

Beim statistischen Filter-Poisoning werden viele sinnlose Wörter in eine E-Mail eingefügt, um einen statistischen Filter zu verwirren. Statistische Filter werden im Abschnitt »Anti-Spam-Techniken« dieses Kapitels beschrieben.

2.1.5 Generierung einmaliger E-Mail-Texte

Um gegen E-Mail-Inhaltsdatenbanken gewappnet zu sein, die den Inhalt bekannter im Umlauf befindlicher Spam-E-Mails speichern, generieren Spammer einmalige E-Mail-Texte. Um die Inhaltsdatenbank zu überlisten, muss der Spammer lediglich ein beliebiges Wort innerhalb des Textes der E-Mail ändern. Eine beliebte Technik besteht darin, den Namen des Empfängers innerhalb des Textes zu verwenden.

2.1.6 Trojanische Pferde

Spammer sind durch die Geschwindigkeit ihrer Internetverbindung eingeschränkt, sei es eine DSL- oder eine Einwählverbindung. Außerdem können sie durch die Aufzeichnungen des ISPs aufgespürt werden. Ein neuerer Trend unter Spammern ist die

Verwendung von Viren-Techniken, um die Computer unschuldiger Benutzer mit virusähnlichen Programmen zu infizieren. Diese Programme senden Spam von dem Computer des unwissenden Benutzers. Eine solche Infektion wird gewöhnlich *Trojanisches Pferd* genannt, nach der Geschichte der Griechen, die mit einer List in die Stadt Troja eindrangen.

Die Computer werden entweder durch E-Mails oder über Websites infiziert, die Verwundbarkeiten in E-Mail-Clients oder Webbrowsern gezielt ausnutzen. Die Benutzer bemerken dabei nicht, dass ihre Computer zum Versenden von Spam missbraucht werden, was über Monate hinweg geschehen kann, bevor der Einbruch entdeckt und der Computer offline geschaltet wird, um repariert oder neu eingerichtet zu werden.

100 Computer können mindestens 10 Millionen E-Mails pro Tag verschicken, wobei der Wert noch weit höher liegt, wenn der Spammer Rechner mit DSL-Anschluss infiziert. Trojanische Pferde können außerdem aus dem Adressbuch des infizierten Computers weitere E-Mail-Adressen für die Datenbank des Spammers abgreifen.

2.2 Anti-Spam-Techniken

Wie die Techniken für die Verbreitung von Spam sind auch die zum Ermitteln und Ausfiltern immer ausgefeilter geworden. Die Haupttechniken finden Sie in den folgenden Abschnitten. Ein Systemadministrator kann diese Techniken auf einem E-Mail-Server verwenden, es lassen sich aber auch Anti-Spam-Dienste von einem externen Anbieter einkaufen.

2.2.1 Schlüsselwortfilter

Die Filter beruhen auf üblichen Wörtern oder Sätzen im E-Mail-Text, z. B. »kaufen«, »letzte Gelegenheit« und »Viagra«. SpamAssassin enthält eine Reihe von Schlüsselwortfiltern und gestattet es, neue Regeln auf einfache Weise hinzuzufügen.

2.2.2 Open Relay Blacklists (ORBLs)

Open Relay Blacklists (ORBLs) sind Listen offener Relays, die weitergemeldet und nach einer Überprüfung zur Liste hinzugefügt wurden. Anti-Spam-Werkzeuge können diese Listen abfragen und E-Mails von den dort genannten Quellen ausfiltern. SpamAssassin kann mit verschiedenen Open Relay Blacklists zusammenarbeiten.

2.2.3 Beschwerde beim ISP

Es war schon immer möglich, sich beim ISP über einen Spammer zu beschweren. Manche ISPs nehmen solche Beschwerden ernst, sprechen eine Warnung aus und löschen nach einer weiteren Beschwerde das Konto des Spammers. Andere ISPs zeichnen sich durch ein weniger aktives Vorgehen gegen Spam aus, das einen Spammer nicht wirklich von seinem Tun abhalten kann. Spammer neigen naturgemäß ISPs mit einer milderen Haltung zu.

Aufgrund des Aufwands, der bei einer automatisieren Weitermeldung von E-Mails entsteht, die gar kein Spam ist, sind und bleiben Beschwerden beim ISP eine manuelle Technik. Die Website *http://www.spamcop.net* kann eine E-Mail untersuchen, feststellen, ob sie gemeldet werden sollte, und eine entsprechende Beschwerde an den betreffenden ISP senden.

2.2.4 Statistische Filterung

Statistische Filter lernen häufige Wörter in Spam *und* Ham. Anschließend werden die gesammelten Daten verwendet, um E-Mails zu untersuchen und zu bestimmen, ob es sich um Spam oder Ham handelt. Diese Filter beruhen oft auf einer mathematischen Methode, die als *Bayes-Analyse* bekannt ist. Sie müssen durch die Zuführung von sowohl Spam- als auch Ham-E-Mails trainiert werden, um den Unterschied zu lernen. Im Idealfall sollte ein statistischer Filter regelmäßig trainiert werden, wobei einige Anti-Spam-Programme die Möglichkeit bieten, diese Filter automatisch zu trainieren.

SpamAssassin enthält einen Bayes-Filter zusammen mit den Hilfsprogrammen, um ihn zu trainieren. Dieser Filter kann auch so konfiguriert werden, dass er automatisch von den eingehenden Spam- und Ham-E-Mails lernt.

2.2.5 Analyse des E-Mail-Headers

Die Software, die Spammer verwenden, ruft häufig ungewöhnliche Header in den E-Mails hervor. Anti-Spam-Werkzeuge können diese Header erkennen und mit ihrer Hilfe Spam von Ham unterscheiden. SpamAssassin enthält viele Testverfahren für E-Mail-Header.

2.2.6 Inhaltsüberprüfung

Es besteht die Möglichkeit, dass Ham-E-Mails unbeabsichtigt einige Anti-Spam-Tests auslösen. Z. B. werden viele erwünschte E-Mails unglücklicherweise über ein offenes Relay versendet, das auf einer Blacklist steht. Eine Inhaltsüberprüfung kann zeigen, dass diese E-Mail kein Spam ist. Solche Tests werden gewöhnlich eigens für eine Branche oder Organisation erstellt.

Inhaltstests werden selten öffentlich ausgetauscht, da sie auf eine Branche oder ein Unternehmen zugeschnitten sind und nicht in die Hände von Spammern geraten dürfen, da diese solche Informationen zu ihrem Vorteil ausnutzen würden.

SpamAssassin gestattet dem Benutzer Regeln zu erstellen, die die Wertung einer E-Mail als Spam reduzieren, falls sie bestimmte Inhalte enthält. Ein E-Mail-Administrator kann solche *negativen Regeln* für die Namen der Produkte aufstellen, die sein Unternehmen vertreibt, sowie für branchenübliche Begriffe.

2.2.7 Whitelists

Whitelists bilden das Gegenteil von Blacklists – es sind Listen von E-Mail-Versendern, denen man vertraut, dass sie nur Ham und keinen Spam senden. E-Mails von jemandem auf dieser Liste werden unabhängig von ihrem Inhalt nicht als Spam gewertet.

SpamAssassin erlaubt Systemadministratoren und Benutzern, ihre eigenen Whitelists für Absender anzulegen, die Spam-ähnliche Inhalte verschicken, z.B. Mailinglisten, die über Spam diskutieren. Außerdem gestattet SpamAssassin die Verwendung einer Blacklist. Das Programm kann auch automatisch White- und Blacklists aufgrund früherer E-Mails von vertrauenswürdigen und nicht vertrauenswürdigen Absendern erstellen.

2.2.8 Inhaltsdatenbanken

E-Mail-Inhaltsdatenbanken speichern den Inhalt von Spam-E-Mails. Dies ist sinnvoll, da dieselbe Spam-E-Mail oftmals an Hunderte oder Tausende von Empfängern gesendet wird. Inhaltsdatenbanken speichern diese E-Mails und vergleichen den Inhalt neuer Mails mit den bereits aufgezeichneten. Jeder Einzelne, der eine Spam-E-Mail an eine solche Datenbank weitermeldet, hilft allen anderen Benutzern dieser Datenbank.

SpamAssassin kann automatisch mit mehreren E-Mail-Inhaltsdatenbanken zusammenarbeiten. Leider erzeugt die Abfrage der Inhaltsdatenbank zusätzlichen Netzwerkverkehr und verzögert die Auslieferung der E-Mail.

2.2.9 Absendervalidierungssysteme

Absendervalidierungs-Systeme gehen das Problem Spam auf eine etwas andere Art und Weise an. Solche Systeme senden nach dem Empfang einer E-Mail von einer unbekannten Quelle eine Prüfungs-E-Mail zurück. Trifft darauf eine gültige Antwort ein, wird der Absender zu einer Whitelist hinzugefügt, die ursprüngliche E-Mail an den Empfänger ausgeliefert und der Absender nie wieder mit einer Prüfungsanfrage bedacht.

Dies ist ein wirkungsvolles Verfahren, da Spammer im Allgemeinen gefälschte Absender- und Antwortadressen verwenden und keine Antworten von den Spam-E-Mails erhalten, die sie absenden. Daher können sie die Prüfungsanfrage niemals empfangen. Außerdem haben Spammer keine Zeit, um darauf zu reagieren.

Einige Systeme arbeiten geschickterweise mit dem Postausgang und dem Adressbuch des Benutzers zusammen, um bekannte Kontakte automatisch zu einer Whitelist hinzuzufügen. Absendervalidierungs-Systeme sind proprietär und können jährliche Lizenzierungskosten oder einen einmaligen hohen Kaufpreis erfordern.

Bei der Anmeldung in Mailinglisten erweisen sich Absendervalidierungs-Systeme jedoch als störend. Die wenigsten Administratoren solcher Listen antworten auf eine Prüfungsanforderung, so dass der Benutzer schließlich keine E-Mails von der Liste bekommt. Bei den meisten Systemen ist es möglich, Adressen manuell zur Whitelist hinzuzufügen, so dass weder Prüfungsanforderung noch Antwort notwendig sind, aber bei Mailinglisten ist die Adresse, von der aus die E-Mails gesendet werden, meistens nicht bekannt, bevor die ersten E-Mails eintreffen. SpamAssassin enthält *keine* Absendervalidierungs-Funktionen.

2.2.10 Sender Policy Framework (SPF)

Das *Sender Policy Framework (SPF)* kann verwendet werden, um sicherzustellen, dass eine E-Mail aus einer gültigen Quelle stammt. Es bestätigt, dass einem Benutzer, der E-Mails unter einer bestimmten E-Mail-Adresse verschickt, tatsächlich gestattet ist, dies von dem jeweiligen Rechner aus zu tun. SPF ist eine junge Entwicklung und wurde sehr rasch eingeführt. Es verwendet zusätzliche DNS-Einträge (Domain Name System), um festzustellen, welche Rechner einer Domain E-Mails senden können. SpamAssassin verwendet die aktuellen Entwürfe für den SPF-Standard.

Weitere ähnliche Systeme sind Microsoft-Sender-ID und Yahoo-Domain-Keys. Die Akzeptanz dieser Systeme ist im Moment jedoch eher gering.

2.2.11 Grey Listing

Bei dem Grey Listing handelt es sich um eine neue Methode, die die primitive Implementierung der meisten Spam-Versandsoftware ausnutzt. Die auf Massenversand optimierte Software enthält meist keinen kompletten Mail-Transport-Agenten. Temporär unzustellbare E-Mails werden einfach verworfen ohne einen erneuten Zustellversuch zu unternehmen. Ein Mail-Server, der die Grey-Listing-Methode einsetzt, lehnt zunächst jeden Zustellversuch mit einem temporären Fehlercode ab. Zusätzlich speichert er die Mail-Adressen des Absenders und des Empfängers mit der IP-Adresse des zustellenden Rechners in einer Datenbank. Nach einer voreingestellten Zeit wird dieses Triple aktiv und erlaubt die Zustellung. Erfolgt eine erneute Zustellung der E-Mail, erkennt der Mailserver diese als zweite Zustellung und nimmt die E-Mail an.

SpamAssassin unterstützt im Moment kein Grey-Listing.

2.3 Spam-Filterdienste

Es gibt einen bedeutenden Markt für kommerzielle Spam-Filterdienste, die sich gewöhnlich für Einzelpersonen und kleine Unternehmen mit einem E-Mail-Zugriff über POP3 eignen. Die verschiedenen Ansätze der Provider werden im Folgenden beschrieben.

2.3 Spam-Filterdienste

2.3.1 Sammeln und Weiterleiten

Bei diesem Ansatz geben die Benutzer Informationen wie Angaben über ihren ISP, Benutzernamen und Passwort an den Anti-Spam-Dienstleister weiter. Der Anbieter nimmt dann im Namen des Benutzers regelmäßig Kontakt mit dem ISP auf und sammelt alle E-Mails. Spam wird ausgefiltert und Ham-E-Mail an ein anderes POP3-Konto weitergeleitet.

Ein offensichtlicher Nachteil dieses Verfahrens besteht darin, dass Benutzername und Passwort des Kontos an Dritte übergeben werden müssen. Es ist nicht empfehlenswert, solch sensible Informationen preiszugeben.

Ein weiterer Nachteil liegt darin, dass fälschlicherweise als Spam aussortierte E-Mails für immer verloren sind. Wenn der Anti-Spam-Dienstleister ein Archiv der Spam-E-Mails unterhält, können sie überprüft und falsch zugeordnete E-Mails abgerufen werden. Manche Provider bieten einen solchen Service jedoch nicht an, während in anderen Fällen die Aufbewahrungszeit zu kurz ist. Fehlende E-Mails müssen schnell aufgespürt werden, damit sie vor dem Löschen abgerufen werden können. Manchmal wird die Archivierungsfunktion auch zu einem zusätzlichen Preis angeboten.

2.3.2 Sammeln und Zurückschicken

Dieses Verfahren funktioniert ähnlich wie das Sammeln und Weiterleiten, weist jedoch einen wichtigen Unterschied auf. Nicht-Spam-E-Mail verbleibt im *ursprünglichen* POP3-Posteingang, während Spam daraus gelöscht wird. Der Benutzer muss die Einstellungen seines E-Mail-Clients also *nicht* ändern. Dies ist ein Vorteil für Anfänger, die noch nicht damit vertraut sind, Einstellungen auf ihrem Rechner zu ändern.

Diese Methode weist alle Nachteile des Sammeln-und-Weiterleiten-Verfahrens auf. Überdies führt der Anti-Spam-Dienstleister eine Überprüfung auf Spam nur in zeitlichen Abständen durch. Wenn der Benutzer seine E-Mail zwischen zwei solchen Prüfungen abruft, erscheint der gesamte seit der letzten Prüfung empfangene Spam in seinem Posteingang. Für Benutzer, die mehrmals täglich ihre E-Mail abrufen, und für Fälle, in denen selbst geringe Mengen von Spam nicht akzeptabel sind (z.B. Konten für Kinder) ist dies nicht geeignet.

2.3.3 Senden und Weiterleiten

Bei diesem Ansatz erstellt der Anti-Spam-Dienstleister eine neue E-Mail-Adresse für den Benutzer. Jegliche E-Mail sollte an diese Adresse gerichtet werden, wo Spam ausgefiltert wird. Nicht-Spam-E-Mails werden entweder beim Dienstleister gespeichert oder an eine zweite E-Mail-Adresse weitergeleitet.

Der Hauptnachteil dieser Methode liegt darin, dass der Benutzer seine E-Mail-Adresse ändern und seine Kontakte darüber informieren muss. Außerdem macht dies unter Umständen eine Neugestaltung der Briefköpfe notwendig. Wenn die Mail an eine andere Adresse weitergeleitet wird, kann dort immer noch Spam eintreffen, da Spammer oftmals zufällig zusammengestellte E-Mail-Adressen ausprobieren, um neue Empfänger zu entdecken.

Der Hauptvorteil dieses Dienstes besteht darin, dass der Anti-Spam-Dienstleister die Kontrolle über den Großteil der eingehenden E-Mails hat und das Aufkommen von Spam minimiert wird. Wenn die E-Mail an ein anderes Konto weitergeleitet wird, senkt das den Umfang der Kontrolle, aber ein sorgfältig ausgewählter Kontoname kann die Anzahl der empfangenen Nachrichten von Spammern verringern, die willkürlich mögliche Kontonamen ausprobieren.

2.3.4 Auswahl eines Anti-Spam-Dienstleisters

Hinter den Kulissen verwenden die meisten Anti-Spam-Dienstleister SpamAssassin oder ihre eigenen proprietären Systeme. Oftmals setzen sie auch zusätzliche Filter wie *Razor*, *Pyzor* und andere kommerzielle Dienste ein.

Wenn E-Mails von einem Dienstleister archiviert werden, ist diese Speicherung begrenzt, wobei sich zusätzlicher Speicherplatz gewöhnlich hinzukaufen lässt. Manchmal stehen auch mehrere Konten zur Verfügung. Auch ein Webmail-Zugang kann angeboten werden, der es den Benutzern erlaubt, von jedem Rechner mit einem Webbrowser aus auf ihre E-Mails zuzugreifen.

Im Folgenden finden Sie einige Richtlinien für die Auswahl eines Anti-Spam-Dienstleisters:

- *Verwendung von SSL:* Vertrauliche Daten sollten über eine sichere Webverbindung gesendet und empfangen werden (die gewöhnlich durch das Symbol eines Bügelschlosses in der Statusleiste des Browsers dargestellt wird). Dadurch wird das Abfangen von Passwörtern (*Sniffing*) verhindert, vor allem in drahtlosen Netzwerken oder beim Zugriff auf das Internet über öffentliche Einrichtungen wie z.B. ein Internet-Café.

- *Überprüfung des Hintergrunds:* Wie alt ist das Unternehmen, das Anti-Spam-Dienste anbietet? Sind die Finanzdaten veraltet? Wem gehören die Domain und die Netzwerkadressen wirklich? Gibt es Angaben über die Geschäftsleitung? Ist das Unternehmen groß genug, um Mehrwertsteuer zu berechnen? Die meisten dieser Angaben können Sie mit wenig Aufwand im Web finden. Eine Überprüfung des Hintergrunds ist auch bei der Auswahl eines ISP, eines Webhosting-Unternehmens und selbst beim Online-Einkauf sinnvoll. Bei einem potenziellen Softwarelieferanten kann es sich als wertvoll erweisen, seine Kreditfähigkeit zu überprüfen oder irgendwelchen Problemen mit dem Unternehmen nachzuspüren.

- *Detaillierte Serviceverträge:* Solche Verträge lassen sich nur mit großen Schwierigkeiten von Anti-Spam-Dienstleistern fordern, da nach deren Sicht Spam je nach Benutzer unterschiedlich aussieht und ein System, das bei einem Kunden perfekt funktioniert, für den anderen nicht geeignet ist. Spam zu blockieren ist sehr schwierig, da sich Spam weiterentwickelt. Wenn ein Anti-Spam-Dienstleister einen detaillierten Servicevertrag anbietet, sollten Sie ihn genau untersuchen – er kann sehr wertvoll für Sie sein oder auf der anderen Seite so voller Lücken, dass er genauso wirkungslos ist, als würde er überhaupt nicht existieren.

2.3.5 Dienste des ISPs

Einige ISPs filtern Spam, machen das aber nicht bekannt. Durch einen Anruf beim Kundendienst können Sie den Status der Spam-Filterung erfahren. Wenn ein ISP einen Spam-Filterdienst anbietet, ist es klug, ihn auch zu nutzen. Der Hauptvorteil dabei liegt darin, dass es nicht erforderlich ist, das System oder seine E-Mail-Adresse zu ändern. Der vom ISP angebotene Dienst kann auch billiger sein als der eines Drittanbieters.

2.4 Anti-Spam-Programme

Es sind viele Anti-Spam-Programme erhältlich, von denen einige kostenlos sind, während andere als kommerzielle Produkte angeboten werden. Die meisten dieser Werkzeuge verwenden mehr als eine Anti-Spam-Technik. Sowohl unter den kostenlosen als auch unter den kommerziellen Anti-Spam-Programmen gilt SpamAssassin als führend.

2.4.1 SpamAssassin

SpamAssassin ist ein weit verbreitetes Anti-Spam-Programm und eines der wichtigsten Projekte der Apache Software Foundation.

Die Funktionsweise von SpamAssassin

SpamAssassin basiert auf Regeln und verwendet ein Wertungssystem. Es gibt eine Anzahl von Regeln, die die E-Mail jeweils einem Test unterwerfen und dafür eine Wertung abgeben. Wenn SpamAssassin eine E-Mail überprüft, wird diese anhand jeder Regel geprüft. Für jede Regel, die auf die E-Mail zutrifft, wird die dieser Regel zugeordnete Wertung zur Gesamtwertung der E-Mail addiert. Wenn alle Regeln angewandt wurden, wird die Gesamtwertung der E-Mail mit einem Schwellenwert verglichen. Übersteigt die Wertung diese Schwelle, wird die E-Mail als Spam gekennzeichnet.

SpamAssassin filtert keine E-Mail, sondern kennzeichnet sie. Andere Bestandteile des E-Mail-Auslieferungssystems können so eingerichtet werden, dass sie die Kennzeichen (»Tags«) von SpamAssassin untersuchen und darauf reagieren.

Die Regeln von SpamAssassin sind flexibel. Eine einfache Regel könnte z.B. nach dem Wort »Viagra« innerhalb einer E-Mail suchen, während eine komplexe Regel die E-Mail anhand einer Onlinedatenbank von Spam-Inhalten überprüft. Jede Regel fügt Punkte zur Gesamtwertung hinzu, so dass eine E-Mail, auf die aufgrund der Verwendung des Wortes »Viagra« nur eine einzige Regel zutrifft, nicht notwendigerweise als Spam gekennzeichnet wird. Treffen auf die E-Mail aber mehrere Regeln zu, erhält sie eine Gesamtwertung, die möglicherweise den Schwellenwert übersteigt, so dass die Nachricht als Spam gekennzeichnet wird.

Einfache Handhabung

SpamAssassin kann sehr frei konfiguriert werden. Der Systemadministrator oder der Endbenutzer hat ein großes Maß an Kontrolle darüber, wie SpamAssassin Spam von Ham unterscheidet. Falls der Benutzer selbst aktiv werden möchte, können nahezu sämtliche Konfigurationseinstellungen für jeden Benutzer angepasst werden. Überdies kann der Systemadministrator Einstellungen systemweit ändern.

Zunächst lässt sich der Schwellenwert zur Erkennung von Spam leicht ändern, was ein hohes Maß an Kontrolle darüber gibt, wie SpamAssassin Spam und Ham unterscheidet.

Außerdem kann die Wertung jeder einzelnen Regel geändert werden. Jeder Benutzer und jedes Unternehmen empfängt unterschiedliche Arten von Spam. SpamAssassin erlaubt eine Feineinstellung, um Spam genauer zu erkennen. Dies geschieht häufig durch eine Untersuchung der Spam-E-Mails, die fälschlicherweise als Ham gekennzeichnet wurden, wobei die Wertungen der Regeln, die auf diese E-Mails zutreffen, erhöht werden.

Noch leistungsstärker wird SpamAssassin dadurch, dass er die Verwendung von externen Anti-Spam-Werkzeugen erlaubt, z.B. Open Relay Blacklists und Spam-Inhaltsdatenbanken. Dadurch können die Benutzer von SpamAssassin wirkungsvoll an einem Anti-Spam-Netzwerk teilnehmen. Wenn ein offenes Relay einmal erkannt, gemeldet und überprüft wurde, kann SpamAssassin diese Informationen zum Aufspüren von Spam nutzen.

Die Erkennungsmethoden von SpamAssassin

SpamAssassin verwendet die folgenden Anti-Spam-Techniken:

- Schlüsselwortfilter
- Open Relay Blacklists
- Einen statistischen Filter
- Analyse des E-Mail-Headers
- Negative Regeln
- Interne oder lokale White- und Blacklists
- E-Mail-Inhaltsdatenbanken
- Sender Policy Framework (SPF)

2.4 Anti-Spam-Programme

Schließlich erlaubt SpamAssassin Systemadministratoren und Benutzern auch, ihre eigenen Regeln zu verfassen. Diese Regeln sind gewöhnlich gut portierbar, so dass sie auf Websites veröffentlicht und gemeinsam in Internet-Newsgroups entwickelt werden können. Einige von Benutzern aufgestellte Regeln sind in die nachfolgenden Versionen von SpamAssassin aufgenommen worden.

2.4.2 Zusammenfassung

Spam sowie die Programme zum Erstellen und Herausfiltern von Spam haben sich mit der Zeit entwickelt. Es gibt eine fortgesetzte Entwicklung der Techniken auf beiden Seiten.

Es gibt Anti-Spam-Dienste zurzeit sowohl für Einzelpersonen als auch für kleine Organisationen.

SpamAssassin fasst viele der aktuellen Anti-Spam-Werkzeuge und -Techniken in einem Paket zusammen, das flexibel ist und sich sowohl von Systemadministratoren als auch Endbenutzern umfangreich konfigurieren lässt. In diesem Kapitel haben wir die Merkmale von SpamAssassin im Kontext der Anti-Spam-Techniken und der Möglichkeiten zur Verhinderung von Spam dargestellt.

3 Offene Relays

Ursprünglich wurde das Internet von einer vertrauensvollen Gemeinschaft genutzt. Sites waren *offen*, die Informationen darin frei verfügbar, Passwörter und Benutzerkonten wurden geteilt und sogar veröffentlicht. E-Mail-Server nahmen E-Mails aus jeglichen Quellen an und sendeten sie an ihr Ziel. Heutzutage hat sich die Natur des Internets gewandelt. Informationen werden nicht mehr so freigebig zur Verfügung gestellt, und Benutzerkonten und Passwörter werden geschützt. Nur noch selten lässt sich ein Server finden, der E-Mails von einem unbekannten Benutzer annimmt und weiterleitet. Letzteres ist eine unmittelbare Konsequenz aus dem Aufkommen von Spam und den damit verbundenen Kosten und Risiken.

Spam ist zu einem so großen Problem geworden, dass ISPs die Konten von Spammern löschen, die ihnen gemeldet werden. Infolgedessen suchen Spammer nach *offenen Relays*, also nach E-Mail-Servern, über die unbekannte und nicht authentifizierte Benutzer E-Mails senden können. Wenn sie ein solches Relay entdecken, nutzen Spammer es aus, um darüber ihre Spam-E-Mails zu versenden. Dadurch ist es nicht möglich, Spam zu seiner eigentlichen Quelle zurückzuverfolgen.

Ein offenes Relay zu betreiben, zieht für einen Systemadministrator ernste Konsequenzen nach sich. Der Server kann in einer der Open Relay Blacklists (ORBLs) aufgeführt werden. Sobald dies geschehen ist, besteht die Möglichkeit, dass E-Mails von diesem Server von anderen Systemen als Spam zurückgewiesen werden. Außerdem kann die Internetverbindung vom Anbieter zeitweilig oder vollständig abgeschaltet werden, falls das offene Relay nicht so schnell wie möglich nach einer Benachrichtigung geschlossen wird.

Glücklicherweise können alle weit verbreiteten MTAs (Mail Transfer Agents) auf einfache Weise so konfiguriert werden, dass sie sich nicht als offenes Relay benutzen lassen. Für die in diesem Buch besprochenen MTAs – *Sendmail*, *Postfix*, *Exim* und *qmail* – ist dies das Standardverhalten nach der Installation. Bei einer älteren Version dieser MTAs ist die Standardkonfiguration unter Umständen nicht sicher. Falls die Konfiguration eines MTAs geändert wurde, kann dadurch unbeabsichtigt ein offenes Relay geschaffen worden sein.

3.1 E-Mail-Zustellung

Im vorkommerziellen Internet gab es keine direkten Verbindungen zwischen den Systemen. E-Mails für System D wurden von System A an System B und dann an System C gesendet, bevor sie dem System D zugestellt wurden. Der Vorgang, E-Mails für ein anderes System anzunehmen, wird *Relaying* (Weiterleitung) genannt, die betreffenden Computer *Relays*. Administratoren haben ihre Rechner als Relays konfiguriert, um anderen zu helfen. Durch die Teilnahme an diesem Relay-Mechanismus wurde die Last auf die ganze Gemeinschaft aufgeteilt.

Die Ausnutzung von Relays durch Spammer hat die Administratoren dazu gebracht, die Sicherheitsmaßnahmen zu verstärken und E-Mails aus unbekannten Quellen abzulehnen, sofern sie nicht für einen lokalen Benutzer bestimmt sind. Die Computer müssen also nach wie vor E-Mails für lokale Benutzer akzeptieren, die von anderen Domains kommen oder an diese adressiert sind.

Ein Server sollte alle E-Mails akzeptieren, die von seinen lokalen Benutzern stammen. Darüber hinaus sollte er nur E-Mails für Benutzer und Domains annehmen, an die er tatsächlich ausliefern kann. Wenn ein Server E-Mails für andere Domains akzeptiert, wird er dadurch zu einem offenen Relay.

Ein MTA sollte wie folgt konfiguriert werden:

- Er soll E-Mails für die Domains annehmen, die er bedient, und E-Mails für andere Domains ablehnen.
- Lokale Benutzer sollen E-Mails an andere Domains senden dürfen.
- Eingehende E-Mail soll überprüft und in dem Fall abgelehnt werden, dass sie an ungültige Empfänger gerichtet ist.

Die Liste der Domains, an die der MTA E-Mails weiterleitet, befindet sich in der Konfigurationsdatei und kann vom Systemadministrator geändert werden. Lokale Benutzer können von der Netzwerkschnittstelle authentifiziert werden, um sicherzustellen, dass ihre Anforderungen über die IP-Adresse ihres Computers eingeht. Auch die Validierungsinformationen für diese Benutzer werden in einer Konfigurationsdatei gespeichert. MTAs setzen eine Vielzahl von Methoden ein, um E-Mail-Empfänger zu authentifizieren, darunter LDAP (*Lightweight Directory Access Protocol*) und PAM (*Pluggable Authentication Modules*).

3.2 Testverfahren für offene Relays

Es gibt eine Reihe von automatisierten Testverfahren für offene Relays. Alternativ können Sie diesen Test auch manuell durchführen.

3.2.1 Automatisierte Tests

Es stehen verschiedene automatisierte Testverfahren für offene Relays zur Verfügung. Um auf diese Dienste zurückgreifen zu können, ist eine Telnet-Sitzung erforderlich. Der bekannteste Relay-Tester ist relay-test.mail-abuse.org.

Um diesen Dienst zu nutzen, geben Sie das folgende Kommando am Befehlsprompt des zu testenden Mailservers ein:

```
telnet relay-test.mail-abuse.org
```

Im Folgenden sehen Sie eine Beispielsitzung:

```
$ telnet relay-test.mail-abuse.org
Trying 168.61.4.13...
Connected to cygnus.mail-abuse.org.
Escape character is '^]'.
Connecting to 999.888.777.666 ...
<<< 220 domain.com ESMTP My_MTA
>>> HELO cygnus.mail-abuse.org
<<< 250 domain.com
:Relay test: #Quote test
>>> mail from: <spamtest@mta.domain.com>
<<< 250 Ok
>>> rcpt to: <"nobody@mail-abuse.org">
<<< 554 <nobody@mail-abuse.org>: Relay access denied
>>> rset
<<< 250 Ok
:Relay test: #Test 1
>>> mail from: <nobody@mail-abuse.org>
<<< 250 Ok
>>> rcpt to: <nobody@mail-abuse.org>
<<< 554 <nobody@mail-abuse.org>: Relay access denied
>>> rset
<<< 250 Ok
...
>>> QUIT
<<< 221 Bye
Tested host banner: 220 domain.com ESMTP My_MTA
System appeared to reject relay attempts
Connection closed by foreign host.
```

Der Test dauert eine gewisse Zeit, dabei wird versucht, häufige Konfigurationsfehler und bekannte Sicherheitsprobleme von MTAs auszunutzen. Nach dem Abschluss der Überprüfung wird eine Zusammenfassung ausgegeben. In diesem Beispiel handelte es sich bei dem Server nicht um ein offenes Relay.

Es gibt weitere Dienste zur Überprüfung auf offene Relays. Eine Internetsuche nach den Begriffen »telnet open relay« wird einige davon finden.

3.2.2 Manuelle Tests

Diese Tests müssen auf einem Computer ausgeführt werden, der nicht mit dem Netzwerk verbunden ist, in dem sich der E-Mail-Server befindet, da der MTA die Verbindung ansonsten so betrachtet, als komme sie von einem vertrauenswürdigen Rechner. Eine Einwählverbindung ist für diese Zwecke ideal. Bei diesem Test werden Befehle eingegeben, wie sie ein MTA verwendet, der E-Mail von einem entfernten Host sendet.

Geben Sie an einem Befehlsprompt Folgendes ein:

```
telnet mta.mycorp.com 25
```

Dabei ist `mta.mycorp.com` der Hostname des zu testenden MTAs und 25 der SMTP-Port. Achten Sie darauf, dass die E-Mail-Adressen in den Zeilen MAIL FROM: und RCPT TO: nicht von dem zu testenden MTA bedient werden. Im Folgenden sehen Sie eine Beispielsitzung:

```
$ telnet mta.mycorp.com 25
Trying 42.42.42.42...
Connected to mta.mycorp.com.
Escape character is '^]'.
220 mta.mycorp.com ESMTP some_mta
MAIL FROM:user1@someplace.org
250 Ok
RCPT TO:user2@anotherorg.com
250 Ok
DATA
354 End data with <CR><LF>.<CR><LF>
From: user1@someplace.org
To: user2@anotherorg.com
Subject: Whatever
This has been relayed through mycorp.com
.
250 Ok: queued as 7A7F18D888
```

Wenn in der Ausgabe hinter dem Eintrag RCPT TO: eine Zeile auftaucht, die mit 250 Ok beginnt, zeigt das an, dass die E-Mail zur Auslieferung angenommen wurde und dass der MTA als offenes Relay konfiguriert ist. Das folgende Beispiel zeigt einen Host, bei dem das Relaying deaktiviert wurde:

```
$ telnet mta.mycorp.com 25
Trying 42.42.42.42...
Connected to mta.mycorp.com.
Escape character is '^]'.
220 mta.mycorp.com ESMTP some_mta
MAIL FROM:user1@someplace.org
250 Ok
```

```
RCPT TO:user2@anotherorg.com
554 <user2@anotherorg.com>: Relay access denied
```

Die Fehlermeldung gibt an, dass der MTA die Weiterleitung der E-Mail aus einer nicht vertrauenswürdigen Quelle abgelehnt hat.

3.3 MTA-Konfiguration

Alle hier beschriebenen MTAs bieten weit gehende Konfigurationsmöglichkeiten. Testen Sie Änderungen nach Möglichkeit zunächst auf einem Testserver und nicht auf einem Produktivsystem, damit Sie die Konfiguration des MTA nicht so abändern, dass er nicht mehr korrekt funktioniert.

3.3.1 Sendmail

Sendmail ist der Urahn aller MTAs. Sein hohes Alter deutet darauf hin, dass er einiges von der Freundlichkeit des vorkommerziellen Internets geerbt hat, weshalb ältere Installationen E-Mails weiterleiten könnten. Wenn Sie eine ältere Installation konfiguriert und dann mit einer neueren aktualisiert haben, können einige der Konfigurationseinstellungen erhalten geblieben sein, die die Weiterleitung von E-Mails erlauben.

Sendmail befindet sich im Paket bei den meisten Linux-Distributionen sowie bei HP/UX, AIX, Solaris und anderen kommerziellen UNIX-Produkten, wobei jeder Hersteller die Konfigurationsdateien in einem anderen Verzeichnis unterbringen kann. In diesem Kapitel werden bei der Besprechung der Konfigurationsdateien die Standardspeicherorte und -dateinamen verwendet.

Sendmail Version 8.9 und höher

Bei Sendmail Version 8.9 und höher führt die Datei /etc/mail/relay-domains die Domains auf, für die Sendmail E-Mails akzeptiert. Die Syntax ist eine Liste von Domains oder IP-Adressen, wobei pro Zeile eine Domain aufgeführt wird:

```
mydomain.com
anotherdomain.com
myassociate.com
```

Wenn die Sendmail-Konfiguration geändert wurde, sollte das Programm neu gestartet und der weiter vorn beschriebene Test auf offene Relays durchgeführt werden.

Frühere Sendmail-Versionen

Bei früheren Sendmail-Versionen als 8.9 besteht die ideale Lösung in einer Aktualisierung. Falls dies nicht möglich sein sollte, führen Sie die folgenden Anweisungen aus:

1. Verwenden Sie grep mit einem Editor, um zu überprüfen, ob die Zeilen use_ip oder check_rcpt4 in der Hauptkonfigurationsdatei von Sendmail, sendmail.cf, stehen:

   ```
   $ cd /etc/mail
   $ grep use_ip sendmail.cf
   $ grep check_rcpt4 sendmail.cf
   ```

2. Wenn die Datei sendmail.cf die Zeilen use_ip oder check_rcpt4 nicht enthält, sollten Sie sie am Ende der Datei sendmail.m4 wie folgt hinzufügen:

   ```
   HACK(\'use_ip',\'/etc/mail/LocalIP')dnl
   HACK(\'check_rcpt4')dnl
   ```

3. Erstellen Sie die Datei sendmail.cf nach dem Ändern von sendmail.m4 neu:

   ```
   # m4 < sendmail.mc > sendmail.cf
   ```

4. Die Datei, in der use_ip aufgeführt wird, sollte nur die IP-Adressen enthalten, für die die Weiterleitung von E-Mail zulässig ist. Dabei steht jede IP-Adresse in einer eigenen Zeile. Subnetze lassen sich einfach dadurch angeben, dass Sie die letzte Ziffer in der durch Punkte getrennten Schreibweise weglassen:

   ```
   127.0.0.1
   10.100.0
   ```

   Dieses Beispiel weist Sendmail an, eingehende E-Mails nur von localhost (127.0.0.1) und von Rechnern im Adressraum 10.100.0/24 anzunehmen.

3.3.2 Postfix

Postfix ist ein vergleichsweise moderner MTA, der von Anfang an auf Sicherheit ausgelegt wurde. Er ist modular aufgebaut, wobei jede Komponente gewöhnlich nur eine Aufgabe durchführt – was die Sicherheit sehr stark erhöht. Trotz seiner sehr verschiedenen internen Struktur ähnelt Postfix äußerlich Sendmail sehr, weshalb ältere Systeme, auf denen Sendmail verwendet wird, ohne große Schwierigkeiten auf Postfix umgestellt werden können.

Der Standardspeicherort für die Hauptkonfigurationsdateien von Postfix ist /etc/postfix/main.cf, aber dies gilt nicht für alle Distributionen. Standardmäßig leitet Postfix keine E-Mails weiter. Die Weiterleitung wird an zwei Stellen der Konfigurationsdateien festgelegt: der Konfigurationsdirektive mynetworks und dem Konfigurationsparameter relay_domains.

Die Konfigurationsdirektive mynetworks

Die Zeile mynetworks sollte nur die Rechner aufführen, für die Postfix E-Mail weiterleiten darf. Wenn sie nicht spezifiziert wird, schließt ihr Standardwert alle Rechner mit ähnlichen IP-Adressen ein. Dies ist jedoch für Produktivserver manchmal zu weit gefasst. Es lohnt sich, dies auf eine strengere Bedingung abzuändern, da ansonsten ein teilweise offenes Relay entsteht, das E-Mails von Hosts im selben Subnetz weiterleitet.

Eine typische mynetworks-Direktive sieht etwa wie folgt aus:

```
mynetworks = 10.0.100.0, 127.0.0.1, 10.0.100.102
```

Diese Direktive erlaubt den Zugriff vom Server selbst über die Loopback-Schnittstelle zu localhost und von zwei anderen IP-Adressen. Eine oder beide davon können zum Hostsystem oder zu anderen Systemen innerhalb des Firmennetzwerks gehören. Dies ist ein Beispiel für eine strenge Einstellung.

Der Konfigurationsparameter relay_domains

Die andere wichtige Konfigurationseinstellung von Postfix in der Datei main.cf ist relay_domains. Sie führt die Domains auf, für die der Rechner E-Mails annimmt, selbst wenn der Sender nicht in der Liste mynetworks auftaucht. Ein Beispiel dafür sehen Sie im Folgenden:

```
relay_domains = mycorp.com, mail.mycorp.com, mysiblingcorp.com
```

Der Standardwert für relay_domains ist von einem anderen Konfigurationsparameter abgeleitet, mydestination, dessen Standardwert wiederum gewöhnlich der Hostname ist. Dies stellt eine sichere Standardeinstellung dar.

Nach einer Änderung der Postfix-Konfiguration sollten die Postfix-Daemons mit dem Parameter reload des Kommandos postfix angewiesen werden, ihre Konfiguration neu zu laden:

```
# postfix reload
```

Sie sollten jedes Mal, wenn die Postfix-Konfiguration geändert und neu geladen wird, eine Überprüfung auf offene Relays vornehmen.

3.3.3 Exim

Exim ist ein schlanker und moderner MTA, der auf SMail basiert. In seiner Betriebsweise unterscheidet er sich von dem modularen Ansatz von Postfix oder qmail.

Standardmäßig führt Exim keine Weiterleitung durch, wobei es jedoch in der Konfigurationsdatei einige Einstellungen gibt, die zur unbeabsichtigten Schaffung eines offenen Relays führen können. Diese Einstellungen finden sich in der Hauptkonfigurationsdatei von Exim, /etc/exim/exim.conf.

Exim-Konfigurationsparameter

In der Datei `exim.conf` listet der Konfigurationsparameter `local_domains` die Domains auf, die von der lokalen Instanz von Exim bedient werden. Dabei sollte es sich um eine Liste gültiger und vertrauenswürdiger Domains handeln:

```
domainlist local_domains = mycorp.com : myothercorp.com : *.virtualcorp.com
```

In diesem Beispiel sind zwei Domains aufgeführt und ein Jokerzeichen für eine dritte Domain enthalten. Jede E-Mail für einen Benutzer mit einer E-Mail-Adresse, die `*.virtualcorp.com` entspricht, wird akzeptiert. Jokerzeichen sollten mit Vorsicht eingesetzt werden, da sie zu einer umfangreicheren Domainliste führen können, als beabsichtigt war.

Der Parameter `relay_to_domains` führt alle Domains auf, für die eine Weiterleitung durchgeführt wird, obwohl sie nicht lokal bedient werden. Das folgende Beispiel enthält eine einzelne Domain (`mysiblingcorp.com`), für die E-Mails angenommen und weitergeleitet werden:

```
domainlist relay_to_domains = mysiblingcorp.com
```

Wenn E-Mails für andere Domains nicht angenommen werden sollen, verwenden Sie eine leere Liste, z. B. wie folgt:

```
domainlist relay_to_domains =
```

Die Direktive `relay_from_hosts` führt die IP-Adressen auf, die eine Verbindung zu dieser Instanz von Exim aufnehmen und ihre E-Mails an andere Domains weiterleiten lassen können. Dabei sollte es sich nur um Rechner handeln, die auch E-Mails vom betreffenden Computer senden dürfen:

```
hostlist relay_from_hosts = 127.0.0.1 10.0.100.0/24
```

Dieses Beispiel umfasst die Loopback-Schnittstelle (`localhost`) und ein Subnetz, das Verbindung mit dieser Instanz von Exim aufnehmen und seine E-Mails an andere Domains weiterleiten lassen kann.

> **Achtung**
>
> Die Einstellung `0.0.0.0/0` würde allen Rechnern erlauben, Verbindung aufzunehmen und E-Mails weiterzuleiten. Dies ist wahrscheinlich die gefährlichste Einstellung, was offene Relays betrifft.

Bei einer Änderung der Exim-Konfiguration sollte ein `HUP`-Signal an Exim gesandt werden, um das Einlesen der neuen Einstellungen zu erzwingen:

3.4 Zusammenfassung

```
# exiwhat
9999 daemon: -q1h, listening for SMTP
# kill -HUP 9999
```

Beim Kommando `kill` müssen Sie `9999` durch den Wert ersetzen, der von `exiwhat` zurückgegeben wird.

Selbstverständlich sollte bei einer Änderung der Konfiguration eine Überprüfung auf offene Relays durchgeführt werden, nachdem Exim die neuen Einstellungen gelesen hat.

3.3.4 qmail

qmail ist ein moderner SMTP-Server, bei dessen Entwicklung Sicherheit ein wichtiges Ziel war. Er nutzt den modularen Ansatz von Postfix und führt standardmäßig keine Weiterleitung durch. Einige Distributionen können dieses Verhalten aber ändern, so dass es am besten ist, die korrekte Konfiguration einer Installation zu bestätigen.

qmail akzeptiert nur Mail für Domains, die in der Datei `rcpthosts` aufgeführt sind. Die Konfigurationsdateien befinden sich gewöhnlich in `/var/qmail/`, wobei der vollständige Pfad zur Datei `rcpthosts` `/var/qmail/control/rcpthosts` lautet.

Im Folgenden sehen Sie ein Beispiel für eine `rcpthosts`-Datei:

```
mydomain.com
mysiblingcorp.com
```

Nach einer Änderung der Datei `rcpthosts` ist es nicht notwendig, qmail neu zu starten. Die Prozesse werden nur bei einer eingehenden Verbindung ausgeführt, so dass stets die jüngste Version der Konfigurationsdatei gelesen wird. Auch nach einer Änderung der Konfiguration von qmail sollte ein Test auf offene Relays durchgeführt werden.

3.4 Zusammenfassung

E-Mails wurden in einer freien und offenen Umgebung entwickelt, doch Spam hat diese Umgebung dazu gezwungen, weniger Vertrauen und Offenheit zu zeigen. Der Betrieb eines offenen Relays kann dazu führen, dass der betreffende E-Mail-Server auf einer Blacklist erscheint, wodurch gültige E-Mails, die von diesem Server ausgehen, vom Empfänger nicht angenommen werden. Als weitere Folge kann es zu einer Beendigung der Internetdienste durch den ISP kommen.

Eine Überprüfung auf offene Relays ist einfach, wobei es kostenlose Dienste im Internet gibt, die diese Aufgabe durchführen. Alle MTAs lassen sich mit einigen wenigen, einfachen Konfigurationsschritten so einrichten, dass eine offene Weiterleitung unterbunden wird. In diesem Kapitel wurde erklärt, wie Sendmail, Postfix, Exim und qmail konfiguriert werden, damit sie nicht als offene Relays fungieren.

4 E-Mail-Adressen schützen

Spammer verwenden verschiedene Methoden, um E-Mail-Adressen zu sammeln (*Harvesting*). Die wichtigsten Verfahren werden in diesem Kapitel beschrieben.

4.1 Websites

Auch viele kleine Unternehmen unterhalten heute eine Website und bieten ihren Kunden dort die Kontaktaufnahme über eine E-Mail-Adresse an. Ein einfacher HTML-Link der Form `mailto:user@domain.com` ist leicht einzubauen (alle üblichen HTML-Editoren erlauben die Erstellung eines solchen Links) und die Reaktionen darauf lassen sich ebenfalls leicht abrufen – sie landen im Posteingang des angegebenen Benutzers.

Eine Alternative zu `mailto:`-Links auf einer Webseite sind Webformulare, bei denen der Kunde seine E-Mail-Adresse und den Text seiner Nachricht eingibt und das Formular dann absendet. Die Daten werden vom Webserver verarbeitet und an den Empfänger weitergeleitet. Dieses Verfahren ist weniger flexibel als eine E-Mail – so können z.B. keine Anhänge hinzugefügt werden. Außerdem muss der Kunde seine E-Mail-Adresse korrekt eingeben, da sonst der Kontakt verloren geht.

Schon von einem frühen Zeitpunkt in der Geschichte des Internets an haben automatisierte Computerprogramme versucht, Webseiten herunterzuladen und den Links zu anderen Seiten zu folgen. Diese so genannten *Spider* suchen das Web gewöhnlich ab, um Indizes für Suchmaschinen wie Google oder AltaVista zu erstellen. Diese Technik wurde von den Spammern übernommen, um E-Mail-Adressen zu sammeln, und ist heute die häufigste für diesen Zweck eingesetzte Methode.

Nachdem die Spider eines Spammers eine Firmenwebsite gefunden haben, werden die darauf aufgeführten E-Mail-Adressen Spam erhalten. Die betroffenen Unternehmen können die `mailto:`-Links weiter verwenden oder zu anderen Methoden für Kundeneingaben wechseln, z.B. Webformulare, wobei diese anderen Methoden jedoch mit zusätzlichen Kosten verbunden sein können. Für einfache Webseiten gibt es zwei Techniken, um E-Mail-Adressen für die Spider von Spammern unsichtbar zu machen, während die Kunden nach wie vor auf den Link klicken können. Diese beiden Techniken werden in den folgenden Abschnitten beschrieben.

4.1.1 Alternative Zeichendarstellung

In HTML können Zeichen auf unterschiedliche Weise dargestellt werden. Gewöhnlich werden sie einfach als normale Zeichen über die Tastatur eingegeben, aber es gibt noch andere Wege. Im Folgenden finden Sie drei unterschiedliche Darstellungen des Buchstabens a:

- a
- a
- a

Der Buchstabe a wird im dezimalen Format als 97 und hexadezimal als x61 dargestellt; 98 bzw. x62 steht für b usw. Jeder Buchstabe, jede Zahl und jedes andere Zeichen lässt sich nach demselben Schema alternativ darstellen. Das @ in E-Mail-Adressen lässt sich als #x40 oder #64 schreiben, der Punkt als #x2e oder #46. Diese Umwandlung wird als ASCII-Kodierung bezeichnet. Andere im Web verwendete Kodierungstechniken sind u. a. UTF-8 und UTF-16.

Einen `mailto:`-Link kann man auch mit diesen statt den normalen Zeichen erstellen. Eine alternative Schreibung von `mailto:user@domain.com` würde dann wie folgt aussehen:

```
&#x6d;&#x61;&#x69;&#x6c;&#116;&#x6f;&#58;&#117;&#115;&#101;&#114;&#64;&#100;&#x6f;&#1
09;&#97;&#x69;&#x110;&#46;&#99;&#x6f;&#x6d;
```

Der Browser des Benutzers wandelt dies in einen normalen Link um, auf den der Benutzer klicken kann, um seinen E-Mail-Client aufzurufen. Die folgende Website führt diese Umwandlung automatisch durch: *http://www.zapyon.de/spam-me-not/index.html*.

> **Hinweis**
> Dies ist eine für ein Computerprogramm sehr einfach durchzuführende Konvertierung, so dass diese Blockiermethode von zukünftigen Spidern überwunden werden kann.

4.1.2 JavaScript

Bei dieser Methode muss JavaScript im Browser des Benutzers aktiviert sein. Bei allen modernen Browsern ist dies standardmäßig der Fall, doch einige Benutzer schalten diese Option aus Sicherheitsgründen ab. Die Spider von Spammern suchen nach einfachen E-Mail-Adressen der Form `mailto:user@domain.com`. Es ist vernünftig anzunehmen, dass sie dabei die Webseite lesen und alle Teile kopieren oder speichern, in denen das Zeichen @ vorkommt, wie etwa in user@domain.com. Die hier beschriebene Technik entfernt das Zeichen @, so dass die Webspider die E-Mail-Adresse übersieht.

JavaScript kann Text in Webseiten schreiben, während sie im Browser geladen werden, und sogar die Position von Text ändern. Es wäre allerdings unklug, ein Skript zu schreiben, das einfach die E-Mail-Adresse als user@domain.com ausgibt. Auch wenn die E-Mail-Adresse in einem JavaScript-Block steht, können Spider sie leicht erkennen.

Zum Glück erlaubt JavaScript mit Hilfe von Variablen weit komplexere Manipulationen. So kann ein JavaScript-Codeabschnitt eine E-Mail-Adresse als Variable zusammensetzen und dann anzeigen:

```
message = "mailto:user";
message += "@";
message += "domain.com";
document.write(message);
```

Dies ist gleichbedeutend mit dem folgenden Code:

```
message = "mailto:user@domain.com"
document.write (message);
```

Das @-Zeichen als Fingerabdruck einer E-Mail-Adresse wird von den anderen Teilen der Adresse getrennt, so dass sie nicht von Spidern erkannt werden kann.

In einer noch komplexeren Variante kann dieselbe E-Mail-Adresse auch wie folgt geschrieben werden:

```
a = "@";
b = "mailto:";
c = "user";
d = "domain";
e = ".com";
document.write ("<A HREF=\"" + b+c+a+d+e + "\">contact us</A>");
```

Möglicherweise werden Spammer damit beginnen, in ihre Webspider eine JavaScript-Analyse einzubauen, was aber aufgrund des erforderlichen Aufwands nicht sehr wahrscheinlich ist.

4.2 Usenet

Usenet wird auch als Network News, NNTP oder einfach News bezeichnet. Es lässt sich mit einem verteilten System von Mitteilungsbrettern vergleichen, bei dem die Nachrichten, die an ein Brett (Server) geheftet werden, an die anderen Bretter (Server) im Netzwerk weitergeleitet werden. Es gibt viele spezialisierte Newsgroups und Newsserver. ISPs bieten gewöhnlich einen Newsserver für ihre Kunden an, und manchmal stellen auch große Unternehmen einen solchen Server für ihr Personal bereit. Es sind auch bereits kommerzielle Usenet-Provider tätig. Ein Archiv von Usenet-Postings finden Sie unter *http://groups.google.com/*.

Die ersten Spammer sammelten ihre E-Mail-Adressen im Usenet, und selbst heute ist dies die zweitgrößte Quelle für sie.

Auf den meisten Newsservern muss der Benutzer keine E-Mail-Adresse eingeben, um die Postings der Newsgroup zu lesen, allerdings erfordern die meisten die Angabe einer E-Mail-Adresse beim *Einstellen* einer Nachricht. Wenn der Benutzer in der Newsgroup lediglich *liest*, wird seine E-Mail-Adresse nicht von Spammern gesammelt. Einige Mailinglisten werden ebenfalls im Usenet gespiegelt, was für die Abonnenten ein Risiko darstellt.

Spammer sammeln E-Mail-Adressen mit Programmen, die viele Usenet-Postings herunterladen und mit einer ähnlichen Technik wie der der Webspider nach E-Mail-Adressen durchsuchen. Dieses Verfahren wird schon seit vielen Jahren angewendet. Als Reaktion darauf wurde eine Reihe von Techniken entwickelt, um das Sammeln der E-Mail-Adressen zu verhindern.

Die Benutzer können ihre E-Mail-Adresse auf verschiedene Art und Weise manuell verschleiern, z.B. indem sie die Zeichen @ und . durch die Wörter »at« und »dot« ersetzen. So wird z.B. aus `user@domain.com` die Adresse `user at domain dot com`. Regelmäßige Usenet-Nutzer kennen diese Verschleierungstechnik und können die Adressen sehr leicht entziffern.

4.2.1 Trojanische Pferde

Ein großer Anteil des Spam-Aufkommens wird heute von gewöhnlichen PCs versendet, die mit Spamming-Software verseucht sind. Diese Software verschickt, gesteuert von einem Spammer, ohne Wissen und Zustimmung des PC-Benutzers Spam-E-Mails. Sie kann auch E-Mail-Adressen aus der Kontaktliste des Benutzers und aus dem Archiv der ein- und ausgegangenen E-Mails sammeln. Anti-Viren- und Anti-Malware-Software kann solche Trojanischen Pferde aufspüren.

4.3 Mailinglisten und Archiv

Mailinglisten sind ein nützliches Werkzeug für Beruf und Freizeit. Ein Benutzer muss eine E-Mail nur an eine einzige Adresse senden, woraufhin sie wie bei einer Rundsendung an alle Mitglieder der Liste weitergeleitet wird. Spammer haben häufig Nachrichten an Mailinglisten gesandt, die dann an alle Empfänger weitergeleitet wurden. Um dies zu verhindern, verlangen die meisten Mailinglisten, dass sich die Benutzer auf irgendeine Weise authentifizieren. Dieser Vorgang läuft manuell ab, so dass Spammer, die auf einen automatisierten Prozess bauen, sofort erkannt werden.

Oft werden Mailinglisten zu Referenzzwecken im Internet archiviert. Wenn die Webspider eines Spammers ein solches Archiv erreicht, hat sie Zugriff auf die E-Mail-Adressen aller Personen, die Nachrichten an diese Liste geschickt haben. Infolgedessen können die jüngsten Versionen aller populären Verwaltungsprogramme für Mailinglisten die E-Mail-Adressen bei einer Archivierung im Web verschleiern (*Munging*).

Einige Mailinglisten werden moderiert, was bedeutet, dass die Beiträge von einem Moderator geprüft werden, bevor sie an die Mitglieder der Liste weitergeleitet werden. Dies ist eine sehr effektive Maßnahme zur Spam-Bekämpfung. Die Verwaltungssoftware erlaubt dem Administrator, Spammer von der Liste zu streichen.

4.4 Registrierung auf Websites

Viele Websites verlangen eine Registrierung, bevor sie genutzt werden können, wobei manchmal für unregistrierte Benutzer nur ein eingeschränkter Zugriff möglich ist. Wenn ein Benutzer sämtliche Funktionen der Site nutzen möchte, muss er sich registrieren und seine E-Mail-Adresse angeben.

In der Vergangenheit haben die Betreiber mancher Websites die E-Mail-Adressen ihrer Benutzer verkauft. Heute enthalten die meisten angesehenen Sites Datenschutzrichtlinien und erlauben den Benutzern, ihre Zustimmung zur E-Mail-Vermarktung zu verweigern. Wer sich bei einer Website registriert, sollte die Datenschutzbestimmungen aufmerksam lesen und im Registrierungsformular die richtigen Optionen wählen.

Auf manchen Websites wird behauptet, dass die E-Mail-Adressen der Benutzer nicht verkauft oder weitergegeben werden, und dennoch erhalten die Benutzer Werbebotschaften von anderen Firmen. Dabei werden die Werbe-E-Mails häufig von der Website im Namen Dritter gesendet, was mit dem Wortlaut der Datenschutzerklärung übereinstimmt. Der einzige Trost dabei ist, dass die auf diese Weise verschickten Werbe-E-Mails weniger aggressiv und manchmal sogar für den Empfänger interessant sind.

4.4.1 Die Verwendung von E-Mail-Adressen nachverfolgen

Beim Empfang von Spam lässt sich nur sehr schwer feststellen, auf welche Weise der Spammer an die Adresse gelangt ist. Für den Fall, dass ein Benutzer mehrere E-Mail-Adressen verwendet, gibt es mehrere Techniken, mit denen er feststellen kann, wo eine der Adressen an eine andere Organisation weitergegeben wurde.

Wenn ein Benutzer eine bestimmte E-Mail-Identität nur für eine Site oder einen Dienst nutzt und dann darüber Spam empfängt, ist es offensichtlich, dass die Adresse von dieser Site verkauft oder weitergegeben bzw. davon gestohlen wurde. Möglicherweise untersuchen die Betreiber von Sites, die E-Mail-Adressen verkaufen, ihre Liste vor einer Transaktion und entfernen davon die Adressen, die sich zurückverfolgen lassen. Eine solche Technik kann also in einigen Fällen als Abschreckung wirken.

Die Pluszeichen-Technik von Sendmail

Die Benutzer von Sendmail können die *Pluszeichen-Technik* nutzen, bei der ein Pluszeichen und ein anderes Wort an eine gültige E-Mail-Adresse angehängt werden. Die E-Mail wird an den Benutzernamen vor dem Pluszeichen ausgeliefert, das Wort dahinter wird verworfen. Zur Registrierung für eine bestimmte Website oder Mailingliste kann der Benutzer john@domain.com z.B. die Adresse john+list1@domain.com oder john+website1@domain.com verwenden.

Dieses Verfahren können auch Systemadministratoren zum Hinzufügen von Benutzerkonten nutzen oder Organisationen, die die Dienste eines der vielen ISPs in Anspruch nehmen, bei denen sie eine große oder sogar unbegrenzte Zahl von E-Mail-Adressen erhalten.

4.4.2 Unlautere Angestellte

Der Datenschutzerklärung auf einer Website zum Trotz besteht die Möglichkeit, dass ein unlauterer Angestellter die Datenbank mit den Benutzerdaten, einschließlich der E-Mail-Adressen, kopiert und zu Werbezwecken verkauft. Im Juni 2004 wurde ein Angestellter von AOL unter dem Verdacht verhaftet, bis zu 30 Millionen E-Mail-Adressen an einen Spammer verkauft zu haben. Dagegen lässt sich nicht viel unternehmen, außer lediglich mit bekannten, angesehenen Sites zu verkehren, die einen Ruf zu verlieren haben.

4.5 Personal

In Unternehmen können die Angestellten zu einer Quelle von Spam werden, wenn sie auf irgendeine der in diesem Kapitel erwähnten Weisen E-Mail-Adressen in unsicheren Orten im Web angeben.

Es ist daher wichtig, eine Richtlinie für die Verwendung von E-Mail aufzustellen, an die sich das gesamte Personal halten muss. Um das Aufkommen von Spam zu minimieren, sollte diese Richtlinie folgende Punkte abdecken:

- Einschränkung der Benutzung von Firmen-E-Mail-Adressen und Verbot der Nutzung für private Zwecke
- Verbot der Veröffentlichung von Firmen-E-Mail-Adressen im Internet oder Usenet
- Untersagung von Beiträgen an Mailinglisten, die ohne Schutz der E-Mail-Adressen archiviert werden

Ein weiteres Risiko stellen unlautere Angestellte dar, die ein Mitarbeiterverzeichnis, eine Kundenliste oder eine Sammlung von E-Mail-Adressen verkaufen, was häufig geschieht, wenn ein Mitarbeiter die Firma verlässt.

In den meisten Ländern gilt dies als Verbrechen, das leider schwer aufzudecken und noch schwerer zu beweisen ist. Ein Unternehmen sollte seine Kundenliste schützen und den Zugriff darauf auf die Personen einschränken, die diese Informationen wirklich benötigen. Im Idealfall sollte ein Protokoll über die Zugriffe auf die E-Mail-Liste geführt werden. In manchen Branchen, z. B. bei der Zeitarbeitsvermittlung, lässt sich dies jedoch nur schwer verwirklichen.

4.6 Visitenkarten und Werbematerial

Es gibt keine Hinweise darauf, dass Spammer E-Mail-Adressen von Visitenkarten und Werbematerial sammeln.

Wenn E-Mail-Adressen als Teil einer Werbekampagne veröffentlicht werden, ist es sinnvoll, für jede Kampagne eine eigens erstellte Adresse zu verwenden. Wenn ein Spammer über Trojanische Pferde die Kontrolle über den Computer eines Dritten erhält und der Benutzer dieses Rechners auf die Werbekampagne antwortet, besteht die Möglichkeit, dass das Trojanische Pferd die Werbe-E-Mail-Adresse an die zentrale Datenbank des Spammers weiterleitet. Durch eigene E-Mail-Adressen für jede Kampagne ist es möglich, die Konten jeweils nach dem Abschluss einer solchen Kampagne zu löschen.

4.7 E-Mail-Validierung durch Spammer

Spammer können die Gültigkeit von E-Mail-Adressen auf drei Arten bestätigen: durch den Empfang von Antworten, durch einen Abmeldelink und durch Webbugs. Webbugs sind kleine Bilder, die Informationen über den Spam-Empfänger ungesehen verfolgen, und werden im folgenden Abschnitt ausführlicher besprochen. In manchen Fällen antworten die Empfänger von Spam auf die E-Mail, was aber wirkungslos ist. Häufig trägt Spam-E-Mail eine fiktive Absenderadresse, so dass die Antwort unverrichteter Dinge zurückkehrt. Spam wird auch häufig von einer echten, aber gekaperten E-Mail-Adresse aus verschickt. Dies ist dann der Fall, wenn der Spammer eine vertrauenswürdige E-Mail-Adresse im Header seiner Spam-E-Mail angibt, entweder im `From:`- oder im `Reply-to:`-Header. Das unglückliche Opfer empfängt dann Tausende von zurückgekehrten, nicht ausgelieferten E-Mails sowie die eine oder andere zornige Antwort.

> **Hinweis**
> Eine goldene Regel für den Umgang mit Spam besteht darin, niemals auf eine Spam-E-Mail zu antworten und niemals auf einen Abmeldelink zu klicken.

E-Mail wird gelegentlich auch von einem Konto aus gesendet, das der Spammer eingerichtet hat. Wenn eine Antwort eintrifft, wird der Spammer den Benutzer nicht von seiner Liste streichen, sondern hat eine Bestätigung dafür, dass er eine gültige und aktive E-Mail-Adresse erreicht hat. Dadurch steigt die Wahrscheinlichkeit, noch mehr Spam zu erhalten.

Abmeldelinks bilden eine andere Möglichkeit, um sich die Gültigkeit einer E-Mail-Adresse bestätigen zu lassen. Wenn der Benutzer darauf klickt, wird jedoch seine E-Mail-Adresse nicht aus der Datenbank des Spammers entfernt, sondern mit hoher Wahrscheinlichkeit zu einer Liste von aktiven E-Mail-Adressen hinzugefügt, die in zukünftigen Spam-Kampagnen verwendet werden.

4.7.1 Webbugs

Webbugs sind winzige, nicht zu bemerkende Bilder in HTML-E-Mails. Sie spüren Informationen auf und können dazu verwendet werden, den Empfänger einer E-Mail zu identifizieren oder zu bestimmen, wann die E-Mail gelesen wurde. Bis zu einem gewissen Grad lässt sich damit auch der geographische Standort des Empfängers feststellen.

Die Webbugs sind auf einem Webserver gespeichert, der der Kontrolle des Spammers unterliegt, wobei jede E-Mail einen anderen Webbug enthält. Wenn der Webserver aufgefordert wird, einen bestimmten Webbug abzurufen, kann der Spammer die mit diesem Webbug verknüpfte E-Mail-Adresse zurückverfolgen, was eine weitere Methode darstellt, die Gültigkeit einer Adresse zu bestätigen. Webbugs werden in HTML-E-Mails eingesetzt, so dass der Schutz dagegen darin besteht, einen E-Mail-Client zu verwenden, der HTML-Mails nicht anzeigt, oder die HTML-Funktion im gegenwärtig genutzten E-Mail-Client auszuschalten.

4.8 Zusammenfassung

Spammer verwenden eine Vielzahl von Techniken, um E-Mail-Adressen zu sammeln. Ihre Hauptquellen sind Webseiten und Usenet-Postings.

E-Mail-Adressen auf Webseiten anzugeben, ist an sich sinnvoll, zieht aber Spam auf sich. Die Adressen können durch alternative Zeichendarstellung oder den Einsatz von JavaScript vor Spammern verborgen werden.

Spammer setzen auch eine Reihe von Techniken ein, um die Gültigkeit von E-Mail-Adressen zu bestätigen. Benutzer können die Nachverfolgung ihrer E-Mail-Adressen dadurch einschränken, dass sie nicht auf Spam-E-Mails antworten, keine Abmeldelinks anklicken und keine E-Mails im HTML-Format anzeigen lassen.

5 Spam erkennen

Zwar können Menschen sehr leicht zwischen Spam und Ham unterscheiden, doch ist es schwierig, Spam mit einem Computerprogramm aufzuspüren. Über die Jahre hinweg wurden viele Methoden entwickelt, um Spam von Ham zu trennen. Einige Anti-Spam-Programme setzen nur manche dieser Methoden ein, SpamAssassin jedoch fast alle.

5.1 Inhaltsprüfung

Bei Inhaltsprüfungen wird der Nachrichtentext einer E-Mail analysiert, manchmal auch der Header, und zwar gewöhnlich, um nach Schlüsselwörtern oder -sätzen zu suchen. Dabei wird normalerweise ein Wertungssystem verwendet. Es ist nicht ungewöhnlich, dass Wörter, die auf Spam-E-Mails hindeuten, auch in zulässigen E-Mails verwendet werden, weshalb SpamAssassin für jede E-Mail die Wertung für jedes verdächtige Wort addiert. Jedes Wort, das auf Spam hindeutet, erhöht damit die Gesamtwertung der E-Mail, bis schließlich die endgültige Wertung mit einem vordefinierten Schwellenwert verglichen wird, um zu bestimmen, ob es sich um Spam oder Ham handelt.

Inhaltsprüfungen müssen sich nicht auf einzelne Wörter konzentrieren, sondern können auch nach Sätzen und Satzzeichenfolgen suchen. Die Wörter, Sätze und anderen Zeichen, nach denen sich der Test orientiert, werden gewöhnlich von einem Entwickler zusammengestellt, der Spam analysiert und solche Tests manuell erstellt.

Manchmal werden im Rahmen der Inhaltsprüfung auch die Header untersucht, die das Datum, die Uhrzeit und andere Attribute enthalten, etwa den verwendeten Mail-Client. Häufig bauen Spamming-Programme Fehler oder Falschschreibungen in die Header ein, die von Spam-Filtern erkannt werden.

Spammer versuchen, die Erkennung zu vereiteln, indem sie bewusste Falschschreibungen einsetzen und den Inhalt der einzelnen Spam-Mails oder eines neuen Blocks von Spam-Mails leicht abwandeln.

Ein einfaches Beispiel für einen Inhaltstest bildet die Suche nach dem Wort »Viagra« in einer E-Mail. Ein komplexerer Test erkennt die Folge der Zeichen »v?i?a?g?r?a«, wobei das »?« für ein beliebiges Zeichen steht, das aber überhaupt nicht vorkommen muss. Damit werden z.B. die Schreibweisen »VIAGRA«, »V I A G R A« und »V*i*agra« erkannt.

Der Großteil der von SpamAssassin durchgeführten Tests sind Inhaltsprüfungen. Um den Inhalt zu filtern, können die Benutzer von SpamAssassin ihre eigenen Regeln schreiben und untereinander austauschen. Das Abfassen von Regeln wird in Kapitel 12 beschrieben. Inhaltsprüfungen sind gewöhnlich sehr ressourcenintensiv und nutzen die CPU, den Speicher und die Festplatten-E/A.

5.2 Headerprüfung

Headerprüfungen konzentrieren sich auf die Nachrichtenheader. Hierbei geht es hauptsächlich darum, gefälschte Header zu erkennen oder festzustellen, ob eine Nachricht über ein offenes Relay weitergeleitet wurde.

So kann ein Headertest z.B. alle E-Mails kennzeichnen, die anscheinend mehr als 72 Stunden zuvor abgeschickt wurden oder deren Versanddatum in der Zukunft liegt. Die meisten E-Mail-Server haben exakte Uhren, doch Spammer verwenden häufig PCs, die mit Trojanischen Pferden verseucht sind und ungenaue Uhrzeiten aufweisen, so dass das Datum der Spam-Nachrichen in der Vergangenheit oder der Zukunft liegen kann. Die Untersuchung der E-Mail-Header wird weiter hinten in diesem Kapitel genauer beschrieben.

Headerprüfungen bilden keinen großen Anteil der Tests, die SpamAssassin durchführt, da sie bedeutende Mengen an CPU-, Speicher- und E/A-Ressourcen verschlingen.

5.3 DNS-basierte Blacklists

Es gibt viele DNS-basierte Blacklists (DNSBLs), die auch einfach *Blacklists*, *Blocklists* oder *Ausschlusslisten* genannt werden. Die Dienste, die sie bereitstellen, werden von MTAs und Spam-Filtern genutzt, um Sites, die mit Spammern in Verbindung stehen, zu erkennen, wobei diese MTAs oder Filter eine oder mehrere Listen verwenden. Auch SpamAssassin setzt Blacklists ein, um Spam auszufiltern.

Blacklists lassen sich im Allgemeinen in drei Kategorien aufteilen:

- Listen bekannter offener Relays
- Listen bekannter Spam-Quellen
- Listen von Sites, die von einem in irgendeiner Weise Spammer-freundlichen ISP betrieben werden

Jede Blacklist hat ihre eigenen Richtlinien zum Hinzufügen und Entfernen von Domains. Einige sind sehr aggressiv und blockieren nicht nur Quellen von Spam, sondern auch jede Adresse, die von demselben ISP betrieben wird. Der Sinn dabei besteht darin, ISPs dazu zu zwingen, keine Geschäfte mehr mit Spammern zu machen, und Letztere damit aus dem Netz zu vertreiben. Dieser Ansatz, das so genannte *Internet Black Hole of Death*, wurde in der Vergangenheit bereits erfolgreich gegen größere ISPs angewendet.

Blacklists bieten MTAs und Spam-Filtern die Möglichkeit nachzuschauen, ob eine bestimmte IP-Adresse aufgeführt wird. Wenn ja, wird eingehende Mail von diesem Host häufig abgelehnt.

Im Allgemeinen werden IP-Adressen nur dann in eine Blacklist aufgenommen, wenn sie gemeldet wurden. Diese Meldung erfolgt entweder durch einen Menschen, der die Header einer E-Mail-Adresse untersucht hat, oder durch ein automatisches System. Manche Blacklists löschen Adressen nach einer gewissen Zeit wieder, während andere auf eine Bestätigung warten, dass das Spam-Problem gelöst wurde.

Einige Blacklists überprüfen auch, ob eine Site ein offenes Relay betreibt. Diese Tests erfolgen gewöhnlich automatisch, wobei Port 25 auf eine ähnliche Weise analysiert wird wie in den manuellen Tests aus Kapitel 4.

Dass die Rechner von Spammern auf den Blacklists erscheinen, liegt in der Verantwortung von Systemadministratoren und Endbenutzern. Einige Filtersoftware für Spam leitet verdächtige Adressen automatisch an Blacklists weiter, was ein gefährliches Verfahren darstellt. Solche automatischen Systeme können unter unvorhergesehenen Umständen außer Kontrolle geraten und eine ORBL (Open Relay Blacklist) mit Falschmeldungen überfluten. Es ist besser, dem Benutzer eine Möglichkeit an die Hand zu geben, ein Relay selbst an die Blacklists zu melden, statt dies automatisch geschehen zu lassen. Dazu müssen die Softwareentwickler eine solche Option für die Benutzer vorsehen und außerdem die Benutzer über genügend Kenntnisse verfügen, um zu entscheiden, ob sie eine solche Meldung einreichen oder nicht.

ORBLs nutzen im Allgemeinen die Netzwerk-E/A statt CPU, Speicher und Festplatten-E/A. Die Überprüfung der Blacklist verbraucht weniger Ressourcen für die Netzwerk-E/A als beim Empfang einer E-Mail. Diese Tests eignen sich auch für die Parallelverarbeitung (bei der mehrere E-Mails auf einmal verarbeitet werden), da es einige Zeit dauert, bis das Ergebnis abgerufen ist, und der Rechner in der Zwischenzeit andere Ressourcen (CPU, Speicher, Festplatten-E/A) nutzen kann, um weitere Prüfungen durchzuführen.

5.4 Statistische Tests

Zur Identifizierung von Spam lassen sich verschiedene statistische Verfahren heranziehen. Dazu ist gewöhnlich eine Trainingsphase erforderlich, bei der ein Filter durch eine Datenbank von Spam- und Ham-E-Mails lernt, typische Merkmale von Spam und Ham zu erkennen. Dadurch lassen sich zukünftige E-Mails aufgrund der Charakteristika der früheren erkennen. Die einzelnen statistischen Techniken unterscheiden sich in der Verwendung der Kennzeichen und Algorithmen, mit denen festgestellt wird, ob es sich bei einer E-Mail um Spam oder Ham handelt. Als Kennzeichen dienen gewöhnlich einfache Wörter, aber auch E-Mail-Header, HTML-Tags innerhalb von E-Mails und andere Symbole wie Satzzeichen.

Statistische Filter bedürfen des regelmäßigen Trainings, um mit dem darin erworbenen Wissen die Wahrscheinlichkeit dafür zu bestimmen, ob es sich bei einer neuen E-Mail um Spam handelt oder nicht. Da sich die Natur von Spam ändert, müssen sich die Filter stets anpassen, um Spam auch weiterhin erkennen zu können.

SpamAssassin enthält einen statistischen Filter auf der Grundlage der *Bayes-Analyse*, der standardmäßig aktiviert ist und bei sorgfältigem Training bei der korrekten Unterscheidung von Spam und Ham hilft.

Statistische Tests sind ressourcenintensiv und nutzen die CPU, den Speicher und die Festplatten-E/A.

5.5 Nachrichtenerkennung

Oftmals sendet ein Spammer exakt dieselbe Mitteilung an viele Empfänger. Die Header dieser Nachrichten können zwar voneinander abweichen, aber derselbe Text geht an unterschiedliche Adressen heraus. Dies hat zum Aufbau mehrerer Anti-Spam-Netzwerke geführt, die eine Datenbank von Spam-E-Mails unterhalten. Durch einen Vergleich eingehender E-Mails mit dem Inhalt dieser Datenbank lassen sich bekannte Spam-Nachrichten schnell herausfiltern. SpamAssassin kann eines oder mehrere dieser Spam-Erkennungssysteme nutzen.

Damit nicht die gesamte E-Mail über das Netzwerk gesendet und Zeichen für Zeichen oder Zeile für Zeile verglichen werden muss, wird ein Hashwert berechnet und verwendet. *Hashing* ist ein mathematischer Vorgang, der aus einer langen Nachricht eine kürzere *Signatur* erstellt. Da es sehr unwahrscheinlich ist, dass zwei E-Mails denselben Hashwert aufweisen, ist ein Vergleich der beiden Hashes statistisch gleichwertig mit einem Vergleich der gesamten Nachrichten. Da die Hashes sehr viel kürzer sind als eine E-Mail, erfolgt der Vergleich sehr viel schneller.

Die Berechnung eines Hashes ist sehr CPU-intensiv, und bei der Abfrage der Datenbank tritt eine gewisse Netzwerk-E/A und damit verbundene Latenz auf. Dieser Test ist für die Parallelverarbeitung geeignet.

5.6 URL-Erkennung

Ein URL (Uniform Resource Locator) – oder korrekter ausgedrückt, ein URI (Uniform Resource Identifier) – ist in diesem Zusammenhang gewöhnlich ein Weblink in einer Spam-E-Mail. Bei einer SURBL (Spam URI Real-time Block List, Echtzeit-Blockierliste für Spam-URIs) handelt es sich um eine Datenbank von URIs, die in Spam-E-Mails aufgetaucht sind.

SpamAssassin Version 2.63 unterstützt SURBLs über ein Plug-In, von Version 3.0 an auch ohne ein solches Zusatzprogramm.

Diese Tests nutzen während der Abfrage der Datenbank einen geringen Anteil der Netzwerk-E/A und sind für die Parallelverarbeitung geeignet.

5.7 Header untersuchen

E-Mail-Header weisen ein besonderes Format auf und bestehen aus einer Folge von Einträgen. Jeder Eintrag beginnt in einer neuen Zeile mit einem Wort, dem ein Doppelpunkt folgt. Dieses Wort kann auch einen Bindestrich enthalten wie die Angabe Return-Path: im folgenden Beispiel, die den Beginn des E-Mail-Headers anzeigt.

E-Mail-Header können mehrere Zeilen umfassen. Wenn eine Zeile mit einem Leerzeichen oder Tabulator beginnt, ist dies die Fortsetzung des vorherigen Headers.

Das folgende Beispiel zeigt die Header, die die allgemeinen Auslieferungsangaben umfassen – wohin zurückgewiesene Nachrichten gesendet werden sollen, für wen die E-Mail bestimmt war und an wen sie schließlich ausgeliefert wurde.

```
Return-Path: <stockprofile@mymail-info.net>
X-Original-To: sales@domain.com
Delivered-To: sales@domain.com
```

Die folgenden Zeilen zeigen den MTAs, dass die E-Mail auf ihrem Weg vom Absender zum Empfänger weitergeleitet worden ist, wobei jeder MTA bei der Verarbeitung der Mail eine weitere Zeile *oberhalb* der anderen hinzufügt:

```
Received: from unknown (HELO 81.21.65.156) (218.14.129.227)
    by server25.lb.an-isp.co.uk with SMTP; 29 Jun 2004 04:27:31 -0000
Received: from msn.com (115.80.10.10) by ar593-ly5.msn.com with Microsoft SMTPSVC
(9.7.0061.4801);
        Tue, 29 Jun 2004 17:25:26 -0300
Received: from msn.com (msn.com 102.228.120.20)
        by msn.com (8.12.10/8.12.9) with ESMTP id psu914TOBRTGG247
        for <alistair@domain.com>; Tue, 29 Jun 2004 13:29:26 -0700 (EST)
        (envelope-from jsccfbqompq@yahoo.com)
Received: from C2175380 (modemcable75.0938-0.y.msn.com 166.192.157.32)
        (authenticated bits=6)
        by msn.com (8.12.10/8.12.9) with ESMTP id esa064ZUX58a496
        for <alistair@domain.com>; Wed, 30 Jun 2004 02:23:26 +0600 (EST)
```

Der Inhalt einer Received:-Zeile ist von MTA zu MTA unterschiedlich, aber sie bietet generell eine Möglichkeit, den Rechner (Name oder IP-Adresse) zu bestimmen, der die Mail verarbeitet hat, sowie das Datum und die Uhrzeit. Die Uhren und Zeitzonen der Mailserver müssen nicht unbedingt korrekt eingestellt sein, so dass die Received:-Zeilen nicht zwangsläufig korrekte Zeiten widerspiegeln.

Die restlichen E-Mail-Header werden gewöhnlich von der E-Mail-Anwendung erstellt, wobei die meisten Werte von der verwendeten E-Mail-Clientsoftware und den Daten abhängen, die der Benutzer eingibt.

```
From: "Caroline Z Boggs" <jsccfbqompq@yahoo.com>
To: <Alistair@domain.com>
Subject: Free Hydrocodone Prescriptions, no doctor fees baritonecologne
X-Mailer: Xnyquist 0.36
Organization: Lnoblemen alfresco
Date: Wed, 30 Jun 2004 01:28:26 +0500
MIME-Version: 1.0
Content-Type: multipart/alternative;
```

E-Mail-Header können untersucht werden, um die Quelle von Spam herauszufinden. Einer oder mehrere der *Hops* können völlig unschuldig sein, weshalb Sie darauf achten müssen, Beschwerden ausschließlich direkt an die richtige Stelle zu richten.

5.7.1 Gefälschte Header

Spammer möchten ihre Entdeckung verhindern und sind daher sehr daran interessiert, die Quelle der Spam-E-Mail zu verschleiern, doch lassen sich diese durch eine Untersuchung der Received:-Zeilen im E-Mail-Header und deren Überprüfung aufspüren. Da jeder MTA seine Received:-Zeile über den bestehenden anordnet, befindet sich die zuerst erstellte Zeile ganz unten in der Liste. Die Received:-Zeilen sollten also von oben nach unten gelesen werden, von der neuesten zur ältesten. Die erste Zeile aus dem Beispiel lautet wie folgt:

```
Received: from unknown (HELO 81.21.65.156) (218.14.129.227)
  by server25.lb.an-isp.co.uk with SMTP; 29 Jun 2004 04:27:31 -0000
```

Diese Zeile zeigt an, dass server25.an-isp.co.uk die E-Mail von einem Rechner mit der IP-Adresse 218.14.129.277 angenommen hat, der wiederum seinen Namen als 81.21.65.156 angegeben hat.

Das Schlüsselwort HELO wird von einem MTA oder E-Mail-Client gesendet, um sich selbst zu identifizieren, wenn er zur Übertragung von E-Mail Kontakt mit einem Server aufnimmt. Einige MTAs lassen sich so einrichten, dass sie E-Mail von Clients, die keine HELO-Nachricht senden, ablehnen. In diesem Fall ist die gesamte HELO-Nachricht numerisch und erscheint wie eine IP-Adresse. Einige MTAs können auch so konfiguriert werden, dass sie rein numerische HELO-Nachrichten zurückweisen. In diesem Fall stimmt die IP-Adresse des Clients (218.14.129.227) nicht mit der HELO-Nachricht (81.21.65.156) überein. Dies ist ein fast sicheres Indiz für Spam.

Mit einer umgekehrten DNS-Suche (Reverse Lookup) nach dieser IP-Adresse lässt sich die Domain feststellen, zu der die IP-Adresse gehört, oder zumindest der Netzwerkblock bzw. das Subnetz (ein Bereich zusammenhängender IP-Adressen), falls der betreffenden IP-Adresse kein DNS-Eintrag zugeordnet ist. Für diese Suche können Sie die Website *http://www.samspade.org/t/* verwenden. Wenn Sie die IP-Adresse in das Feld mit der Bezeichnung THE ADDRESS DIGGER kopieren und auf die Schaltfläche DO STUFF klicken, erhalten Sie die folgenden Informationen:

```
OrgName:     Asia Pacific Network Information Centre
OrgID:       APNIC
Address:     PO Box 2131
City:        Milton
StateProv:   QLD
PostalCode:  4064
Country:     AU

ReferralServer: whois: //whois.apnic.net

NetRange:    218.0.0.0 - 218.255.255.255
CIDR:        218.0.0.0/8
NetName:     APNIC4
NetHandle:   NET-218-0-0-0-1
Parent:
NetType:     Allocated to APNIC
NameServer:  NS1.APNIC.NET
NameServer:  NS3.APNIC.NET
NameServer:  NS4.APNIC.NET
NameServer:  NS.RIPE.NET
NameServer:  TINNIE.ARIN.NET
Comment:     This IP address range is not registered in the ARIN
             database.
Comment:     For details  refer to the APNIC Whois Database via
....
RegDate:     2000-12-07
Updated:     2004-03-30

OrgTechHandle: AWC12-ARIN
OrgTechName:   APNIC Whois Contact
OrgTechPhone:  +61 7 3858 3100
OrgTechEmail:  search-apnic-not-arin@apnic.net
```

Hieraus können Sie entnehmen, dass der Netzwerkblock der Firma APNIC in Queensland (Australien) gehört, so dass Sie Beschwerden über Spam an abuse@apnic.net senden sollten.

5.8   Spammer melden

Viele ISPs nehmen das Thema Spam sehr ernst; andere nicht. Um Spam zu melden, gehen Sie wie folgt vor:

- Bestimmen Sie die Quelle der Spam-E-Mails, spüren Sie den Besitzer des Netzwerkblocks auf und senden Sie eine E-Mail an dessen abuse@-Adresse.

- Wenn eine Website angepriesen wird, lösen Sie den Domainnamen auf. Spüren Sie den Besitzer des Netzwerkblocks auf und senden Sie eine E-Mail an dessen abuse@-Adresse.

Leider ignorieren einige ISPs E-Mails an ihre abuse@-Adressen, während andere sogar E-Mails an diese Adresse zurückweisen.

> **Hinweis**
>
> Die Website *spamcop.net* leistet gute Arbeit bei der Analyse von E-Mail-Headern und hilft Ihnen dabei zu entscheiden, wohin Sie eine Spam-Meldung schicken sollen.

5.9 Rechtmäßiger Versand von Massen-E-Mails

Mailinglisten haben zuweilen Tausende von Empfängern, weshalb Spam-Erkennungsdienste mit Nachrichten aus diesen Quellen ebenso oft zu tun haben wie mit Spam, was das Potenzial zu Fehltreffern birgt. Manche kommerzielle E-Mail wird nur an Abonnenten gesendet, die sich auf einer Liste eingetragen haben, so dass es sich bei diesen Nachrichten nicht um Spam handelt, sondern um erwünschte E-Mails. Die Regeln zur Nachrichtenerkennung können solche erwünschte oder rechtmäßige Massen-E-Mails allerdings fälschlicherweise als Spam kennzeichnen. Der Grund dafür liegt darin, dass der Inhalt manchmal wie der von Spam aussieht, vor allem für einen Filter. Allerdings können alle E-Mails falsch klassifiziert werden, vor allem solche, in denen es um Begriffe aus dem Finanzbereich oder um Medikamente geht, da sich sehr viele Spam-Regeln an solchen Produkten orientieren.

Wenn Ham-E-Mail von Ihnen fälschlicherweise als Spam gekennzeichnet wird, versuchen Sie Folgendes:

- Personalisieren Sie jede E-Mail oder senden Sie identische E-Mails nur an einen kleinen Kreis von Empfängern. Wenn der Nachrichtenkörper unterschiedlich ist, werden Spam-Erkennungsdienste jede E-Mail als eine andere behandeln. Sie können die E-Mails auch zeitversetzt versenden, so dass sich einige Headerinformationen unterscheiden. Manche E-Mail-Software bietet eine solche Funktion an. Mit einer Websuche nach »send personalized bulk email« oder »personalisierte massen-e-mail« können Sie viele solcher Anbieter finden.

- Vermeiden Sie offensichtlich Spam-ähnliche Wendungen wie »mortgage«, »refinance« o.Ä.

- Testen Sie den Entwurf einer E-Mail vor dem Versand mit der neuesten Version von SpamAssassin und anderen Anti-Spam-Produkten. Bei vielen Installationen werden die Standardeinstellungen nicht geändert, so dass dies ein sinnvoller Test

5.9 Rechtmäßiger Versand von Massen-E-Mails

ist. Besser ist es zu versuchen, überhaupt keine Wertung für die E-Mail zu erhalten, als nur unter dem Schwellenwert zu bleiben. Dabei kann es hilfreich sein, auch beliebte Regelsätze von Drittanbietern zu berücksichtigen, zu denen Sie über die SpamAssassin-Wiki unter *http://wiki.apache.org/spamassassin* gelangen.

- Verwenden Sie einen E-Mail-Client, der keine SpamAssassin-Tests auslöst. Einige SpamAssassin-Tests untersuchen den E-Mail-Header, da die von Spammern genutzten Anwendungen häufig inkorrekte Header senden. Die Verwendung eines korrekten E-Mail-Clients hilft dies zu verhindern. Vermeiden Sie vor allem E-Mail-Clients wie *The Bat!*, die unter Spammern beliebt sind. SpamAssassin erkennt den Header dieser Anwendung und setzt die Wertung herauf.

- Verwenden Sie *Habeas Sender Warranted Email*. Dieser Dienst wird von Habeas unter *http://www.habeas.com* angeboten und beruht auf dem Urheberrecht – der E-Mail-Versender erwirbt eine Lizenz, um einen Habeas-Header, das so genannte *Warrant Mark* (Bestätigungskennzeichen) in seine E-Mails einzufügen. Die Verletzung des Urheberrechts gilt vor Gericht als Gesetzesübertretung, was Habeas nutzt, um gegen Verstöße vorzugehen. Habeas arbeitet mit Anbietern von Anti-Spam-Lösungen zusammen (auch SpamAssassin erkennt das Habeas-Kennzeichen), um sicherzustellen, dass solcherart markierte E-Mails nicht als Spam ausgefiltert werden. Das Unternehmen ermuntert E-Mail-Empfänger, einen Missbrauch des Warrant Marks zu melden, und besteht darauf, dass diejenigen, die eine Lizenz für das Kennzeichen erworben haben, sich strengen Regeln unterwerfen, um Spam zu vermeiden. Wenn Spammer das Kennzeichen missbrauchen, leitet Habeas rechtliche Schritte gegen sie ein. Dies ist im April 2004 geschehen, als ein Spammer Spam-Nachrichten verschickt hatte, die unberechtigterweise das Habeas-Kennzeichen trugen. Habeas hat das Problem erkannt, Patches für SpamAssassin veröffentlicht und im anschließenden Gerichtsverfahren erfolgreich einen hohen Schadenersatz eingefordert. Dieser Vorfall wird in einer Pressemitteilung beschrieben, die Sie auf der Website von Habeas unter *http://www.habeas.com/pr15.html* finden.

- Senden Sie reine Text-E-Mails. HTML-Nachrichten sehen zwar attraktiv aus, aber auch Spam wird meistens in diesem Format versandt, weshalb SpamAssassin und andere Spam-Filter HTML als einen Hinweis auf Spam betrachten.

- Nutzen Sie das Sender Policy Framework (SPF, *http://spf.pobox.com*), das der Quelle einer E-Mail eine gewisse Legitimität verleihen kann.

Rechtmäßige Massen-E-Mails zu versenden ist nicht sehr schwierig. Wenn Sie die Werkzeuge und Techniken von Anti-Spam-Filtern kennen, können Sie E-Mails erstellen, die diese Filter nicht auslösen. Um zu verhindern, dass solche E-Mails als Spam markiert werden, ist jedoch ein gewisser Aufwand – in Form von veränderten, individuellen E-Mails – notwendig.

5.10 Zusammenfassung

Spam lässt sich durch eine Reihe von Maßnahmen erkennen. Header- und Texttests suchen nach bekannten Wörtern oder Zeichen und bilden den Großteil der von Spam-Assassin durchgeführten Prüfungen. Auch verschiedene netzwerkbasierte Tests, zu denen ORBLs und Nachrichtendatenbanken herangezogen werden, helfen Spam zu erkennen.

Statistische Filter, die mathematische Techniken einsetzen, um die Eigenschaften von Spam und Ham erkennen zu lernen, können zusätzlich zur Analyse der E-Mail-Header eingesetzt werden, um Spam wirkungsvoll auszufiltern. Obwohl Werkzeuge zur Verfügung stehen, die Spam erkennen, trägt der Benutzer die Verantwortung, Spam zu melden, um die ständige Bedrohung durch Spam-E-Mails zu reduzieren.

6 SpamAssassin installieren

SpamAssassin aus dem Quellcode zu erstellen, ist die ideale Installationsart. Das Programm wird ständig verbessert und es werden häufig neue Versionen veröffentlicht. Die Erstellung aus dem Quellcode ist die schnellste Möglichkeit, die neueste (und beste) Version von SpamAssassin zu erhalten. Dieser Vorgang ist nicht kompliziert oder schwierig. Die folgenden Anweisungen beschreiben, wie SpamAssassin mit Hilfe des CPAN-Moduls von Perl oder durch Verwenden von make aus dem Quellcode installiert wird.

Wer eine Linux-Distribution (z.B. RedHat oder SUSE) oder ein UNIX-System (z.B. AIX oder HP/UX) verwendet, ist möglicherweise daran gewöhnt, nur vom Hersteller oder Distributor bereitgestellte Software zu installieren. Auch wenn viele Hersteller die Installation von SpamAssassin als Paket anbieten, handelt es sich dabei oftmals um ältere Versionen, die die neuesten Verbesserungen nicht enthalten. Solche Versionen blockieren Spam nicht so effektiv wie die neueste.

Vorgepackte Versionen von SpamAssassin haben gegenüber der Erstellung aus dem Quellcode die folgenden Vorteile:

- Schnellere Installation
- Weniger Probleme bei der Installation
- Kompatibilitätsgetestet
- Einfache Deinstallation

Sie weisen jedoch auch die folgenden Nachteile auf:

- Die neueste Version von SpamAssassin ist möglicherweise nicht verfügbar.
- Pakete, die nicht vom Distributor stammen, können Probleme mit Abhängigkeiten aufweisen.
- Einige Bestandteile von SpamAssassin können fehlen.
- Eine weitergehende Konfiguration kann erforderlich sein.

6.1 Erstellung aus dem Quellcode

SpamAssassin wurde bereits auf vielen verschiedenen Plattformen installiert. Der Ablauf wurde auf den üblichen Plattformen, insbesondere auf Linux, automatisiert, so dass nur wenige manuelle Schritte erforderlich sind.

6.1.1 Vorbereitungen

Folgende Voraussetzungen sind für die Installation von SpamAssassin erforderlich:

- Perl
- Ein C-Compiler
- Eine Internetverbindung

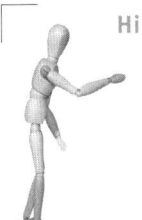

> **Hinweis**
>
> SpamAssassin Version 3.0 erfordert Perl in der Version 5.6.1 oder höher. SpamAssassin 2.63 kann auch mit älteren Perl-Versionen installiert werden.

SpamAssassin erfordert eine aktuelle Version der Programmiersprache Perl und eventuell weitere Perl-Module, die alle kostenlos von der CPAN-Website *http://www.cpan.org* (Comprehensive Perl Archive Network) heruntergeladen werden können. Um ein im CPAN veröffentlichtes Modul zu installieren, verwenden Sie am besten das spezielle Perl-Modul CPAN.pm, das auf der CPAN-Website und als Bestandteil neuerer Perl-Distributionen erhältlich ist. Es automatisiert einen Großteil der mit der Installation von Perl-Modulen verbundenen Arbeit, einschließlich der Installation von SpamAssassin und sämtlicher Voraussetzungen.

Die genauen Erfordernisse für die jeweilige Version von SpamAssassin sind in dem heruntergeladenen Paket aufgeführt. Stellen Sie jedoch vor dem Herunterladen des SpamAssassin-Moduls sicher, dass das CPAN-Modul installiert ist.

Um SpamAssassin aus dem Quellcode zu erstellen, muss außerdem ein C-Compiler auf dem Rechner vorhanden sein. Einige Systemadministratoren entfernen jedoch Compiler von Produktivservern. Die meisten der modernen Linux-Distributionen bieten die Installation eines C-Compilers als Option an.

Da das CPAN-Modul zum Herunterladen von Perl-Modulen normalerweise auf das Internet zugreift, ist es wichtig, dass eine Internetverbindung verfügbar ist. Es gibt jedoch auch die Möglichkeit, es ohne Internetanbindung mit der CPAN-Snapshot-CD zu nutzen. Ist der CPAN-Snapshot korrekt installiert, wird das CPAN-Modul ähnlich wie in diesem Kapitel beschrieben zum Installieren von SpamAssassin verwendet.

6.1 Erstellung aus dem Quellcode

Erfolgt der Internetzugang über einen Proxy-Server, verwendet das CPAN-Modul (wie auch andere Perl-Module und -Skripts) die Umgebungsvariable HTTP_proxy. Benötigt der Proxy Benutzername und Passwort, müssen sie mit Hilfe folgender Umgebungsvariablen angegeben werden:

```
$ HTTP_proxy=http://proxy.name:80
$ export HTTP_proxy
$ HTTP_proxy_user=username
$ export HTTP_proxy_user
$ HTTP_proxy_pass=password
$ export HTTP_proxy_pass
```

Die aktuelle Konfiguration überprüfen

Das CPAN-Modul benötigt die Rechte des Superusers, um Module in Systemverzeichnissen zu installieren, so dass die folgenden Schritte als root ausgeführt werden sollten. Um festzustellen, ob Perl und das CPAN-Modul installiert sind, geben Sie bitte Folgendes auf der Befehlszeile ein:

```
# perl -MCPAN -e shell
```

Perl installieren

Führt das Kommando perl -MCPAN -e shell zu einer ähnlichen Ausgabe wie der folgenden, ist Perl nicht installiert oder liegt nicht im Systempfad:

```
sh: perl: command not found
```

Nutzen Sie das folgende Kommando, um das Dateisystem nach perl zu durchsuchen:

```
# find / -name perl -print 2>/dev/null
```

Dieser Befehl sucht nach dem Perl-Interpreter. Wenn dieser vorhanden ist, aber nicht im Systempfad liegt, kann das entsprechende Verzeichnis dem Pfad hinzugefügt werden. Es ist jedoch eher üblich, einen symbolischen Link zur vorhandenen Perl-Installation zu erstellen. Der Standardpfad ist /usr/bin/perl/. Um den benötigten Link zu erstellen, verwenden Sie das Kommando:

```
# ln -s /path/to/perl /usr/bin/perl
```

Ist Perl nicht auf dem System vorhanden, müssen Sie es installieren. Sie können den Quellcode von der CPAN-Website herunterladen oder, falls verfügbar, ein vom Betriebssystemhersteller vorbereitetes Binärpaket verwenden. Fertige Binärpakete finden Sie auch über Websites wie *http://www.sunfreeware.com*. Das ist ein Beispiel für einen Fall, in dem eine vom Hersteller zur Verfügung gestellte Softwareversion verwendet werden sollte.

Auf UNIX-Plattformen wird Perl oft als Bestandteil der Systemsoftware genutzt, wobei es am besten ist, eine vom Lieferanten getestete Version zu verwenden.

Andernfalls könnten Teile des Systems nicht mehr korrekt funktionieren und der Hersteller die Unterstützung verweigern. Nach der Installation von Perl sollte das CPAN-Modul installiert werden.

CPAN installieren

Ergibt das Kommando `perl -MCPAN -e shell` eine ähnliche Ausgabe wie die folgende, ist das CPAN-Modul vorhanden und konfiguriert, so dass die Installation von SpamAssassin automatisiert werden kann:

```
cpan shell -- CPAN exploration and modules installation (v1.7601)
ReadLine support enabled
```

Lautet die Ausgabe jedoch wie folgt, ist das CPAN-Modul zwar vorhanden, aber nicht konfiguriert. Die Installation von SpamAssassin kann dann erst nach der Konfiguration des CPAN-Moduls automatisiert werden.

```
/root/.cpan/CPAN/MyConfig.pm initialized.

CPAN is the world-wide archive of perl resources. It consists of about 100 sites that
all replicate the same contents all around the globe. Many countries have at least
one CPAN site already. The resources found on CPAN are easily accessible with the
CPAN.pm module. If you want to use CPAN.pm, you have to configure it properly.

If you do not want to enter a dialog now, you can answer 'no' to this question and
I'll try to autoconfigure. (Note: you can revisit this dialog anytime later by typing
'o conf init' at the cpan prompt.)

Are you ready for manual configuration? [yes]
```

Während der Konfiguration des CPAN-Moduls sind ungefähr 30 Fragen zu beantworten. Bei den meisten Fragen wählen Sie am besten die Standardantwort aus. Diese Konfiguration muss abgeschlossen sein, bevor das Modul genutzt werden kann.

Lautet die Ausgabe von `perl -MCPAN -e shell` ähnlich wie die folgende, ist das CPAN-Modul nicht installiert:

```
Can't locate CPAN.pm in @INC (@INC contains: /etc/perl
/usr/lib/perl5/site_perl/5.8.2/i686-linux /usr/lib/perl5/site_perl/5.8.2 /
...
/usr/lib/perl5/site_perl/5.8.0 .).
BEGIN failed--compilation aborted.
```

Es wird dringend empfohlen, das CPAN-Modul zu installieren, da die Installation von SpamAssassin dadurch wesentlich vereinfacht wird. Suchen Sie dazu die vollständige Modulliste auf der CPAN-Webseite *http://www.cpan.org/modules/01modules.index.html*. Scrollen Sie nach unten oder durchsuchen Sie die Seite, bis Sie ein Modul finden, das mit den Buchstaben `CPAN` beginnt. Die nachfolgenden Ziffern geben die Version an, z.B.

CPAN-1.76.tar.gz. Laden Sie diese Datei herunter und packen Sie das komprimierte Archiv aus.

Zum Entpacken des Archivs werden die Hilfsprogramme `gunzip` und `tar` benötigt. Das Programm `tar` ist weit verbreitet und normalerweise in allen UNIX- und Linux-Versionen enthalten. Auf einigen UNIX-Systemen kann das Programm `gunzip` fehlen. Die Binärdateien von `gunzip` können Sie aus dem Internet herunterladen, z.B. von *http://www.sunfreeware.com*. Alternativ können Sie das Archiv auf einem anderen Rechner dekomprimieren, z.B. auf einem PC mit dem Hilfsprogramm `WinZip` (erhältlich von *http://www.winzip.com*), und es dann auf das Zielsystem kopieren.

Verwenden Sie das folgende Kommando zum Entpacken des Archivs:

```
gunzip -c CPAN-n.mm.tar.gz | tar xf -
```

Als Nächstes müssen Sie in das aus dem `tar`-Archiv extrahierte CPAN-Verzeichnis wechseln und die dort vorhandene Datei `Makefile.PL` mit `perl` ausführen. Anschließend geben Sie `make`, `make test` und, wenn die Ergebnisse in Ordnung sind, `make install` ein.

```
$ cd CPAN-n.mm
$ perl Makefile.PL
$ make test
$ su
# make install
```

Verlief alles erfolgreich, wird das CPAN-Modul korrekt konfiguriert.

6.1.2 Ist ein C-Compiler vorhanden?

Geben Sie in der Kommandozeile den Befehl `cc` ein:

```
# cc
```

Sieht die Ausgabe ähnlich wie die folgende aus, gibt es keinen C-Compiler im Systempfad:

```
sh: cc: command not found
```

Ein C-Compiler muss installiert sein, entweder vom Lieferanten der UNIX- oder Linux-Distribution oder von einer Quelle mit fertig erstellter Freeware, z.B. *http://www.sunfreeware.com*.

Ist bereits ein C-Compiler vorhanden, erhalten Sie die folgende (oder eine ähnliche) Ausgabe:

```
cc: no input files
```

Das make-System von Perl bestimmt die Möglichkeiten des Compilers und erstellt dann das SpamAssassin-Modul gemäß den Voraussetzungen. Auf älteren Systemen kann der Compiler das SpamAssassin-Modul unter Umständen nicht übersetzen und bricht mit einer Fehlermeldung ab. Verwenden Sie in diesem Fall den Compiler gcc, der auf *http://www.gnu.org* zur Verfügung steht.

6.2 Verwendung von CPAN

Die Installation einiger Open Source-Softwareprodukte erforderte früher zeitaufwändige Anpassungen in den Erstellungs- und Konfigurationsdateien sowie ein gewisses Verständnis des Kompilierungsvorgangs.

SpamAssassin ist in der Programmiersprache Perl geschrieben. Es gibt eine Vielzahl von Möglichkeiten, Perl-Code so zu verpacken, dass er sich einfach installieren lässt. Wenn die Systemkonfiguration nicht ungewöhnlich ist, läuft die Installation von SpamAssassin relativ unkompliziert ab. Begeben Sie sich dazu auf die CPAN-Shell, indem Sie Folgendes eingeben:

```
# perl -MCPAN -e shell
```

Ist das CPAN-Modul richtig konfiguriert, erscheint die folgende (oder eine ähnliche) Ausgabe:

```
cpan shell -- CPAN exploration and modules installation (v1.7601)
ReadLine support enabled
```

Geben Sie nun am CPAN-Prompt das folgende Kommando ein:

```
cpan> install Mail::SpamAssassin
```

Das CPAN-Modul fragt eine Onlinedatenbank nach der neuesten Version von Spam-Assassin und seinen Abhängigkeiten und installiert sie dann. Abhängige Module werden ebenfalls vor SpamAssassin installiert.

Nachfolgend sehen Sie eine Beispielausgabe:

```
Running install for module Mail::SpamAssassin
Running make for F/FE/FELICITY/Mail-SpamAssassin-3.00.tar.gz
Fetching with LWP:
   ftp://cpan.etla.org/pub/CPAN/authors/id/F/FE/FELICITY/Mail-SpamAssassin-3.00.tar.gz
CPAN: Digest::MD5 loaded ok
Fetching with LWP:
   ftp://cpan.etla.org/pub/CPAN/authors/id/F/FE/FELICITY/CHECKSUMS
Checksum for /root/.cpan/sources/authors/id/F/FE/FELICITY/Mail-SpamAssassin-
3.00.tar.gz ok
Mail-SpamAssassin-3.00/
Mail-SpamAssassin-3.00/ninjabutton.png
```

```
Mail-SpamAssassin-3.00/masses/
....

  CPAN.pm: Going to build F/FE/FELICITY/Mail-SpamAssassin-3.00.tar.gz
```

Unter Umständen erfordert SpamAssassin die Beantwortung einiger Fragen. Die jeweiligen Antworten können die Konfiguration des Moduls beeinflussen oder nur ein Bestandteil der vor der Installation durchgeführten Tests sein.

```
What email address or URL should be used in the suspected-spam report
text for users who want more information on your filter installation?
(In particular, ISPs should change this to a local Postmaster contact)
default text: [the administrator of that system] user@domain.com

Check network rules during 'make test' (test scripts may fail due to
network problems)? (y/n) [n] n

Run SQL-based Auto-whitelist tests during 'make test' (additional
information required) (y/n) [n] n

Run Bayes SQL storage tests during 'make test' (additional
information required)? (y/n) [n] n

Writing Makefile for Mail::SpamAssassin
Makefile written by ExtUtils::MakeMaker 6.17
```

Der Erstellprozess testet die Möglichkeiten des C-Compilers, konfiguriert und erstellt das Modul, erzeugt die Dokumentation und testet SpamAssassin. Am Ende sollte die Ausgabe wie folgt aussehen:

```
chmod 755 /usr/share/spamassassin
  /usr/bin/make install  -- OK

cpan>
```

Das zeigt an, dass SpamAssassin erfolgreich installiert wurde.

Endet die Ausgabe nicht mit /usr/bin/make install -- OK, ist ein Fehler aufgetreten. Im unten folgenden Abschnitt *Build-Fehler reparieren* werden einige Ansätze zur Korrektur solcher Fehler genannt.

6.3 Manuelle Installation

Es ist möglich, SpamAssassin ohne die Verwendung des CPAN-Moduls manuell zu installieren. Die Voraussetzungen sind dieselben wie bei der Installation über CPAN.

Zur Installation von Perl-Modulen, einschließlich `CPAN` und `Mail-SpamAssassin`, gibt es eine Standardabfolge von Kommandos, die für die meisten Module eingesetzt werden kann:

```
$ gunzip -c Module-9.99.tar.gz | tar xf -
$ cd Module-9.99
$ perl Makefile.PL
$ make test
su
# make install
```

Bei der Eingabe von `perl Makefile.PL` für ein Modul werden oftmals fehlende Abhängigkeiten bemerkt und Warnungen darüber ausgegeben:

```
Warning: prerequisite Xxx::Yyyy n.mm not found.
```

Bevor Sie fortfahren, sollten Sie die fehlenden Komponenten herunterladen und mit derselben Kommandofolge installieren. Sobald das erledigt ist, können Sie die Installation des ursprünglichen Moduls wie zuvor mit `perl Makefile.PL` fortsetzen.

6.4 Build-Fehler reparieren

Ist die Erstellung des SpamAssassin-Moduls fehlgeschlagen, gibt es drei mögliche Ursachen:

- Eine benötigte Komponente fehlt.
- Der Build von SpamAssassin ist aus irgendeinem Grund fehlgeschlagen.
- Einer oder mehrere automatische Tests des Moduls *SpamAssassin* sind fehlgeschlagen.

Unter diesen Umständen installiert CPAN das Modul nicht.

Wenn eine benötigte Komponente fehlt, erfolgt während des ersten Aufrufs von `perl Makefile.PL` eine Warnung. Wird diese Abhängigkeit nicht aufgelöst und trotzdem `make test` ausgeführt, werden wahrscheinlich einige Tests für das Modul fehlschlagen. Darüber hinaus kann das Modul nach der Installation möglicherweise nicht ordnungsgemäß arbeiten. Die Lösung besteht darin, die benötigte Komponente zu installieren und den Testdurchlauf zu wiederholen. Wenn der Build von SpamAssassin fehlschlägt, liegt es wahrscheinlich an einer nicht erfolgten Übersetzung der in C geschriebenen Teile des SpamAssassin-Moduls. In diesem Fall sollte der C-Compiler auf eine neuere Version aktualisiert werden.

Die meisten Perl-Module verwenden ein übliches Build-System mit automatischen Tests. Diese Tests sind Bestandteile des Pakets, wobei das SpamAssassin-Modul alle Tests bestehen sollte. Es gibt eine Vielzahl von Gründen, warum die Tests fehlschlagen können, doch es ist möglich, diese Tests zu überschreiben und die Installation des Moduls zu erzwingen. Geben Sie dazu das folgende Kommando ein:

```
cpan> install Mail::SpamAssassin force
```

War der Build des Moduls nicht korrekt, wird `force` nicht das gesamte Modul installieren.

Tritt beim Build oder beim Testen des Moduls ein Fehler auf, der schwer lösbar erscheint, sollten Sie am besten in den Mailinglisten von SpamAssassin nach einer Lösung zu suchen. Einzelheiten zu diesen Mailinglisten finden Sie unter dem URL *http://wiki.apache.org/spamassassin/MailingLists* des SpamAssassin-Wikis. Die Mailinglisten werden im Internet an verschiedenen Stellen archiviert, aber eine Internetsuche findet oftmals alle an die Liste gesendeten Nachrichten.

Um eine effiziente Suche durchzuführen, geben Sie den Text der Fehlermeldungen ein, die beim Erstellen von SpamAssassin aufgetreten sind. Alle angegebenen Zeilennummern (häufig in Klammern zu Beginn einer Zeile) sollten Sie weglassen, da sie von Version zu Version unterschiedlich lauten können. Wurde der Fehler bereits gemeldet, ruft die Suchmaschine die entsprechende Webseite auf, wobei sich die Lösung hoffentlich auf einer zugehörigen Seite befindet. Die Archive der Mailinglisten haben eigene Suchmaschinen, die Sie verwenden können, wenn eine Internetsuche fehlschlägt. Die Archive sind mit der Seite der Mailinglisten für SpamAssassin verlinkt.

Ist in den Archiven der Mailinglisten keine Lösung zu finden, besteht der nächste Schritt in einer Anfrage an die SpamAssassin-Userliste. Normalerweise ist jeder, der seine Ratschläge auf der Mailingliste anbietet, ein unbezahlter Freiwilliger. Es ist besser, an der Mailingliste teilzunehmen oder die Archive nach Antworten zu durchsuchen, als um die direkte Zusendung von Antworten zu bitten. Geben Sie so viele Informationen wie möglich an – die Version von Perl, das Betriebssystem, den verwendeten Compiler und die Fehlermeldung.

Wenn die Mailingliste das Problem nicht beheben kann, sollten Sie ein vorbereitetes Paket, z. B. ein RPM-Paket, installieren, da hierin möglicherweise die einzige zurzeit mögliche Lösung des Problems besteht.

6.5 Distributionen

Obwohl empfohlen wird, SpamAssassin aus dem Quellcode zu erstellen, sind Softwaredistributionen für einen Systemadministrator praktischer, denn sie sind schnell und einfach zu installieren. Der Hauptvorteil besteht darin, dass die Konfiguration normalerweise dahingehend getestet wurde, ob sie mit der restlichen Software auf dem Rechner zusammenarbeitet. Die folgenden Abschnitte beschreiben die Installation von SpamAssassin-Distributionen.

6.5.1 RPM

Wenn eine Linux-Version eingesetzt wird, die auf dem RPM-Format basiert (*RedHat Package Manager*), kann SpamAssassin aus RPMs installiert werden. SpamAssassin ist als Paket in vielen Linux-Distributionen enthalten, und Pakete neuer Versionen sind oftmals aus anderen Quellen verfügbar. RPMs bilden nicht die empfohlene Methode zur Installation von SpamAssassin, sind aber auf ungewöhnlichen Plattformen zuverlässiger als die Erstellung aus dem Quellcode. Die beste Quelle für RPM-Pakete von SpamAssassin ist die Downloadseite der SpamAssassin-Website *http://www.spamassassin.org/*. Für jede Version *n.nm* (z.B. spamassassin-n.mm-1.i386.rpm) enthält die Datei die wichtigsten Perl-Module und ausführbaren Dateien. Die Datei spamassassin-tools-n.mm-1.i386.rpm umfasst die Hilfsprogramme für SpamAssassin. Sie sind nicht unbedingt erforderlich, es wird jedoch empfohlen, auch sie zu installieren. In der Datei perl-Mail-SpamAssassin-n.mm-1.i386.rpm befindet sich die Dokumentation, während spamassassin-n.mm-1.src.rpm die Quelle zur Erstellung der anderen drei RPMs bildet und für die RPM-Installation nicht erforderlich ist. Sie enthält aber auch Beispiele zu Spam- und Ham-E-Mail.

Um eine RPM-Datei zu installieren, laden Sie sie einfach herunter und verwenden den Befehl rpm. Mit dem folgenden Kommando können die einzelnen SpamAssassin-RPMs installiert werden:

```
# rpm -ivh /path/to/rpmfile-9.99.rpm
```

Grafische Installationswerkzeuge können ebenfalls eingesetzt werden. Bei den auf der Website von SpamAssassin aufgeführten RPMs handelt es sich in der Regel um die neuesten Versionen, und zwar in vollständiger Form. Wenn sie sich nicht installieren lassen, sollten Sie die mit der Linux-Distribution mitgelieferten RPMs verwenden.

6.5.2 Debian

Debian Linux verwendet ein Paketformat, das durch die Dateierweiterung .deb gekennzeichnet ist. Es wird auch von mehreren anderen Linux-Distributionen benutzt. Die Paketverwaltung von Debian beruht auf dem Internet – Pakete werden in der Regel dann heruntergeladen, wenn sie von einem Server benötigt werden.

Debian-Pakete werden als Bestandteil der Debian-Distribution zur Verfügung gestellt. Die aktuelle Version von SpamAssassin ist normalerweise im unstable Zweig von Debian verfügbar. Gibt es eine neue Version von SpamAssassin, wird das Debian-Paket in der Regel in einem oder zwei Tagen aktualisiert.

Um Pakete in Debian zu installieren, verwenden Sie das Kommando apt-get, das die neueste Version von SpamAssassin aus dem Internet herunterlädt und installiert:

```
# apt-get install spamassassin
```

6.5.3 Gentoo

Gentoo Linux ist eine quellcodebasierte Linux-Distribution. Es verwendet ein Hilfsprogramm namens portage zum Erstellen von Paketen sowie zum Verwalten und Erstellen der Abhängigkeiten. Wie bei Debian steht eine neue Version von Spam-Assassin für Gentoo Linux innerhalb von wenigen Tagen nach dem Erscheinen zur Verfügung.

Das folgende Kommando installiert die letzte stabile Version von SpamAssassin auf Gentoo Linux:

```
# emerge Mail-SpamAssassin
```

6.5.4 Andere Formate

Wenn Sie andere Verteilungsmethoden einsetzen, z.B. das Hilfsprogramm SMIT von AIX, folgen Sie bitte den Anweisungen des Herstellers oder des Paketanbieters.

6.6 Windows

SpamAssassin kann unter Verwendung des Cygwin-Ports der GNU-Tools unter Windows installiert und ausgeführt werden. Cygwin ist eine Software, die auf einem PC eine Linux-artige Umgebung simulieren kann. Sie bietet einen beträchtlichen Umfang der API-Funktionalität von Linux und diverse Tools, die den Benutzer denken lassen, er arbeite unter Linux. Diese Software ist unter *http://www.cygwin.com/* erhältlich und ermöglicht unter den meisten Windows-Versionen, verschiedene UNIX-Programme zur Verwendung auf einem PC zu installieren.

Die Einrichtung von Cygwin ist etwas komplizierter als normale Installationsverfahren unter Windows. Die Grundinstallation von Cygwin enthält keinen C-Compiler und keine der unten aufgeführten benötigten Komponenten. Das Installationsprogramm ermöglicht eine manuelle Auswahl von Paketen und Hilfsprogrammen, die Sie aus der Datei setup.exe installieren müssen. Weitere Informationen zur Installation von Cygwin und die erforderlichen Paketen erhalten Sie unter *http://www.cygwin.com/cygwin-ug-net/setup-net.html*. Unter Cygwin kann SpamAssassin von CPAN aus installiert werden, sofern die folgenden Voraussetzungen erfüllt sind:

- (Vollständige) Grundinstallation von Cygwin
- GNU C-Compiler aus der Gruppe devel
- Das GNU-Hilfsprogramm make aus der Gruppe devel
- Perl aus der Gruppe interpreters
- Exim aus der Gruppe mail

Um SpamAssassin mit Hilfe von Cygwin zu installieren, öffnen Sie eine Cygwin-Kommandozeile und installieren SpamAssassin unter Verwendung des CPAN-Moduls wie weiter vorn beschrieben.

SpamAssassin kann mit Hilfe von ActivePerl auch direkt unter Windows installiert werden. Das SpamAssassin-Wiki auf *http://wiki.apache.org/spamassassin/InstallingOn-Windows* enthält Verweise auf mehrere Methoden. Eine Internetsuche nach »install SpamAssassin Windows« führt zu weiteren nützlichen Seiten.

6.7 Die Installation überprüfen

SpamAssassin kann durch Verarbeitung der Beispiel-E-Mails überprüft werden, die sich im Wurzelverzeichnis der SpamAssassin-Distribution befinden. Verwenden Sie zum Überprüfen die folgenden Kommandos:

```
$ spamassassin -t < sample-nonspam.txt | grep X-Spam
X-Spam-Checker-Version: SpamAssassin 3.0 (2004-07-16) on
X-Spam-Level:
X-Spam-Status: No, score=0.4 required=5.0 tests=LINES_OF_YELLING autolearn=no

$ spamassassin -t < sample-spam.txt | grep X-Spam
X-Spam-Flag: YES
X-Spam-Checker-Version: SpamAssassin 3.0.0-pre2-r22977 (2004-07-16) on
X-Spam-Level: **************************************************
X-Spam-Status: Yes, score=1002.6 required=5.0 tests=ALL_TRUSTED,DCC_CHECK,
```

Die Ausgabe des Befehls sollte für `sample-nospam.txt` das Ergebnis `X-Spam-Status: No` und für `sample-spam.txt` das Ergebnis `X-Spam-Flag: Yes` sowie `X-Spam-Status: Yes` liefern.

SpamAssassin kann seine Konfigurationsdateien mit dem Schalter `--lint` überprüfen und alle Fehler melden. Im folgenden Beispiel gibt es zu einer Wertung keine Regel:

```
$ spamassassin --lint
warning: score set for non-existent rule NO_RULE
lint: 1 issues detected.  please rerun with debug enabled for more information.
```

Wird `spamassassin` mit dem Schalter `-D` ausgeführt, erhält man umfangreiche Informationen zu jedem Prozess, den SpamAssassin ausführt, einschließlich des Einlesens der Konfigurationsdatei, der Wechselwirkung mit externen Diensten wie Razor und des Zugriffs auf die Bayes-Datenbank.

```
$ spamassassin -D --lint
debug: SpamAssassin version 3.0.0-pre2-r22977
debug: Score set 0 chosen.
debug: running in taint mode? yes
debug: Running in taint mode, removing unsafe env vars, and resetting PATH
debug: PATH included '/usr/kde/3.2/bin', keeping.
...
```

Da das Verhalten von SpamAssassin von dem Benutzerkonto abhängt, unter dem es ausgeführt wird, muss eventuell der Befehl su verwendet werden, um ein Konfigurationsproblem zu analysieren:

```
# su spam
$ spamassassin --lint
```

6.8 Aktualisieren

In vielen Fällen kann SpamAssassin problemlos aktualisiert werden. Wenn Systemadministratoren oder Benutzer Anpassungen vorgenommen haben, kann es kleinere Probleme geben. Die von SpamAssassin verwendeten Regeln ändern sich mit jeder Version, und ein Benutzer könnte angepasste Wertungen für Regeln angegeben haben, die es in der neuesten Version nicht mehr gibt. SpamAssassin arbeitet dann zwar weiter, doch das Kommando spamassassin --lint gibt Fehler aus.

Wenn SpamAssassin aktualisiert wird, sollte der Systemadministrator den Befehl spamassassin --lint für die Hauptkonten eingeben, die zum Filtern von Spam genutzt werden.

```
# su spam
$ spamassassin --lint
```

Wurde SpamAssassin aus den Quelldateien erstellt, müssen Sie zum Aktualisieren den Installationsvorgang wiederholen. Dabei wird die neueste Version installiert und die alte überschrieben.

```
# perl -MCPAN -e shell
cpan> install Mail::SpamAssassin
```

Um eine aus RPMs erstellte SpamAssassin-Installation zu aktualisieren, verwenden Sie das Kommando rpm. Der Schalter -U führt Aktualisierungen durch. Ist ein neues RPM-Paket für SpamAssassin verfügbar, können Sie die Software mit dem folgenden Befehl aktualisieren:

```
# rpm -Uvh /path/to/spamassassin-n.mm-1.i386.rpm
```

Das sollte für alle betroffenen RPM-Pakete wiederholt werden.

> **Hinweis**
>
> Stammt das vorhandene RPM-Paket aus einer Quelle, z.B. RedHat, und das gewünschte aus einer anderen, z.B. von der SpamAssassin-Website, sollten Sie keine Aktualisierung durchführen. Deinstallieren Sie stattdessen das RPM-Paket und installieren Sie anschließend das neue. Deinstallationen erfolgen mit dem Schalter -e.

Bei Debian und Gentoo Linux gehen Sie genauso vor wie bei der Installation. Die neueste Version von SpamAssassin überschreibt dann die alte.

Wenn Sie andere Verteilungsmethoden verwenden, z.B. das Hilfsprogramm SMIT von AIX, folgen Sie bitte den Anweisungen des Herstellers oder des Paketanbieters. Um SpamAssassin unter Cygwin zu aktualisieren, gehen Sie ebenfalls vor wie bei der Installation. Die neue Version überschreibt die alte.

6.9 Deinstallieren

Die Vorgehensweise zum Entfernen von SpamAssassin hängt davon ab, wie die Software installiert wurde. Wurde z.B. ein RPM-Paket verwendet, sollte es auf die gleiche Weise deinstalliert werden. Eine Nichtbeachtung dieser Regel kann zu Problemen führen, entweder sofort oder später.

6.9.1 Deinstallation bei Verwendung des Quellcodes

Wurde SpamAssassin aus dem Quellcode erstellt, legt es eine Liste von Dateien an, die als Bestandteile des Moduls installiert wurden. Diese so genannte *Packliste* befindet sich normalerweise unter /usr/lib/perl5/site_perl.

/<perl-version>/<arch>/auto/Mail/SpamAssassin/.packlist.

<perl-version> und <arch> müssen durch die entsprechenden Werte ersetzt werden, z.B. 5.8.2 für die Perl-Version und i686-linux für die Architektur. Verwenden Sie den Befehl find, um alle Packlisten zu finden:

```
# find /usr/lib/perl5/ -name .packlist | grep SpamAssassin
/usr/lib/perl5/site_perl/5.8.2/i686-linux/auto/Mail/SpamAssassin/.packlist
```

Dieses Kommando findet alle .packlist-Dateien und filtert die für SpamAssassin heraus. Die .packlist-Datei enthält einfach eine Liste von Dateien mit absoluten Pfaden vom Wurzelverzeichnis aus. Um diese Dateien zu entfernen, geben Sie den folgenden Befehl ein:

```
# cat /path/to/.packlist | xargs rm
```

Die zu SpamAssassin gehörigen Dateien werden dann gelöscht (leere Verzeichnisse jedoch nicht). Anschließend kann die .packlist-Datei selbst gelöscht werden.

CPANPLUS

Es gibt einen Ersatz für das Perl-Modul CPAN, genannt *CPANPLUS*, das die Deinstallation von Modulen ermöglicht. Es kann mit Hilfe des CPAN-Moduls installiert werden. Der Gebrauch und die Konfiguration von CPAN werden weiter vorn in diesem Kapitel behandelt.

Sofern CPAN installiert ist, kann am cpan-Prompt der folgende Befehl zur Installation von CPANPLUS eingegeben werden:

```
cpan> install CPANPLUS
```

CPANPLUS installiert den Befehl cpanp, der oft zum Aufruf von CPANPLUS auf der Shell eingegeben wird:

```
# cpanp
```

Geben Sie am cpanplus-Prompt wie folgt das Kommando u ein, um SpamAssassin zu deinstallieren:

```
cpanplus > u Mail::SpamAssassin
```

6.9.2 Andere Pakete

Auf einem RPM-basierten System wird der Befehl rpm zum Entfernen von Paketen verwendet. SpamAssassin wird mit dem folgenden Kommando deinstalliert:

```
# rpm -ev spamassassin
```

Auf einem Debian Linux-System lautet das Kommando wie folgt:

```
# dpkg -r spamassassin
```

und schließlich auf einem Gentoo Linux System:

```
# emerge unmerge Mail-SpamAssassin
```

Wenn Sie andere Verteilungsmethoden verwenden, z.B. das Hilfsprogramm SMIT von AIX, folgen Sie bitte den Anweisungen des Herstellers oder des Paketanbieters.

6.9.3 Deinstallation unter Windows

Um SpamAssassin unter Windows mit Hilfe von Cygwin zu deinstallieren, folgen Sie bitte den Anweisungen zur Deinstallation bei Verwendung des Quellcodes. Der Speicherort für die Packliste ist standardmäßig der folgende:

```
/usr/lib/perl5/site_perl/cygwin-thread-multi-64-int/auto/Mail/SpamAssassin/.packlist
```

6.10 Die Komponenten von SpamAssassin

SpamAssassin installiert die folgenden Arten von Dateien:

- Ausführbare Dateien
- Perl-Module

- Dokumentation
- Konfigurationsdateien
- Regeldateien

Zusätzlich legt SpamAssassin Dateien im Home-Verzeichnis eines jeden Benutzers an, der das Programm ausführt (oder unter dem es ausgeführt wird). Alle diese Dateien werden im Verzeichnis ~user/.spamassassin/ erstellt.

6.10.1 Ausführbare Dateien

Die ausführbaren Dateien befinden sich standardmäßig in /usr/bin/.

Ausführbare Datei	Beschreibung
spamassassin	Ein Perl-Skript, das die Funktionalität von SpamAssassin bereitstellt
sa-learn	Ein Perl-Skript, mit dem der Bayes-Filter von SpamAssassin trainiert wird – ein statistisches Anti-Spam-Tool
spamd	Ein Perl-Skript, das einen hochleistungsfähigen Dienst darstellt. Wird für Systeme mit hohem Durchsatz verwendet.
spamc	Ein schlanker, in C geschriebener Client, der Spam-E-Mails an den spamd-Dienst weiterleitet und von ihm empfängt

6.10.2 Perl-Module

Die Perl-Module werden im Standardpfad, dem LIBPATH von Perl installiert, in der Regel in /usr/lib/perl5/site_perl/<perl_version>/. Die Module werden in einem Verzeichnis namens Mail/SpamAssassin installiert.

6.10.3 Dokumentation

Die Dokumentation wird zusammen mit den Moduldateien im POD-Format von Perl und außerdem im man-Format installiert. Die man-Dateien werden in den Standardpfad des Systems geschrieben, in der Regel in /usr/share/man.

6.11 Zusammenfassung

Das Erstellen aus dem Quellcode ist der beste Weg zum Installieren einer Software, auch für SpamAssassin. Hilfsprogramme wie CPAN oder CPANPLUS erweisen sich bei der Installation von SpamAssassin auf einem Rechner als sehr praktisch. Eine Installation unter Windows kann unter Verwendung von Cygwin oder ActivePerl durchgeführt werden.

6.11 Zusammenfassung

Die Installationsvoraussetzungen für SpamAssassin sind:

- Perl
- Ein C-Compiler
- Eine Internetverbindung

SpamAssassin kann auch im RPM- und Debian-Format installiert werden. In diesem Kapitel wurde die Installation unter RedHat, Debian und Gentoo Linux sowie unter Windows mit Hilfe von Cygwin behandelt.

7 Konfigurationsdateien

SpamAssassin benutzt mehrere Konfigurationsdateien und Verzeichnisse. Diese Konfigurationsdateien enthalten Regeln, die von SpamAssassin zur Filterung von Spam verwendet werden, und sind über verschiedene Verzeichnisse für die Standard-, die Site-umfassenden und die benutzerspezifischen Einstellungen verteilt. In den folgenden Abschnitten behandeln wir die Konfigurationsdateien von Spam-Assassin.

7.1 Konfigurationsdateien

Die Konfigurationsdateien für die Standard-, die Site-umfassenden und die benutzerspezifischen Einstellungen werden wie folgt in unterschiedlichen Verzeichnissen gespeichert:

- Die Einstellungen für die Standardkonfiguration stehen in /usr/share/spamassassin/.
- Site-umfassende Anpassungen und Einstellungen befinden sich in /etc/mail/spamassassin/.
- Benutzerspezifische Einstellungen werden in ~/.spamassassin/ gespeichert.

7.1.1 Standardkonfiguration

Die Einstellungen für die Standardkonfiguration von SpamAssassin sind in den Dateien enthalten, die das Programm unter /usr/share/spamassassin/ installiert. Dazu gehören Standardeinstellungen für alle Eigenschaften von SpamAssassin und eine Anzahl von Standardregeln und -wertungen. Einstellungen in diesem Verzeichnis können bei einer Aktualisierung von SpamAssassin überschrieben werden, so dass die hier befindlichen Dateien nicht verändert werden sollten.

7.1.2 Site-umfassende Konfiguration

Die Einstellungen für die Site-umfassenden Konfiguration werden im Verzeichnis /etc/mail/spamassassin/ vorgenommen. Das Programm liest jede Datei ein, deren Name auf .cf endet, und verarbeitet sie als Konfigurationsdatei für SpamAssassin.

Üblicherweise enthält die Datei /etc/mail/spamassassin/local.cf verschiedenste Einstellungen. In dieses Verzeichnis können auch eigene Regeldateien gestellt werden.

7.1.3 Benutzerspezifische Konfiguration

SpamAssassin speichert benutzerspezifische Dateien im Verzeichnis ~/.spamassassin/. Nachfolgend sehen Sie eine Liste der Dateien, die für einen Benutzer vorhanden sein *können*:

Dateien	Inhalt
auto-whitelist auto-whitelist.db auto-whitelist.dir auto-whitelist.pag	SpamAssassin erstellt eine Datenbank von Benutzerkonten, die Ham versenden, und verwendet sie, um zu bestimmen, ob eine E-Mail von einem bestimmten Absender Spam oder Ham ist. Diese Dateien werden zur Nachverfolgung von Benutzern eingesetzt.
bayes_journal bayes_seen bayes_toks	SpamAssassin nutzt ein statistisches Verfahren, eine so genannte Bayes-Analyse, für das diese Dateien verwendet werden.
user_prefs	Mit Hilfe dieser Datei kann ein Benutzer globale Einstellungen überschreiben. Sie kann Konfigurationseinstellungen, Regeln und Wertungen enthalten.

7.2 Regeldateien

Die Standard-Regeldateien befinden sich im Verzeichnis /usr/share/spamassassin/. Dort gibt es eine Vielzahl von je nach Version von SpamAssassin unterschiedlichen Dateien. Mit einigen Ausnahmen haben die Namen der Regeldateien üblicherweise die Form nn_description.cf, wobei nn eine Zahl ist, z. B. 10 oder 25, und description den Regeltyp beschreibt, z. B. dnsbl_test oder bayes.

Die von SpamAssassin installierten Regeln sind versionsabhängig. Eigene Regeln können in Dateien mit der Endung .cf definiert werden und im Verzeichnis /etc/mail/spamassassin/ gespeichert werden oder, wenn es sich um benutzerspezifische Regeln handelt, in ~/.spamassassin/user_prefs.

7.2.1 Regeln

SpamAssassin liest zunächst alle Dateien im Verzeichnis /usr/share/spamassassin/ in alphabetischer Reihenfolge ein, d.h., 10_misc.cf wird vor 23_bayes.cf gelesen. Anschließend werden alle .cf-Dateien in /etc/mail/spamassassin/ eingelesen (ebenfalls alphabetisch) und schließlich die Datei ~/.spamassassin/user_prefs. Ist eine Regel oder Wertung in zwei Dateien definiert, werden die Einstellungen aus der zuletzt gelesenen Datei verwendet. Dadurch kann ein Administrator die Standard- und ein Benutzer die Site-umfassenden Einstellungen überschreiben.

Jede Zeile einer Regeldatei kann entweder leer sein oder einen Kommentar bzw. ein Kommando enthalten. Das Nummernsymbol (#) bezeichnet einen Kommentar. Regeln bestehen normalerweise aus drei Bestandteilen: der Regeldefinition, einer Beschreibung in Textform und der Wertung oder Folge von Wertungen. Gemäß Konvention sollten sich alle Regelwertungen für SpamAssassin-Regeln zusammen in einer gesonderten Datei befinden.

Nachfolgend sehen Sie ein Beispiel für eine Regel, die auf den Text einer E-Mail angewendet wird, sowie ihre Beschreibung. Sie befindet sich in der Datei 20_phrases.cf der SpamAssassin-Versionen 2.63 und 3.0.

```
body BANG_MONEY              /\bmoney!/i
describe BANG_MONEY          Talks about money with an exclamation!
```

Diese Regel ist ein regulärer Ausdruck von Perl (Regex). Die einzelnen Symbole in der Regel (/\bmoney!/i) haben die folgende Bedeutung:

- Der erste / gibt den Beginn des regulären Ausdrucks an.

- \bmoney! zeigt an, dass es eine Wortgrenze (»boundary«) vor dem nachfolgenden Wort money geben muss und dann ein Ausrufezeichen folgt. Das Ausrufezeichen wird auch als »bang« bezeichnet, daher der Name der Regel.

- Der zweite / kennzeichnet das Ende des regulären Ausdrucks.

- Das abschließende i bedeutet, dass es bei der Suche nicht auf Groß- oder Kleinschreibung ankommt (»case-insensitive«). Der reguläre Ausdruck passt auf »Money!«, »MONEY!« und »money!«.

Regeldefinitionen werden ausführlicher in Kapitel 12 behandelt.

7.2.2 Wertung

Die Wertungen für Regeln nutzt SpamAssassin, um zu entscheiden, ob es sich bei einer E-Mail um Spam handelt oder nicht. Jede Regel mit einer von null verschiedenen Wertung wird auf die zu untersuchende E-Mail angewendet, und die Wertungen der zutreffenden Regeln werden addiert. Ist die Summe größer als der eingestellte Schwellenwert, wird die E-Mail als Spam gekennzeichnet. Der Standardschwellenwert liegt bei 5.

Normalerweise werden E-Mails als Spam gekennzeichnet, indem Header hinzugefügt werden oder der Betreff geändert wird. Wertungen können nicht nur positiv, sondern auch negativ sein, wobei der von Nicht-Spam-E-Mails erwartete Inhalt eine negative Wertung nach sich zieht. Das verringert die Wahrscheinlichkeit dafür, dass eine rechtmäßige E-Mail fälschlicherweise als Spam gekennzeichnet wird.

Gemäß Konvention sind die Wertungen der Standardregeln in der Datei `50_scores.cf` aufgeführt, auch wenn die Regeln sich in unterschiedlichen Dateien befinden. Durch einen Eintrag in eine der Dateien unter `/etc/mail/spamassassin/` oder in `~/.spamassassin/user_prefs` können Wertungen Site-umfassend bzw. benutzerspezifisch überschrieben werden. Systemadministratoren verändern üblicherweise die Wertungen für Regeln, um das Erkennen von Spam oder Ham zu verbessern.

Im nachfolgenden Beispiel sehen Sie eine Wertung für die zuvor beschriebene Regel `BANG_MONEY`:

```
score BANG_MONEY 0.582 0.880 0.259 0
```

Das Wort `score` kennzeichnet diese Zeile als einen Wertungseintrag, worauf der Name der Regel folgt. Anschließend werden die Wertungen für die Regel aufgeführt.

Jede Regel muss mindestens einen Wertungseintrag haben. Standardmäßig gibt es pro Zeile einer Regelwertung vier solcher Einträge, von denen nur einer verwendet wird. Welche Wertung genutzt wird, hängt von der Konfiguration von SpamAssassin ab. Existiert nur eine Wertung für eine Regel, wird diese dann in allen Konfigurationen genutzt. Welche Wertung verwendet wird, hängt davon ab, ob der Bayes-Filter von SpamAssassin eingesetzt wird und ob Netzwerktests eingerichtet sind.

Die nachfolgende Tabelle gibt an, welche Wertung unter welchen Bedingungen genutzt wird:

	Bayes-Filter nicht im Einsatz	**Bayes-Filter im Einsatz**
Externe Tests nicht im Einsatz	Wertung 1	Wertung 3
Externe Tests im Einsatz	Wertung 2	Wertung 4

Die vier Wertungen für eine Regel können stark variieren, in diesem Beispiel reichen sie von 0 bis 0,88.

Die in der Datei `/usr/share/spamassassin/50_scores.cf` angegebenen Wertungen wurden durch Analyse einer Vielzahl vom Ham- und Spam-E-Mails erstellt und stellen eine *Bestmenge* von Wertungen dar. SpamAssassin 3.0 verwendet ein verbessertes *Perzeptron-Lernsystem*, das es Systemadministratoren ermöglicht, die Wertungen neu zu berechnen, so dass sie auf die Spam- und Ham-E-Mails zugeschnitten sind, die ihre Organisation erhält. Systemadministratoren können zur Verbesserung der Filter auch die Wertungen einzelner Regeln verändern. Darüber hinaus gibt es eine Vielzahl benutzerdefinierter Regelsätze, die sie zur Verbesserung der Spam-Filterung hinzufügen können. All das wird in Kapitel 12 behandelt.

7.3 Zusammenfassung

Die Konfiguration von SpamAssassin findet auf drei Ebenen statt: Es gibt die Standardkonfiguration, die Site-umfassende und benutzerspezifische. Einstellungen auf Benutzerebene überschreiben die auf Siteebene und letztere die Standardkonfiguration. Die jeweiligen Dateien zu diesen Ebenen werden in unterschiedlichen Verzeichnissen gespeichert.

Regeln und Wertungen sind die Hauptelemente der E-Mail-Filterung von SpamAssassin. Sie werden in den zuvor genannten Dateien angegeben und verwenden reguläre Ausdrücke, um für Spam typische Begriffe herauszufiltern. Jeder Regel ist eine positive oder negative Wertung zugeordnet, mit deren Hilfe Spam von Ham getrennt wird.

8 SpamAssassin im Einsatz

Der nächste Schritt nach der Installation von SpamAssassin ist die Konfiguration Ihres E-Mail-Systems zur Nutzung des Programms. Das Verfahren hängt vom eingesetzten *MTA (Mail Transport Agent)* ab, wobei es oftmals mehrere Möglichkeiten pro MTA gibt. Sie können Procmail verwenden, um SpamAssassin Site-umfassend aufzurufen oder bestimmte Benutzer zur Nutzung von SpamAssassin zu konfigurieren. Ein alternativer Ansatz zur Erhöhung der Leistungsfähigkeit besteht darin, SpamAssassin enger in die MTAs zu integrieren. Die zu empfehlende Methode hängt von den Anforderungen der Site ab:

- Gibt es Probleme mit der Leistungsfähigkeit, entweder aufgrund des von der Site zu bearbeitenden E-Mail-Aufkommens, der Unzulänglichkeit von Hardwareressourcen oder der Verwendung des E-Mail-Servers für andere Aufgaben, so bietet die Integration von SpamAssassin in den MTA die beste Leistung.

- Ist der E-Mail-Verkehr gering (die Anzahl der E-Mails pro Tag beträgt wenige Tausend mit einigen Spitzen) und gibt es keine Leistungsprobleme, stellt Procmail eine flexible und einfache Lösung dar.

- Wenn nur bestimmte Mail-Konten gefiltert werden müssen, ist Procmail einfach zu konfigurieren (es sei denn, der MTA ist qmail). Das ermöglicht einem Administrator, die Filterung für bestimmte Benutzer hinzuzufügen. Dieser Ansatz funktioniert nur für Benutzer mit einem Konto auf dem Rechner, auf dem SpamAssassin ausgeführt wird.

Die einfachste Methode besteht darin, Procmail zu installieren und zu konfigurieren und dann festzulegen, dass alle E-Mails von SpamAssassin verarbeitet werden. Die zweiteinfachste ist die Konfiguration von Procmail für einzelne Benutzer zur Verwendung von SpamAssassin. Procmail ist relativ einfach zu bedienen und hat nur geringe Leistungsanforderungen.

Wenn nur eine kleine Anzahl von Benutzerkonten Spam empfängt, z.B. nur die auf einer Website veröffentlichten E-Mail-Adressen, kann SpamAssassin mit Hilfe von Procmail für ausgewählte Konten verwendet werden. Dadurch vermeiden Sie den Aufwand, SpamAssassin für jeden Benutzer auszuführen; nur E-Mails an Konten, die momentan Spam empfangen, müssen von SpamAssassin bearbeitet werden. Dieser Ansatz setzt voraus, dass jeder Benutzer ein Home-Verzeichnis auf dem Rechner hat, um Procmail zu konfigurieren und die Einstellungen für SpamAssassin zu speichern.

Ist das nicht der Fall, können die SQL-Eigenschaften von SpamAssassin verwendet werden, die in Kapitel 14 behandelt werden.

In Firmen, in denen die meisten Benutzer einen Desktop-PC unter Windows und einen Mail-Client wie Microsoft Outlook haben, gibt es vermutlich keine entsprechenden Systemkonten auf dem E-Mail-Server. In diesen Fällen kann Procmail weiterhin verwendet werden, jedoch nicht für einzelne Benutzer, sondern nur auf einer Site-umfassenden Basis.

8.1 SpamAssassin als Daemon

SpamAssassin ist in Form des Perl-Skripts /usr/bin/spamassasin implementiert. Für jede E-Mail ein Perl-Skript auszuführen, bringt einige Leistungseinbußen mit sich. Das mag für Sites mit niedrigem E-Mail-Aufkommen kein Problem sein, doch für Sites mit einem hohen Durchsatz hat der Leistungsaspekt eine hohe Priorität. In diesen Fällen kann SpamAssassin zur Leistungsverbesserung als Daemon eingesetzt werden.

Dabei wird beim Systemstart das Programm /usr/bin/spamd ausgeführt und als Client /usr/bin/spamc verwendet. In Procmail-Rezepten werden /usr/bin/spamassassin und /usr/bin/spamc oftmals gleich behandelt, obwohl sie unterschiedliche Optionen bieten.

> **Hinweis**
>
> Wird SpamAssassin als Daemon eingesetzt, muss spamd beim Booten des Systems gestartet werden.

Die Programme spamc und spamd werden mit SpamAssassin installiert. Das Distributionsverzeichnis von SpamAssassin enthält beispielhafte Installationsskripts zum Starten des Daemons. Sie befinden sich im Verzeichnis spamd des Build-Verzeichnisses von SpamAssassin. Wenn SpamAssassin als Distributionspaket installiert wurde, befinden sich dieses Skript meist bereits in dem Verzeichnis /etc/init.d.

Der spamd-Daemon unterstützt mehrere Schalter:

- Der Schalter -d sorgt dafür, dass spamd als Daemon ausgeführt wird, und kann weggelassen werden, wenn Debug-Ausgaben angezeigt werden müssen.
- Der Schalter -m gibt die Anzahl der Kindprozesse an, die ausgeführt werden sollen.
- Der Schalter -u ermöglicht die Angabe eines Benutzerkontos. In diesem Fall verwendet spamd dieses Konto bei der Ausführung.

Wird `spamd -d -m5` ausgeführt, legt `spamd` fünf Kindprozesse an, die `spamc`-Clients nutzen können. Dauert die Verarbeitung von E-Mails zu lange, sollte die Anzahl der Kindprozesse erhöht werden. Werden zu viele Systemressourcen verbraucht, müssen Sie die Anzahl der Kindprozesse reduzieren.

8.1.1 Benutzerkonten erstellen

Es ist anzuraten, ein Benutzerkonto zu erstellen, unter dem der `spamd`-Daemon ausgeführt wird. Das trennt die Konfiguration und die Einstellungen von SpamAssassin von denen anderer Daemons, hauptsächlich des MTA, und ermöglicht SpamAssassin das Speichern eigener Dateien wie der automatischen Whitelist (AWL) oder einer statistischen Datenbank. Daher sollte der Benutzer ein Home-Verzeichnis haben, in das geschrieben werden kann.

Unter Linux erstellen die folgenden Kommandos eine Gruppe und einen Benutzer zur Ausführung von SpamAssassin:

```
# groupadd [-g gid] spam
# useradd -m [-u uid] -d /home/spam -g spam -s /bin/false spam
```

Der Befehl `groupadd` erzeugt eine Gruppe namens `spam`. Wird eine bestimmte Gruppen-ID benötigt, sollte sie mit dem Schalter `-g` angegeben werden. Wenn Sie den Schalter `-g` weglassen, wird die Gruppen-ID vom Betriebssystem zugewiesen.

Verwenden Sie im Befehl `useradd` den Schalter `-u`, wenn Sie eine bestimmte Benutzer-ID angeben möchten; andernfalls weist das Betriebssystem eine solche Kennung zu. Der Schalter `-m` sorgt dafür, dass ein Home-Verzeichnis angelegt wird, während `-d` den Pfad dazu liefert. Mit dem Schalter `-g` geben Sie an, dass die primäre Gruppe des Benutzers die Gruppe `spam` sein soll, während `-s` die Login-Shell festlegt, die bei der Anmeldung des Benutzers ausgeführt wird. In diesem Beispiel ist `/bin/false` angegeben, da es nicht erforderlich ist, dass der Benutzer sich anmeldet. Die Verwendung von `/bin/false` erhöht die Sicherheit des Systems, da jedes Benutzerkonto mit einer gültigen Login-Shell das Risiko durch Hacker leicht erhöht.

Für andere Betriebssysteme verwenden Sie bitte die folgenden Kommandos zum Erstellen der Benutzerkonten:

Betriebssystem	Kommandos
AIX	`mkgroup spam`
	`mkuser home=/home/spam login=false pgrp=spam rlogin=false spam`
	`mkdir /home/spam`
	`chown spam /home/spam`

Betriebssystem	Kommandos
HP/UX	groupadd spam
	useradd -m -d /home/spam -g spam -s /bin/nologin spam
Solaris/SunOS	groupadd spam
	useradd -m -d /home/spam -g spam -s /bin/nologin spam

Alternativ können Sie auch ein Verwaltungstool einsetzen. Denken Sie daran, dass das Home-Verzeichnis vorhanden und bekannt sein muss, dass die korrekten Besitzer und Rechte zugewiesen und die Anmeldemöglichkeit des Benutzerkontos deaktiviert sein müssen.

Es ist möglich, dass in der statistischen Datenbank von SpamAssassin vertrauliche Informationen gespeichert sind. So könnten z.B. die Namen zukünftiger Produkte oder Projekte in der statistischen Datenbank oder in einer der selbst erstellten Regeln zur Filterung von Spam vorkommen. Das folgende Kommando verhindert, dass andere Benutzer irgendetwas im Home-Verzeichnis des Benutzers spam lesen können:

```
# chmod 0700 /home/spam
```

8.2 SpamAssassin und Procmail

Procmail ist ein MDA (Mail Delivery Agent), manchmal auch LDA (Local Delivery Agent) genannt, aber kein MTA (Mail Transport Agent) wie Sendmail, Postfix, Exim oder qmail. Seine Funktion hängt von einer anderen Anwendung ab (normalerweise dem MTA), die es ausführt und der es jede E-Mail übergibt. Procmail kann andere Programme ausführen (im Allgemeinen E-Mail-Filter), Entscheidungen treffen und in Abhängigkeit vom Inhalt der verarbeiteten E-Mails bestimmte Aktionen ausführen. Es kann systemweit oder auch benutzerspezifisch von .forward-Dateien aus aktiviert werden, die Bestandteile des lokalen Sendmail-Auslieferungssystems sind.

8.2.1 Ist Procmail vorhanden?

Überprüfen Sie zunächst, ob Procmail installiert ist. Das folgende Kommando findet Procmail, wenn das Programm im Systempfad installiert ist:

```
$ which procmail
```

Besagt die Antwort, dass Procmail nicht gefunden werden kann, müssen Sie das Programm beschaffen und installieren.

```
which: no procmail in (/bin:/usr/bin:/usr/local/bin:/opt/bin)
```

Wird ein absoluter Pfad ausgegeben, ist Procmail vorhanden.

```
/usr/bin/procmail
```

8.2.2 Procmail beschaffen und installieren

Procmail erhalten Sie auf *http://www.procmail.org*. Es ist auch Bestandteil vieler Linux-Distributionen, und für viele Plattformen einschließlich Solaris und AIX gibt es fertige Binärdateien. Procmail kann auch aus dem Quellcode erstellt werden.

Um Procmail aus einem Binärpaket zu installieren, verwenden Sie das geeignete Kommando des Zielsystems, z. B. rpm für eine RPM-basierte Linux-Distribution und apt-get für Debian. Bei anderen Betriebssystemen benutzen Sie bitte die entsprechenden Verfahren.

8.2.3 Procmail konfigurieren

Auch wenn Procmail installiert ist, ist der MTA möglicherweise nicht zur Nutzung des Programms konfiguriert. Um das zu überprüfen, verwenden Sie ein auf dem Rechner erstelltes Benutzerkonto. Überprüfen Sie zunächst, dass die normale Zustellung für diesen Benutzer funktioniert, indem Sie eine E-Mail an das Konto schicken. Erstellen Sie als Nächstes eine Datei namens ~/.procmail.rc für den Testbenutzer, in der Sie die folgenden beiden Zeilen einfügen:

```
:0
!another_user@localhost
```

Dieses Procmail-*Rezept* leitet alle E-Mails an einen anderen Benutzer weiter. Stellen Sie sicher, dass der angegebene Benutzer existiert, und legen Sie dann eine Datei namens ~/.forward für den Testbenutzer an, in die Sie die folgende Zeile eintragen:

```
| /usr/bin/procmail
```

Vergewissern Sie sich, dass der Pfad zu Procmail stimmt. Dieser Befehl teilt dem MTA mit, alle an den Testbenutzer adressierten E-Mails an Procmail weiterzuleiten. Senden Sie anschließend eine E-Mail an den Testbenutzer und überprüfen Sie, ob sie wie in der Datei ~/.procmail.rc angegeben an den anderen Benutzer weitergeleitet wird.

Wird die E-Mail nicht zugestellt, muss Ihr MTA möglicherweise noch für die Verwendung von Procmail konfiguriert werden.

8.2.4 MTA-Konfiguration

Wurde zur Installation von Procmail ein paketbasiertes Verfahren, z. B. RPM oder Debian, verwendet, und wurde sowohl das Paket für den MTA als auch das für Procmail vom selben Hersteller, z. B. RedHat, erstellt, ist die erforderliche Konfiguration mit ziemlicher Sicherheit bereits durchgeführt worden. Wurden der MTA und Procmail aus dem Quellcode oder aus unterschiedlichen Quellen erstellt, kann eine Konfiguration erforderlich sein.

Sendmail

Geben Sie das folgende Kommando ein, um zu überprüfen, ob Procmail für Sendmail konfiguriert ist:

```
# grep procmail /etc/mail/sendmail.mc

FEATURE(`local_procmail')dnl
MAILER(procmail)dnl
```

Erscheinen die mit FEATURE und MAILER beginnenden Zeilen, ist Procmail konfiguriert.

Sind diese Zeilen nicht vorhanden, fügen Sie sie bitte der Datei sendmail.mc hinzu. Aus ihr sollte dann wie folgt die Datei sendmail.cf erstellt werden:

```
# m4 < sendmail.mc > sendmail.cf
```

Die neu erstellte Datei sendmail.cf wird beim Neustart von Sendmail verwendet.

Postfix

Postfix kann so konfiguriert werden, dass die Auslieferung an ein Programm statt an ein Postfach erfolgt. Zur Aktivierung bearbeiten Sie bitte die Datei /etc/mail/main.cf. Enthält diese Datei die folgende Zeile, führt Postfix Procmail zur lokalen Zustellung jeder E-Mail aus:

```
mailbox_command = /usr/bin/procmail
```

Stellen Sie sicher, dass der Pfad zu procmail für Ihr System korrekt ist. Laden Sie Postfix nach dieser Änderung mit dem Befehl # postfix reload erneut. Damit ist Procmail aktiviert.

Exim

Um .forward-Dateien mit Exim zu verarbeiten, sind in den Konfigurationsdateien zwei Definitionen erforderlich – Router und Transporte. Beide werden in /etc/exim/exim.conf angegeben, wobei die Reihenfolge der Router wichtig ist. Der in den folgenden Zeilen definierte Router sollte vor allen Routern angegeben werden, die E-Mail an lokale Postfächer ausliefern, z.B. solchen, die den Eintrag transport = local_delivery oder einen ähnlichen aufweisen.

```
userforward:
  driver = redirect
  check_local_user
  file = $home/.forward
  no_verify
  no_expn
  check_ancestor
  file_transport = address_file
```

8.2 SpamAssassin und Procmail

```
pipe_transport = address_pipe
reply_transport = address_reply
```

Transporte müssen zum Abschnitt transports hinzugefügt werden:

```
address_pipe:
  driver = pipe
  return_output

address_file:
  driver = appendfile
  delivery_date_add
  envelope_to_add
  return_path_add

address_reply:
  driver = autoreply
```

qmail

qmail unterstützt in seiner Standardkonfiguration keine .forward-Dateien. Um dies nachzuholen, gibt es ein Paket namens *dot-forward*, das auf *http://cr.yp.to/dot-forward.html* zur Verfügung steht und von vielen Paketdistributionen genutzt wird.

Um dot-forward auf einem RPM-basierten System zu installieren, laden Sie das geeignete RPM-Paket herunter oder kopieren es vom Hersteller. Ist kein solches Paket verfügbar, sollte *dot-forward* aus den Quelldateien erstellt werden. Verwenden Sie kein RPM-Paket, das für eine andere Distribution gedacht ist. Sofern vorhanden, können Sie jedoch ein generisches RPM-Paket einsetzen.

Installieren Sie das RPM-Paket mit dem folgenden Befehl:

```
# rpm -ivh filename.rpm
```

Beispiel:

```
# rpm -ivh dot-forward-0.71-4rph.i586.rpm
```

Nach der Installation von *dot-forward* können .forward-Dateien und Procmail aktiviert werden.

Auf einem Debian-System steht das Paket über das Kommando `apt-get` zur Verfügung. Der folgende Befehl installiert die letzte verfügbare Version von *dot-forward*:

```
# apt-get dot-forward
```

Nach der Installation von *dot-forward* können .forward-Dateien und Procmail wie unten beschrieben aktiviert werden.

Das erforderliche Paket, um *dot-forward* auf einem Gentoo Linux-System zu installieren, ist in `portage` erhältlich. Der folgende Befehl installiert die letzte verfügbare Version von dot-forward:

```
# emerge dot-forward
```

Nach der Installation von *dot-forward* können `.forward`-Dateien und Procmail aktiviert werden.

Um dot-forward aus dem Quellcode zu erstellen, laden Sie die neueste stabile Version von *http://cr.yp.to/dot-forward.html* oder einem Spiegel herunter. Entpacken Sie den Quellcode in ein temporäres Verzeichnis:

```
# cd /var/build
# tar xfz /path/tp/dot-forward-n.mm.tar.gz
# cd dot-forward-n.mm
```

Erstellen Sie dann *dot-forward*. Richten Sie sich dabei nach den Anweisungen in der Installationsdatei, normalerweise den folgenden:

```
# make setup
# make check
```

Nachdem das Programm installiert wurde, ist eine gewisse manuelle Konfiguration erforderlich. Fügen Sie in der Datei `/var/qmail/control/defaultdelivery` vor der Zeile `./.maildir` die folgende Zeile ein oder entfernen Sie das Kommentarzeichen:

```
# Uncomment the next line for .forward support
|dot-forward .forward
```

8.2.5 Benutzerkonten konfigurieren

Nachdem Procmail installiert wurde, kann es für bestimmte oder alle Benutzer eines Systems aktiviert werden. Um das Programm auszuführen, muss im Home-Verzeichnis des Benutzers eine Datei namens `.forward` mit der folgenden Zeile erstellt werden:

```
| /usr/bin/procmail
```

Vergewissern Sie sich, dass der Pfad zu Procmail richtig ist. Der senkrechte Strich »|« zu Beginn der Zeile ist ein Pipe-Symbol, das denjenigen, die die UNIX-Kommandozeile nutzen, bekannt sein wird. Diese Zeile in der Datei `.forward` weist den MTA an, `procmail` für jede eingegangene E-Mail aufzurufen.

Um SpamAssassin über Procmail auszuführen, erstellen Sie im Home-Verzeichnis eines jeden Benutzers eine Datei namens `.procmailrc`, die wie folgt aussehen sollte:

```
:0fw
| /usr/bin/spamassassin
```

Wird SpamAssassin als Daemon ausgeführt, kann das Programm spamc verwendet werden:

```
:0fw
| /usr/bin/spamc
```

> **Hinweis**
>
> Vergewissern Sie sich, dass der Pfad zu spamassassin oder spamc richtig ist.

Procmail-Kommandos werden als *Rezepte* bezeichnet. In einer .procmailrc-Datei kann es viele Rezepte geben, die von oben nach unten abgearbeitet werden. Ein Rezept beginnt mit einer *Definition*, dann folgen (eventuell) die *Bedingungen*, die erfüllt sein müssen, bevor letztendlich die *Aktion* ausgeführt wird.

Die Definition beginnt stets mit einem Doppelpunkt, dem auf derselben Zeile eine Zahl folgt. Früher gab diese Zahl die Anzahl der Bedingungen an, die der Definition folgen. Moderne Versionen von Procmail können alle Bedingungen erkennen, wobei die Ziffer Null lediglich als Platzhalter verwendet wird. Ein Rezept ohne Bedingungen wird stets für jede E-Mail ausgeführt.

Alle auf die Definitionszeile folgenden Zeichen sind Schalter, von denen es mehrere zur Steuerung von Procmail gibt. Im vorstehenden Beispiel wird der Schalter f verwendet, der besagt, dass es sich um eine Filterdefinition handelt. In diesem Fall sendet Procmail die zu verarbeitende E-Mail durch ein Filterprogramm, das sie möglicherweise verändert. Procmail nutzt die modifizierte Ausgabe des Filters für alle weiteren Rezepte der Datei .procmailrc.

Der Schalter w am Schluss der Definition weist Procmail an, auf das Ende des Programms zu warten. SpamAssassin kann einige Zeit zum Verarbeiten einer E-Mail benötigen, wobei Procmail ohne diesen Schalter nicht auf SpamAssassin warten würde, bevor es zum nächsten Rezept in .procmailrc übergeht.

Im Beispielrezept gibt es keine Bedingung, die letzte Zeile ist eine *Aktion*. Das Pipe-Symbol (|) wird zum Ausführen eines Programms verwendet, ihm folgt der Pfad zum Programm.

Dieses Rezept ist ein recht typisches Beispiel für einen einfachen Procmail-Filter. Procmail kann E-Mail-Nachrichten in Abhängigkeit vom Inhalt auf verschiedene Postfächer verteilen und Spam in einen gesonderten Ordner filtern. Procmail-Rezepte wie dieses werden in Kapitel 13 behandelt.

In einem E-Mail-Filter kann das Programm die Ausgabe verändern. Standardmäßig fügt SpamAssassin neue Header hinzu, um anzuzeigen, dass es ausgeführt wurde, und bringt auch eine Markierung an, die eine E-Mail als Spam oder Ham kennzeichnet.

8.2.6 Site-umfassender Einsatz von Procmail

In Sites mit einem niedrigen E-Mail-Aufkommen ist ein Site-umfassender Einsatz von Procmail akzeptabel. Das hat jedoch den Nachteil, dass alle Benutzer sich dieselben Wertungen und die von SpamAssassin erstellten Daten teilen, z.B. die automatische Whitelist und die Bayes-Datenbank. Das kann die Spam-Filterung in gewisser Weise schwächen. Die Konfiguration ist jedoch schnell und einfach, und es ist nicht erforderlich, dass jeder Benutzer ein Konto auf dem Rechner hat, wie es in vielen Organisationen der Fall ist.

Procmail hat eine globale Rezeptdatei namens /etc/procmailrc, die für alle eingehenden E-Mails verwendet wird. Sie brauchen lediglich die Datei zu bearbeiten und das einfache Rezept für SpamAssassin hinzuzufügen, das auch für einzelne Konten verwendet wird:

```
:0fw
| /usr/bin/spamassassin
```

Wenn SpamAssassin als Daemon genutzt wird, nehmen Sie das folgende Rezept:

```
:0fw
| /usr/bin/spamc
```

Damit wird SpamAssassin für jede E-Mail ausgeführt und fügt dann die entsprechenden Header hinzu, die E-Mail-Clients überprüfen können.

8.3 SpamAssassin in den MTA integrieren

Die folgenden Anweisungen beschreiben, wie SpamAssassin in einige verbreitete MTAs integriert werden kann. Nach der Integration sollten Sie die grundlegende MTA-Konfiguration testen und sicherstellen, dass die Benutzer die E-Mails mit Headern von SpamAssassin erhalten.

8.3.1 Sendmail

Es gibt mehrere Verfahren zur Integration von SpamAssassin in Sendmail. Sendmail hat eine unter dem Begriff *Milter* bekannte Plug-In-Architektur, wobei mehrere Milter verfügbar sind. Hier behandeln wir nur *MIMEDefang*.

8.3 SpamAssassin in den MTA integrieren

Milter-Unterstützung

Um MIMEDefang zu nutzen, muss die Milter-Unterstützung in Sendmail eingebaut sein, was ab Version 8.13 standardmäßig der Fall ist. Wurde Sendmail als Paket geliefert, z. B. als RPM, hängt es vom Distributor ab, ob die Milter-Unterstützung enthalten ist oder nicht.

Um das Vorhandensein der Milter-Unterstützung zu testen, geben Sie das folgende Kommando ein und untersuchen die Ergebnisse:

```
# /usr/sbin/sendmail -bt -d0.1 </dev/null
Version 8.12.10
 Compiled with: DNSMAP LOG MAP_REGEX MATCHGECOS MILTER
                MIME7TO8MIME8TO7NAMED_BIND NETINET NETUNIX NEWDB
                NIS PIPELINING SCANF STARTTLSTCPWRAPPERS USERDB
============ SYSTEM IDENTITY (after readcf) ============
      (short domain name) $w = sendmail
  (canonical domain name) $j = sendmail.inrevo.com
          (subdomain name) $m = inrevo.com
               (node name) $k = sendmail
========================================================
ADDRESS TEST MODE (ruleset 3 NOT automatically invoked)
Enter <ruleset> <address>
```

In dem Abschnitt, der mit `Compiled with:` beginnt, sollte das Wort `MILTER` vorkommen. Ist das nicht der Fall, muss Sendmail erneut mit aktivierter Milter-Unterstützung aus dem Quellcode erstellt werden.

Sie aktivieren die Milter-Unterstützung, indem Sie während des Erstellvorgangs die folgenden Zeilen zur Datei `devtools/Site/site.config.m4` im Distributionsverzeichnis von Sendmail hinzufügen:

```
APPENDDEF(`conf_sendmail_ENVDEF', `-DMILTER')
APPENDDEF(`conf_libmilter_ENVDEF',`-D_FFR_MILTER_ROOT_UNSAFE ')
```

8.3.2 MIMEDefang

MIMEDefang bietet die Möglichkeit, E-Mails mit SpamAssassin und auch mit einem von mehreren Virenscannern zu verarbeiten. Wir beschränken uns hier auf die Integration in SpamAssassin.

Von *http://www.mimedefang.org/* erhalten Sie die neueste Version von MIMEDefang, die Sie herunterladen und in ein geeignetes Verzeichnis wie `/var/build` kopieren. Zum Erstellen von MIMEDefang verwenden Sie die folgenden Kommandos:

```
$ tar xzf mimedefang-n.mm.tar.gz
$ cd mimedefang-n.mm.
$ ./configure
```

```
$ make
$ su
# make install
```

MIMEDefang wird als Dienst ausgeführt und sollte unter einem gesonderten Benutzerkonto laufen. Standardmäßig verwendet die Konfiguration den Benutzer defang. Geben Sie den folgenden Befehl ein, um dieses Konto zu erstellen:

```
# useradd -m -d /home/defang -s /bin/false defang
```

Im Unterverzeichnis examples des Distributionsverzeichnisses gibt es ein einfaches Initialisierungsskript. Kopieren Sie es an eine geeignete Stelle des verwendeten Betriebssystems, passen Sie es wie erforderlich an und konfigurieren Sie es zur Ausführung beim Systemstart.

> **Hinweis**
>
> Es ist nicht notwendig, SpamAssassin als Daemon auszuführen, wenn MIMEDefang verwendet wird.

Um Sendmail für die Verwendung von MIMEDefang zu konfigurieren, fügen Sie der Datei sendmail.mc die folgende Zeile hinzu:

```
INPUT_MAIL_FILTER(`mimedefang', `S=unix:/var/spool/MIMEDefang/mimedefang.sock,↵
  T=S:5m;R:5m')
```

Geben Sie dann das folgende Kommando ein, um sendmail.cf neu zu erstellen:

```
# m4 < sendmail.mc > sendmail.cf
```

MIMEDefang unterstützt SpamAssassin ohne eine weitere Konfiguration. Es unterstützt jedoch nicht die von SpamAssassin erstellten Header vom Typ X-Spam- und ermöglicht auch keinerlei Veränderung der Nachricht durch SpamAssassin. Um die von SpamAssassin erstellten Standardheader wiederzuerstellen, fügen Sie bitte an der entsprechenden Stelle den folgenden Code in die Datei /etc/mail/mimedefang-filter ein:

```
if ($hits >= $req) {
    action_add_header("X-Spam-Warning", "Message may be spam");
    action_add_header("X-Spam-Status", "Yes, hits=$hits required=$req");
    action_add_header("X-Spam-Report","$report");
} else {
    action_add_header("X-Spam-Status", "No");
}
```

8.3 SpamAssassin in den MTA integrieren

Wenn `mimedefang-filter` verändert wird, sollten Sie die Syntax dieser Datei stets mit dem folgenden Befehl überprüfen:

```
# mimedefang.pl -test
Filter /etc/mail/mimedefang-filter seems syntactically correct.
```

8.3.3 Postfix

Um Postfix zur Ausführung von SpamAssassin zu konfigurieren, müssen Sie Letzteren als Daemon einsetzen und die Postfix-Datei `master.cf` ändern. Bearbeiten Sie dazu die Datei, suchen Sie die Zeile, die mit `smtp    inet` beginnt, und hängen Sie den Ausdruck `-o content_filter=spamd` an das Zeilenende an:

```
smtp      inet  n       -       n       -       -       smtpd -o content_filter=spamd
```

Ergänzen Sie außerdem die folgenden Zeilen am Ende der Datei:

```
spamd unix -    n       n       -       -       pipe
  user=spam argv=/usr/bin/spamc -f
  -e /usr/sbin/sendmail -oi -f ${sender} ${recipient}
```

Ist der Text auf mehrere Zeilen verteilt, muss jede Fortsetzungszeile wie gezeigt mit Leerzeichen beginnen. Diese Änderungen an der Datei definieren einen `spamd` genannten Filter, der für jede Nachricht den `spamc`-Client ausführt, und geben außerdem an, dass der Filter für jede per SMTP eingegangene E-Mail ausgeführt werden soll.

In der letzten Zeile ist `spamd` der Name des Filters, der mit dem in der Zeile `content_filter` verwendeten Namen übereinstimmt. `user=` gibt den Benutzerkontext zum Ausführen des Programms, `argv=` das auszuführende Programm an. Die anderen Schalter werden von Procmail verwendet; es ist wichtig, dass sie vorhanden sind.

8.3.4 Exim

Um Exim für den Einsatz von SpamAssassin zu konfigurieren, muss Letzterer als Daemon ausgeführt und Exim mit einem Transport und einem Router konfiguriert werden. Um den Transport hinzuzufügen, bearbeiten Sie die Datei `exim.conf`, die sich normalerweise in `/etc/` oder `/etc/exim/` befindet. Suchen Sie in `exim.conf` den Transportabschnitt, der mit der Zeile `begin transports` anfängt, und fügen Sie unmittelbar danach die folgenden Zeilen ein:

```
# SpamAssassin transport, using spamd daemon and spamc lightweight interface
  spamassassin:
  driver = pipe
  command = /usr/sbin/exim -oMr spam-scanned -bS
  use_bsmtp = true
  transport_filter = /usr/bin/spamc
  home_directory = "/home/spam"
```

```
current_directory = "/home/spam"
user = spam
group = spam
log_output = true
return_fail_output = true
return_path_add = false
```

Stellen Sie sicher, dass die Pfade gültig sind. Die ausführbare Datei exim kann in einigen Distributionen exim4 heißen.

Suchen Sie als Nächstes in der Datei exim.conf nach einer Zeile, die den Ausdruck begin routers enthält; sie kann vor, aber auch nach der Zeile begin transports stehen.

Fügen Sie dem Routerabschnitt die folgenden Zeilen hinzu, um einen Router zu definieren:

```
aspamcheck_router:
  driver = accept
  no_verify
  check_local_user
  condition = "${if and { {!def:h_X-Spam-Level:} {!eq {$received_protocol}{spam-
              scanned}}} {1}{0}}"
  transport = spamassassin
```

Der Name des Routers lautet spamcheck_router. Die Routerdefinition enthält eine Folge von Zeilen mit Schaltern oder Wertzuweisungen.

> **Hinweis**
>
> Die Reihenfolge der Router ist wichtig, da sie einer nach dem anderen aufgerufen werden. Daher ist es am besten, SpamAssassin hinter allen Routern einzutragen, die Nachrichten an andere Rechner weiterleiten, und das Programm nur für lokale E-Mail auszuführen.

Exim braucht nicht neu gestartet zu werden. Zur Überprüfung senden Sie eine Testnachricht.

8.3.5 qmail

Der einfachste Weg, SpamAssassin mit qmail auszuführen, besteht in der Verwendung des Virenscanners *ClamAV*, sofern es keinen bestimmten Grund gibt, der gegen den Gebrauch eines Virenscanners spricht. SpamAssassin muss als Daemon konfiguriert sein.

Sie erhalten ClamAV unter dem URL *http://www.clamav.net*. Im Allgemeinen sind vorkompilierte Binärdateien erhältlich und auf der ClamAV-Website aufgeführt. Um sicherzustellen, dass in ClamAV die Unterstützung für SpamAssassin eingebaut ist, empfehlen wir, es aus den Quelldateien zu erstellen. Details zu weiteren möglichen Abhängigkeiten erhalten Sie in der Dokumentation zu ClamAV.

> **Hinweis**
>
> Es ist wichtig, dass SpamAssassin vor ClamAV installiert wird, da sich ClamAV bei der Erstellung automatisch für die Verwendung von SpamAssassin konfiguriert, sofern Letzterer vorhanden ist.

Um qmail zur Verwendung von ClamAV zu konfigurieren, muss die Datei `tcp.smtp` (in einigen Installationen auch `smtp.rules` genannt) modifiziert werden, die sich in der Regel im Verzeichnis `/etc` oder `/etc/tcpserver` befindet. Der Inhalt der Datei sollte wie folgt oder ähnlich lauten:

```
127.0.0.1:allow,RELAYCLIENT="",RBLSMTPD=""
192.168.16.:allow,RELAYCLIENT="",RBLSMTPD=""
```

Fügen Sie die folgende Zeile hinzu:

```
:allow, QMAILQUEUE="/var/qmail/bin/qmail-scanner-queue.pl"
```

Der Pfad zu `/var/qmail/bin/qmail-scanner-queue.pl` muss gültig sein. Diese Datei wird zusammen mit ClamAV installiert und kann mit folgendem Kommando aufgefunden werden:

```
# find / -name qmail-scanner-queue.pl
```

Die Zeilen in dieser Datei geben die Aktion an, die für eine Verbindung von einem bestimmten Rechner oder Subnetz ausgeführt wird.

Das erste Feld vor dem Doppelpunkt ist eine IP-Adresse oder ein Subnetz. Nach dem Doppelpunkt steht die Aktion, die ausgeführt wird, wenn eine SMTP-Verbindung von einer damit übereinstimmenden Adresse aus hergestellt wird. Die zusätzliche Zeile ruft den ClamAV-Scanner auf, der wiederum SpamAssassin unter Verwendung von `spamc` und `spamd` aufruft.

8.4 Test und Fehlerbehebung

Um zu überprüfen, ob SpamAssassin einwandfrei funktioniert, senden Sie eine E-Mail an einen Benutzer, für den eine Spam-Filterung durchgeführt wird. Ist die

E-Mail eingegangen, untersuchen Sie die Header. Sie sollten Zeilen ähnlich der folgenden finden:

```
X-Spam-Checker-Version: SpamAssassin 3.00 (2004-07-20) on mta.domain.com
X-Spam-Level:
X-Spam-Status: No, hits=0.9 required=4.0 tests=BAYES_00,DATE_IN_PAST_96_XX,
    NO_REAL_NAME,RCVD_IN_SORBS autolearn=no version=2.63
```

Sind solche Zeilen vorhanden, wurde SpamAssassin korrekt ausgeführt. Kam die E-Mail nicht an oder sind keine zusätzlichen Header eingefügt, ist die Überprüfung durch SpamAssassin fehlgeschlagen.

Zur Analyse des Problems können Sie mehrere Tests durchführen. Einige wurden in Kapitel 6 im Abschnitt »Die Installation überprüfen« beschrieben. Auch die folgenden Abschnitte behandeln die Fehlerbehebung bei SpamAssassin.

8.4.1 Überprüfen des MTA

Wurde die E-Mail überhaupt nicht zugestellt, überprüfen Sie mit dem Kommando `ps -ef`, ob der MTA ausgeführt wird. Die Ergebnisse sollten zur Filterung über eine Pipe an das Hilfsprogramm `grep` weitergeleitet werden. Dabei findet z. B. der Befehl `ps -ef |grep postfix` alle Postfix-Prozesse.

Wenn der Start des MTA aus dem Initialisierungsskript heraus fehlschlägt, liegt ein schwerwiegendes Konfigurationsproblem vor, das die Untersuchung der Protokolldateien erfordert.

Wird der MTA ausgeführt, versuchen Sie, per `telnet` eine Verbindung zu Port 25 (SMTP) aufzunehmen, um wie folgt eine E-Mail an den lokalen Rechner zu schicken:

```
# telnet localhost 25
Trying 127.0.0.1...
Connected to localhost.
Escape character is '^]'.
220 sendmail.domain.com ESMTP Sendmail 8.12.10/8.12.9; Wed, 28 Apr 2004 13:11:19 GMT
MAIL FROM: root@localhost
250 2.1.0 root@localhost... Sender ok
RCPT TO: user1@locahost
250 2.1.5 user1@locahost... Recipient ok
DATA
354 Enter mail, end with "." on a line by itself
Subject: Test from port 25
Check this is received. First message. Sent at hh:mm on dd/mm/yy
250 2.0.0 i3SDBJUa004648 Message accepted for delivery
^]
telnet> q
Connection closed.
```

8.4 Test und Fehlerbehebung

> **Hinweis**
>
> Wenn Sie Nachrichten zur Fehlersuche verschicken, sollten Sie die genaue Zeitangabe und ein Unterscheidungsmerkmal wie »/etc/procmailrc verändert, um spamassassin auszuführen« verwenden, um die Test-E-Mails zu kennzeichnen. Es ist nicht ungewöhnlich, dass Sie nach dem Beheben eines Konfigurationsproblems jede Menge liegen gebliebener Test-E-Mails erhalten.

Erhalten Sie nach dem Absenden der E-Mail den Statuscode 250, wurde sie akzeptiert. Suchen Sie dann in den Protokolldateien des MTA nach Informationen über den Fortschritt der Auslieferung. Ein anderer Status kann erklären, warum die E-Mail nicht angenommen wurde. (Z. B. besagt der Status 552, dass das Postfach des Empfängers voll ist.)

Nachdem Sie die Antwort erhalten haben, geben Sie bitte in der Telnet-Sitzung die Tastenkombination ⌈Strg⌉ + ⌈]⌉ ein, um die Eingabeaufforderung telnet> zu erhalten, und dann ein ⌈q⌉, um die Sitzung zu verlassen. Die folgende Ausgabe zeigt einen fehlgeschlagenen Versuch, eine Telnet-Sitzung zu Port 25 aufzubauen:

```
# telnet localhost 25
Trying 127.0.0.1...
telnet: Unable to connect to remote host: Connection refused
```

In diesem Fall kann das Problem die folgenden Ursachen haben, auch wenn möglicherweise einige MTA-Prozesse ausgeführt werden:

- Der an Port 25 lauschende Prozess ist nicht aktiv.
- Der Standardwert 25 für den Port wurde geändert.
- Eine Firewall blockiert den Zugang zum Port.

Die Protokolldateien können wertvolle Informationen zur Diagnose enthalten. Wenn es beim Systemstart Probleme im Verhalten des Systems gibt, sind sie oft die einzige Quelle zur Fehleranalyse. Enthalten sie zu wenig Informationen, kann bei einigen MTAs der Grad der Protokollierung eingestellt werden. Ändern Sie in diesem Fall den Protokollierungsgrad, starten Sie den MTA neu und wiederholen Sie den Test.

8.4.2 Weiterführende Diagnose

Enthält die ausgelieferte E-Mail keine Header von SpamAssassin, überprüfen Sie, ob in den Konfigurationsdateien des MTA der Pfad zu SpamAssassin korrekt angegeben ist.

Stellen Sie außerdem sicher, dass der Testbenutzer SpamAssassin ausführen kann – verwenden Sie dazu das Kommando su -s /bin/sh testkonto (Sie haben ja als Default-Shell /bin/false definiert!) oder melden Sie sich mit dem Testkonto an und führen Sie

SpamAssassin aus. Wenn Sie das Programm gestartet haben, geben Sie etwas Text und die Tastenkombination [Strg] + [D] ein.

```
$ /usr/bin/spamassassin
Subject: Test
^d
Created user preferences file: /home/user1/.spamassassin/user_prefs
Subject: Test
X-Mail-Format-Warning: Bad RFC2822 header formatting in no body
X-Spam-Checker-Version: SpamAssassin 2.60 (1.212-2003-09-23-exp) on
        machine.domain.com
X-Spam-Level: **
X-Spam-Status: No, hits=2.9 required=5.0 tests=DATE_MISSING,FROM_NO_LOWER
        autolearn=no version=2.60
```

SpamAssassin wurde im oben dargestellten Beispiel korrekt ausgeführt und hat die E-Mail verarbeitet. Wird jedoch ein Fehler ausgegeben, können Sie die Fehlermeldung zur Diagnose des Problems heranziehen. Im folgenden Beispiel fehlt ein erforderliches Modul oder ist beschädigt. Die offensichtliche Lösung besteht darin, File::Spec aus dem CPAN zu installieren.

```
$ spamassassin
Can't locate File/Spec.pm in @INC (@INC contains: /etc/perl
/usr/lib/perl5/site_perl/5.8.2/i686-linux /usr/lib/perl5/site_perl/5.8.2
/usr/lib/perl5/site_perl/5.8.0/i686-linux /usr/lib/perl5/site_perl/5.8.0
/usr/lib/perl5/site_perl /usr/lib/perl5/vendor_perl/5.8.2/i686-linux
/usr/lib/perl5/vendor_perl/5.8.2 /usr/lib/perl5/vendor_perl
/usr/lib/perl5/5.8.2/i686-linux /usr/lib/perl5/5.8.2 /usr/local/lib/site_perl
/usr/lib/perl5/site_perl/5.8.0/i686-linux /usr/lib/perl5/site_perl/5.8.0) at
/usr/bin/spamassassin line 24.
BEGIN failed--compilation aborted at /usr/bin/spamassassin line 24.
```

8.5 Spam zurückweisen

MTAs können E-Mail-Nachrichten zurückweisen, und zwar dann, wenn es den Versuch einer unerlaubten Übertragung gibt oder die Empfängeradresse ungültig ist. Hat SpamAssassin eine an einen gültigen Empfänger adressierte E-Mail verarbeitet und als Spam gekennzeichnet, können mehrere Aktionen ausgeführt werden:

- Die Nachricht kann an den lokalen Benutzer ausgeliefert werden, der sie mit Hilfe von Procmail oder einem E-Mail-Client filtert. Dieses Vorgehen benötigt Rechenzeit und Speicherkapazität und erfordert von den Benutzern eine gelegentliche Durchsicht des Spam-Postfachs, um eine fälschlicherweise als Spam gekennzeichnete Nachricht doch noch abzurufen.

- Die Nachricht kann stillschweigend gelöscht werden, so dass der Empfänger sie nicht erhält und der Absender (sofern gültig) nicht erfährt, dass sie nicht zugestellt wurde. Das stillschweigende Löschen von Spam sollte nur in Betracht gezogen werden, wenn Sie nicht als Provider für Dritte E-Mail-Funktionen zur Verfügung stellen. Ist dies doch der Fall, sind Sie verpflichtet sämtliche E-Mails zuzustellen. Lediglich eine Markierung ist dann erlaubt.

- Die Nachricht kann bei der Zustellung zurückgewiesen werden. Der Absender erhält dann eine so genannte »Bounce-Nachricht«. Dieser Vorgang benötigt weniger Rechenzeit als die Auslieferung der Nachricht an den Benutzer und erfordert keinen Speicherplatz. Handelt es sich bei der E-Mail nicht um Spam, erhält der Absender die Bounce-Nachricht mit der ursprünglichen E-Mail, so dass er erfährt, dass die Nachricht nicht zugestellt wurde und er entsprechend darauf reagieren kann.

> **Exkurs: Automatisches Löschen und Melden von Spam**
>
> In Deutschland gibt es seit einiger Zeit Gesetze, die die Filterung und auch die Veränderung von E-Mail bestimmen. Der § 206 des Strafgesetzbuches (StGB) regelt die Verletzung des Post und Fernmeldegeheimnisses:
>
> *§ 206 Verletzung des Post- oder Fernmeldegeheimnisses*
> *(1) Wer unbefugt einer anderen Person eine Mitteilung über Tatsachen macht, die dem Post- oder Fernmeldegeheimnis unterliegen und die ihm als Inhaber oder Beschäftigtem eines Unternehmens bekannt geworden sind, das geschäftsmäßig Post- oder Telekommunikationsdienste erbringt, wird mit Freiheitsstrafe bis zu fünf Jahren oder mit Geldstrafe bestraft.*
> *(2) Ebenso wird bestraft, wer als Inhaber oder Beschäftigter eines in Absatz 1 bezeichneten Unternehmens unbefugt eine Sendung, die einem solchen Unternehmen zur Übermittlung anvertraut worden und verschlossen ist, öffnet oder sich von ihrem Inhalt ohne Öffnung des Verschlusses unter Anwendung technischer Mittel Kenntnis verschafft,*
> *eine einem solchen Unternehmen zur Übermittlung anvertraute Sendung unterdrückt oder*
> *eine der in Absatz 1 oder in Nummer 1 oder 2 bezeichneten Handlungen gestattet oder fördert.*
> *(3) Die Absätze 1 und 2 gelten auch für Personen, die*
> *Aufgaben der Aufsicht über ein in Absatz 1 bezeichnetes Unternehmen wahrnehmen,*
> *von einem solchen Unternehmen oder mit dessen Ermächtigung mit dem Erbringen von Post- oder Telekommunikationsdiensten betraut sind oder*
> *mit der Herstellung einer dem Betrieb eines solchen Unternehmens dienenden Anlage oder mit Arbeiten daran betraut sind.*

> (4) Wer unbefugt einer anderen Person eine Mitteilung über Tatsachen macht, die ihm als außerhalb des Post- oder Telekommunikationsbereichs tätigem Amtsträger auf Grund eines befugten oder unbefugten Eingriffs in das Post- oder Fernmeldegeheimnis bekannt geworden sind, wird mit Freiheitsstrafe bis zu zwei Jahren oder mit Geldstrafe bestraft.
>
> (5) Dem Postgeheimnis unterliegen die näheren Umstände des Postverkehrs bestimmter Personen sowie der Inhalt von Postsendungen. Dem Fernmeldegeheimnis unterliegen der Inhalt der Telekommunikation und ihre näheren Umstände, insbesondere die Tatsache, ob jemand an einem Telekommunikationsvorgang beteiligt ist oder war. Das Fernmeldegeheimnis erstreckt sich auch auf die näheren Umstände erfolgloser Verbindungsversuche.

Noch wichtiger ist der § 303a StGB:

> § 303a Datenveränderung
>
> (1) Wer rechtswidrig Daten (§ 202a Abs. 2) löscht, unterdrückt, unbrauchbar macht oder verändert, wird mit Freiheitsstrafe bis zu zwei Jahren oder mit Geldstrafe bestraft.
>
> (2) Der Versuch ist strafbar.

Nun ist es für Sie wichtig zu wissen, ob diese Gesetze auf Ihren Einsatz anzuwenden sind. Dies wird in den Paragraphen 3 und 88 des Telekommunikationsgesetzes geregelt:

> §3 Begriffsbestimmungen (Auszug)
>
> Im Sinne dieses Gesetzes ist oder sind
>
> ...
>
> 6. »Diensteanbieter« jeder, der ganz oder teilweise geschäftsmäßig
> a) Telekommunikationsdienste erbringt oder
> b) an der Erbringung solcher Dienste mitwirkt;
>
> ...
>
> 10. »geschäftsmäßiges Erbringen von Telekommunikationsdiensten« das nachhaltige Angebot von Telekommunikation für Dritte mit oder ohne Gewinnerzielungsabsicht;
>
> ...
>
> 22. »Telekommunikation« der technische Vorgang des Aussendens, Übermittelns und Empfangens von Signalen mittels Telekommunikationsanlagen;
>
> ...

8.5 Spam zurückweisen

> 22. »Telekommunikationsanlagen« technische Einrichtungen oder Systeme, die als Nachrichten identifizierbare elektromagnetische oder optische Signale senden, übertragen, vermitteln, empfangen, steuern oder kontrollieren können;
>
> § 88 Fernmeldegeheimnis (Auszug)
>
> (1) Dem Fernmeldegeheimnis unterliegen der Inhalt der Telekommunikation und ihre näheren Umstände, insbesondere die Tatsache, ob jemand an einem Telekommunikationsvorgang beteiligt ist oder war. Das Fernmeldegeheimnis erstreckt sich auch auf die näheren Umstände erfolgloser Verbindungsversuche.
>
> (2) Zur Wahrung des Fernmeldegeheimnisses ist jeder Diensteanbieter verpflichtet. Die Pflicht zur Geheimhaltung besteht auch nach dem Ende der Tätigkeit fort, durch die sie begründet worden ist.

Unglücklicherweise verwenden die meisten Versender von Spam gefälschte Absenderadressen. Das bedeutet, dass die meisten Bounce-Nachrichten an unschuldige Personen gesendet werden. Aus diesem Grund wird das Zurückweisen von Spam nicht empfohlen. Wenn gewünscht, kann es jedoch durchgeführt werden.

Die einfachste Methode dafür bietet Procmail. Wenn SpamAssassin die E-Mail verarbeitet hat, sorgt das folgende Rezept dafür, dass der MTA sie mit der Fehlermeldung »user not found« zurückweist:

```
:0
* ^X-Spam-Status:.*Yes
{
/dev/null
EXITCODE=67
}
```

Dieses Rezept setzt die Variable `EXITCODE`. Trägt sie den Wert 67, weist Procmail den MTA an, mit der Fehlermeldung »user not found« (SMTP-Code 550) zu antworten. Die E-Mail wird dann an `/dev/null` ausgeliefert, was gleichbedeutend mit dem Löschen der Nachricht ist. Spam wird also nicht aufbewahrt.

Oftmals ist es wünschenswert, Spam nicht zu löschen, um den Bayes-Lernvorgang (Kapitel 9) und die Wertung (Kapitel 13) zu unterstützen. Das folgende Procmail-Rezept schickt die E-Mail zurück, erstellt jedoch eine Kopie im Spam-Ordner:

```
:0
* ^X-Spam-Status:.*Yes
{
EXITCODE=67
:0:
.Spam/new
}
```

Das obige Beispiel ist eine *zusammengesetzte Procmail-Aktion*, in der mehrere Schritte in einer Aktion des Rezepts zusammengefasst sind. Die zusammengesetzte Aktion ist in geschweifte Klammern eingeschlossen.

8.6 Zusammenfassung

Es gibt verschiedene Arten, SpamAssassin auszuführen, wobei das gewählte Verfahren von den Anforderungen der Site abhängt. Jede Methode hat andere Auswirkungen auf die Leistungsfähigkeit und bietet verschiedene Grade an Flexibilität.

Für Sites mit einem niedrigen E-Mail-Aufkommen ist Procmail eine ideale Wahl. Dieses Programm kann E-Mails Site-umfassend filtern oder nach Wahl für Benutzer mit lokalen Konten eingesetzt werden. Um eine höhere Leistung zu erzielen, kann SpamAssassin in den MTA integriert werden.

Wenn gewünscht, können E-Mails bei der Zustellung zurückgewiesen werden. Das warnt einen rechtmäßigen Absender, dass seine E-Mail ausgefiltert wurde. Wenn die Spam-E-Mail jedoch eine gefälschte oder gestohlene Identität verwendet (was normalerweise der Fall ist), wird die Nachricht an einen unschuldigen Benutzer zurückgesendet. Daher sollte dieses Verfahren vermieden werden.

9 Bayes-Filterung

Der Bayes-Filter von SpamAssassin bildet eine der wirkungsvollsten Techniken zum Ausfiltern von Spam. Die statistische Bayes-Analyse ist zwar ein Zweig der Mathematik, aber Sie müssen die mathematischen Grundlagen nicht unbedingt verstehen, um den Bayes-Filter von SpamAssassin einsetzen zu können.

Bei der Bayes-Analyse muss das System darauf *trainiert* werden, dass eine bestimmte Eingabe zu bestimmten Ergebnissen führt. Zum Filtern von Spam wird dieses Training mehrfach mit vielen Spam- und Ham-E-Mails wiederholt. Wenn dem System danach eine neue E-Mail vorgeführt wird, kann es angeben, mit welcher Wahrscheinlichkeit es sich dabei um Spam handelt. Um die besten Ergebnisse zu erzielen, sollte das Training kontinuierlich fortgesetzt werden.

Um Spam-E-Mails auszufiltern, wird das System sowohl an Spam- als auch an Ham-E-Mails trainiert, bis der Filter gelernt hat, sie zu unterscheiden. Danach weist der Filter E-Mails, die ihm übergeben werden, einen Wert zu, der angibt, mit welcher Wahrscheinlichkeit es sich dabei um Spam handelt. Wenn die Bayes-Filterung zusammen mit den anderen Regeln von SpamAssassin eingesetzt wird, nähert sich das Programm einer Erkennungsquote von 100 %, wobei sich der Anteil der Fehltreffer (echte E-Mails, die fälschlicherweise als Spam eingeordnet wurden) gegen 0 % geht.

Intern errechnet das Bayes-Modul einen einzigen Wahrscheinlichkeitswert für jede verarbeitete E-Mail, wobei die Wahrscheinlichkeit von 0 (0 % Wahrscheinlichkeit dafür, dass es sich um Spam handelt) bis 99 reicht (99 % Wahrscheinlichkeit).

In diesem Kapitel liegt das Hauptgewicht auf Benutzern mit einem lokalen Konto auf dem Rechner. Ist das nicht der Fall, kann eine Bayes-Datenbank auch mit Hilfe einer SQL-Datenbank implementiert werden, wobei die Grundprinzipien von Bayes-Datenbanken auch für SQL-Bayes-Datenbanken gelten. Das Erstellen solcher Datenbanken ist Thema von Kapitel 14.

9.1 Wertung

SpamAssassin verwendet für die Bayes-Filterung dasselbe Wertungssystem wie für andere Regeln. Anstatt einen Multiplikator einzusetzen, bei dem jeder Prozentpunkt einen festen Wert zur Gesamtwertung beiträgt, werden die Wahrscheinlichkeiten in

Gruppen festgestellt und den Gruppen individuelle Werte zugewiesen. Dies erlaubt eine stärkere Flexibilität bei der Wertung.

In der Standardkonfiguration von SpamAssassin werden mehrere dieser Ebenen oder Gruppen eingerichtet, denen jeweils individuelle Werte zugeordnet sind. Die Wertzuweisungen sind dabei relativ vorsichtig – bei Wahrscheinlichkeiten zwischen 0 und 60 % sind sie vernachlässigbar, darüber hinaus tragen die Gruppen jedoch immer höhere Werte bei. Dadurch werden Fehltreffer (»False Positives«) vermieden. Es gibt keine unmittelbare Beziehung zwischen der Bayes'schen Spam-Wahrscheinlichkeit einer E-Mail und dem Wert, der der Gesamtwertung aufgrund dieser Wahrscheinlichkeit zugewiesen wird.

Die Wertungen für die Bayes-Regeln können ebenso bearbeitet werden wie die für andere Regeln. Dabei tragen die Bayes-Regeln Namen wie BAYES_00 und BAYES_10. Um die Regeln einer bestimmten Version abzurufen, verwenden Sie folgendes Kommando:

```
$ cd /usr/share/spamassassin/
$ grep "^score\WBAYES_" *.cf
score BAYES_00 0 0 -1.665 -2.599
score BAYES_05 0 0 -0.925 -0.413
score BAYES_20 0 0 -0.730 -1.951
score BAYES_40 0 0 -0.276 -1.096
score BAYES_50 0 0 1.567 0.001
score BAYES_60 0 0 3.515 0.372
score BAYES_80 0 0 3.608 2.087
score BAYES_95 0 0 3.514 2.063
score BAYES_99 0 0 4.070 1.886
```

Die Standardwertungen können bei Bedarf überschrieben werden, indem Sie alternative Wertungen hinzufügen – für eine Site-umfassende Änderung in /etc/mail/spamassassin/local.cf und für Änderungen, die nur einen einzelnen Benutzer betreffen, in ~/.spamassassin/user_prefs:

```
score BAYES_00      -1
score BAYES_80      3
score BAYES_95      4
score BAYES_99      4.5
```

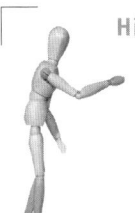

> **Hinweis**
>
> Beachten Sie den Einsatz negativer Wertungen für E-Mail-Nachrichten, die wahrscheinlich kein Spam sind.

Die Änderung der Wertungen für Regeln wird ausführlicher in Kapitel 12 beschrieben.

9.2 Training

Standardmäßig unterhält SpamAssassin auf der Festplatte eine Bayes-Datenbank für jedes Benutzerkonto, unter dem er ausgeführt wird, nicht für jeden Benutzer, dessen E-Mail er verarbeitet. Alternativ können Sie SQL verwenden, worüber Sie in Kapitel 14 mehr erfahren.

Obwohl die Bayes-Filterung standardmäßig aktiviert ist, verwendet SpamAssassin diesen Filter nicht, bevor er nicht an genügend Spam- und Ham-E-Mails trainiert ist, um bei der Verarbeitung eine Entscheidung zu treffen. SpamAssassin verfügt über eine automatische Lernfunktion, bei der E-Mails automatisch dazu herangezogen werden, den Bayes-Filter zu trainieren. Über Befehlszeilenprogramme kann der Benutzer oder Systemadministrator den Bayes-Filter auch manuell trainieren.

Um die automatische Lernfunktion zu nutzen, setzen Sie das Flag bayes_auto_learn auf 1. Sie können diese Einstellung Site-umfassend in der Datei /etc/mail/spamassassin/local.cf vornehmen und auch für einen bestimmten Benutzer diese Einstellung in dessen Datei ~/.spamassassin/user_prefs eintragen. Zwei weitere Konfigurationsflags haben ebenfalls Einfluss auf die Selbstlernfunktion und bilden die Schwellenwerte für die Unterscheidung zwischen Ham und Spam während des Trainings. Die Werte haben dieselben Einheiten wie die Wertungen für einzelne E-Mails.

```
bayes_auto_learn                     1
bayes_auto_learn_threshold_nonspam   0.1
bayes_auto_learn_threshold_spam      12.0
```

Beim automatischen Training lernt SpamAssassin jede E-Mail mit einer Wertung von weniger als bayes_auto_learn_threshold_nonspam als Ham zu erkennen und jede E-Mail mit einer Wertung größer als bayes_auto_learn_threshold_spam als Spam. Es gibt Regeln dafür, welche Wertungen bei diesen Entscheidungen nicht einbezogen werden sollen, so u.a. alle Regeln zu automatischen Whitelists (siehe Kapitel 13).

Es wird empfohlen, den Schwellenwert bayes_auto_learn_threshold_nonspam niedrig zu halten (nahe oder unter null), um zu vermeiden, dass fälschlicherweise nicht als Spam erkannte E-Mails beim Training als Beispiel für Ham verwendet werden. Die Höhe des Grenzwerts bayes_auto_learn_threshold_spam ist bis zu einem gewissen Grad Geschmackssache, obwohl er über dem Wert jeglicher früher empfangenen E-Mails liegen sollte, die Fehltreffer verursachen. Bei dem standardmäßigen Schwellenwert von 5 treten Fehltreffer auf, was möglicherweise auch noch bis zu einem Wert von 10 der Fall ist. Bei der Verwendung eines Trainingsschwellenwerts für Spam von weniger als 10 kann Ham versehentlich als Spam gelernt werden. Solange keine Fehltreffer auftreten, ist das kein Problem, aber wenn dies der Fall ist, verliert die Bayes-Datenbank an Effektivität, so dass die zukünftigen Ergebnisse der Bayes-Filterung verwässert werden.

Die automatische Lernfunktion für den Bayes-Filter erfordert einige Zeit. Normalerweise sind dazu ungefähr 200 Spam- und 200 Ham-E-Mails notwendig, wobei nicht alle Spam- und Ham-E-Mails Wertungen aufweisen, die sie für das automatische Training geeignet machen. Verlassen Sie sich niemals allein auf das automatische Training, da SpamAssassin nicht von allen Spam- oder Ham-E-Mails lernen kann. Wenn Sie dies tun, verliert das Programm dadurch an Effektivität.

Das Kommando `sa-learn` wird verwendet, um den Bayes-Filter mit E-Mail-Nachrichten zu trainieren, die Sie als Spam oder Ham manuell klassifiziert haben. Die Installationsroutine von SpamAssassin platziert `sa-learn` normalerweise in dem Pfad /usr/bin/sa-learn.

Dieses Kommando wird an der Befehlszeile ausgeführt, wobei ihm ein Verzeichnis, eine Datei oder eine Reihe von Dateien übergeben wird. Bei der Verwendung des Formats maildir können ein oder mehrere Verzeichnisse wie folgt übergeben werden:

```
$ sa-learn --ham ~/.maildir/.Trash/cur/ ~/.maildir/cur
Learned from 75 message(s) (175 message(s) examined).
```

Für das Format mbox sollten Sie den Schalter mbox verwenden, so dass SpamAssassin die Datei nach mehr als einer E-Mail durchsucht:

```
$ sa-learn --mbox --spam ~/mbox/spam ~/mbox/bad-spam
Learned from 75 message(s) (175 message(s) examined).
```

Wenn SpamAssassin bereits von einer E-Mail gelernt hat, erkennt `sa-learn` dies und verarbeitet sie nicht ein zweites Mal. Im obigen Beispiel wurden 100 von 175 E-Mails bereits zuvor verarbeitet (entweder durch die Selbstlernfunktion oder durch einen früheren Aufruf von `sa-learn`) und in diesem Durchlauf ignoriert. Die restlichen 75 E-Mails waren noch nicht verarbeitet.

Werden `sa-learn` mehrere E-Mails übergeben, kann es eine gewisse Zeit lang keine Rückmeldung vom Computer geben. Bei Verwendung des Schalters `--showdots` wird bei der Verarbeitung von E-Mails eine Reihe von Punkten angezeigt:

```
$ sa-learn --spam --showdots ~/.SPAM/cur ~/.SPAM/new
......................
Learned from 20 message(s) (25 message(s) examined).
```

9.3 Ist der Filter aktiv?

Nachdem SpamAssassin mit ausreichend Spam- und Ham-E-Mails trainiert wurde, führt er die Bayes-Tests automatisch durch, falls diese Funktion aktiviert ist. Allerdings erhält nicht jede E-Mail eine Bayes-Wertung, da das Bayes-Teilsystem nur dann eine Wahrscheinlichkeit vergibt, wenn es eine begründete Schätzung durchführen kann. Dazu muss es Wörter (genauer gesagt, *Token*) erkennen, die es bereits in früheren Spam- oder Ham-E-Mails vorgefunden hat. Eine Möglichkeit, um zu bestätigen, dass der Bayes-Filter aktiv ist, besteht darin, die Header der verarbeiteten E-Mails zu untersuchen und nach den Ergebnissen eines `BAYES_`-Tests zu suchen. Der Header `X-Spam-Status` einer E-Mail kann wie folgt aussehen:

```
X-Spam-Status: No, hits=3.5 required=4.0 tests=BAYES_50,DATE_IN_PAST_03_06,
    RCVD_IN_RFCI,RCVD_IN_SBL autolearn=no version=3.00
```

Dieser Header führt neben anderen Angaben alle Tests auf, die die E-Mail durchlaufen hat. In diesem Beispiel war es der Test `BAYES_50`, der eine Wahrscheinlichkeit von 50 % dafür ausgegeben hat, dass es sich bei der E-Mail um Spam handelt. Wenn im Header einer E-Mail `BAYES_`-Tests aufgeführt werden, ist der Bayes-Filter aktiv. Header werden in Kapitel 10 genauer beschrieben.

9.4 Filtertraining

Da Spam einem ständigen Wandel unterliegt, muss der Bayes-Filter stets auf dem neuesten Stand gehalten werden. Bedenken Sie bei der Verwendung der automatischen Lernfunktion von SpamAssassin jedoch folgende Punkte:

- Die automatische Trainingsfunktion sollte so eingerichtet sein, dass sie nur von E-Mails lernt, die eindeutig Ham oder Spam sind, aber nicht von denen, die zwischen den beiden Schwellenwerten für das Training liegen. Andererseits kann SpamAssassin E-Mails mit sehr niedrigen oder sehr hohen Wertungen auch sehr leicht ohne Bayes-Filterung erkennen. Es ist gerade das Mittelfeld, in dem der Bayes-Filter die größte Hilfe bietet. Solche E-Mails aus dem Lernprozess herauszunehmen, verringert daher die Effektivität des Bayes-Filters.

- Wenn Sie sich ausschließlich auf die automatische Trainingsfunktion verlassen, besteht die Gefahr, dass E-Mails falsch eingeordnet werden. Wenn SpamAssassin Spam als Ham erkennen lernt oder umgekehrt, wird dies alle zukünftigen Ergebnisse der Bayes-Filterung beeinträchtigen.

Aus diesen Gründen sollten Sie ein regelmäßiges manuelles Training durchführen.

Es ist wichtig, SpamAssassin von einer breiten Auswahl aus sowohl Spam- als auch Ham-E-Mails lernen zu lassen. Falls dies nicht geschieht, wird der Bayes-Filter wirkungslos. Ein manueller Lernprozess sollte wöchentlich oder noch häufiger durchgeführt werden.

9.4.1 Benutzereingriff

Nur der Benutzer kann genau erkennen, ob es sich bei einer E-Mail um Spam oder Ham handelt. Um sicherzustellen, dass Spam-E-Mails nicht fälschlicherweise als Ham gekennzeichnet werden, sollten Sie das folgende Verfahren einführen:

1. Wenn ein Benutzer Spam in seinem Posteingang empfängt, sollte er diese Nachrichten nicht löschen, sondern in einen eigenen Ordner für nicht erkannte Spam-E-Mails verschieben. Auf diese Weise wird sichergestellt, dass sich im Posteingang nur Ham und im Spam-Ordner nur nicht erkannte Spam-Nachrichten befinden.
2. Führen Sie in regelmäßigen Abständen `sa-learn` für diesen Benutzer aus und verwenden Sie dazu die E-Mails im Ordner mit nicht erkannten Spam-Nachrichten.
3. Da sich alle empfangenen Spam-E-Mails im Spam-Ordner befinden, kann der Inhalt des Posteingangs und aller anderen Ordner für `sa-learn` als Ham eingesetzt werden.
4. Wenn Spam-E-Mail automatisch gefiltert und in einen anderen Ordner geleitet wird, sollten die Benutzer den Inhalt überprüfen, bevor Sie `sa-learn` für diesen Ordner ausführen. Fälschlicherweise als Spam bezeichnete E-Mails sollten in einen eigenen Ordner verschoben und für sich mit `sa-learn` gelernt werden.
5. Archivieren oder löschen Sie den Inhalt der Ordner, von denen SpamAssassin gelernt hat.

Wenn der Benutzer Schritt 1 zuverlässig täglich durchführt, können die Schritte 2 und 3 im täglichen oder wöchentlichen Abstand automatisiert werden, sofern der Benutzer tatsächlich seine E-Mails überprüft und sich nicht im Urlaub befindet. Schritt 4 muss manuell durchgeführt werden, kann für den Benutzer aber durch eine Verringerung des zu überprüfenden Spam-Aufkommens deutlich vereinfacht werden. Kapitel 15 beschreibt, wie Sie Spam nach den Wertungen für die einzelnen E-Mails auf verschiedene Ordner verteilen. Das verringert die Anzahl der E-Mails, die der Benutzer überprüfen muss.

9.4.2 Lokale Benutzer

Benutzer, die über `telnet` oder `ssh` Verbindung zum Hostrechner aufnehmen können, sind in der Lage, auf die Kommandozeile zuzugreifen, um Spam- und Ham-E-Mails unmittelbar zu kennzeichnen. Wenn sie einen E-Mail-Client auf dem Host verwenden, können sie ihn so konfigurieren, dass er einen Befehl ausführt und damit `sa-learn` direkt aufruft.

Pine ist ein textbasierter E-Mail-Client, der auf *http://www.washington.edu/pine/* erhältlich ist. Mit dem Zeichen »|« (senkrechter Strich oder Pipe) kann er so konfiguriert werden, dass er beim Lesen von E-Mails ein Kommando ausführt. Sie müssen Pine ausdrücklich zur Ausführung solcher Befehle einrichten, indem Sie auf der Seite `settings` im Abschnitt `config` den Parameter `enable-unix-pipe-command` setzen. Danach fragt Pipe nach dem Kommando:

```
Pipe message 1 to :
```

Der Benutzer gibt dann das folgende Kommando ein:

```
Pipe message 1 to :  sa-learn --ham --no-sync
```

9.4 Filtertraining

Pine antwortet mit dem Ergebnis dieses Befehls:

```
Learned from 1 message(s) (1 message(s) examined).
```

Dadurch wird die betreffende E-Mail als Ham gelernt. Der Schalter `--no-sync` verzögert die zeitintensive Neuerstellung der Bayes-Datenbank, wodurch die Kontrolle schneller an den Mail-Client zurückgegeben wird. In früheren SpamAssassin-Versionen als 3.0 sollten Sie stattdessen den Schalter `--norebuild` verwenden. SpamAssassin fügt den Eintrag zur Datenbank `bayes_journal` hinzu, bis die Daten in die Bayes-Hauptdatenbank übernommen werden können. Die Datenbank nicht neu aufzubauen kann die Effizienz nachfolgender Abfragen verringern, so dass Sie später das Kommando `sa-learn` mit dem Schalter `--sync` ausführen sollten, um sicherzustellen, dass die Daten in die Bayes-Hauptdatenbank übernommen und die Effizienz wieder gesteigert wird.

> **Hinweis**
>
> In früheren Versionen von SpamAssassin als 3.0 müssen Sie anstelle von `--sync` den Schalter `--rebuild` verwenden.

```
$ sa-learn --sync
synced Bayes databases from journal in 0 seconds: 925 unique entries (1115 total entries)
```

Mit dem folgenden Eintrag können Sie diesen Befehl zu einer täglichen oder stündlichen cron-Aufgabe hinzufügen. Dabei wird `sa-learn --sync` jeweils fünf Minuten nach der vollen Stunde ausgeführt:

```
5 * * * * /usr/bin/sa-learn --sync
```

9.4.3 Verlernen

Wenn eine E-Mail fälschlicherweise als Ham oder Spam gelernt wurde, kann dies mit dem Schalter `--forget` von `sa-learn` rückgängig gemacht werden. Dadurch wird der Lernprozess umgekehrt, so dass die Nachricht danach als der gegenteilige Typ neu gelernt werden kann. Um eine E-Mail auf diese Weise zu verlernen, muss sie sich in einem eigenen `mbox`- oder `maildir`-Ordner befinden. Der Befehl für die Verarbeitung eines Ordners im `mbox`-Format, bei dem sich die E-Mail im Ordner `unlearn` befindet, lautet wie folgt:

```
$ sa-learn --forget --mbox /path/to/unlearn
Learned from 8 message(s) (9 message(s) examined).
```

Bei einer `maildir`-Konfiguration kann der gesamte Ordner mit Hilfe von Jokerzeichen »verlernt« werden:

```
$ sa-learn --forget /path/to/.maildir/unlearn/cur/*
Learned from 8 message(s) (9 message(s) examined).
```

9.4.4 Schwellenwerte für den automatischen Lernvorgang

Die Schwellenwerte für den automatischen Lernvorgang können sowohl Site-umfassend als auch für einzelne Benutzer geändert werden. Die Site-umfassende Konfiguration nehmen Sie in der Datei `etc/mail/spamassassin/local.cf` vor, wobei diese Einstellung für einzelne Benutzer in ihrer jeweiligen `user_prefs`-Datei überschrieben werden kann:

```
bayes_auto_learn_threshold_nonspam    0.1
bayes_auto_learn_threshold_spam      12.0
```

9.4.5 Bayes-Datenbankdateien

Wenn SpamAssassin für jeden Benutzer einzeln ausgeführt wird, hat jeder von ihnen seine eigene Datenbank, die nur Erkenntnisse über die Arten von Spam widerspiegelt, die der Betreffende empfängt. Die Datenbanken werden jeweils in `~/.spamassassin/` gespeichert.

Wird SpamAssassin für alle Benutzer unter einem einzigen Systemkonto ausgeführt, entweder über den MTA oder über globales `procmailc` oder `spamd`, gibt es nur eine Bayes-Datenbank für alle Benutzer, die sich im Pfad `~/.spamassassin/` des verwendeten Kontos befindet.

Die Bayes-Datenbank von SpamAssassin wächst nicht unkontrolliert. SpamAssassin behält den Überblick über die verschiedenen Wörter, die er gelernt hat, und auch darüber, wann er sie gelernt hat, und entfernt alte Einträge automatisch, um Platz für neue zu machen. Diese Funktion wird *Auto-Expiry* (automatischer Ablauf der Gültigkeit) genannt. Sie können sie ausschalten, indem Sie den Wert von `bayes_auto_expire` von 1 auf 0 setzen:

```
bayes_auto_expire 0
```

SpamAssassin führt die Bayes-Datenbank in Form von drei Dateien innerhalb des Verzeichnisses `.spamassassin` im Home-Verzeichnis des Benutzers. Als Format dient gewöhnlich das Berkeley DB-Format:

```
bayes_journal
bayes_seen
bayes_toks
```

Die Datei `bayes_journal` dient als temporärer Speicher und ist manchmal gar nicht vorhanden. Sie ist im Allgemeinen relativ klein und umfasst um die 10 Kilobyte, während die Dateien `bayes_seen` und `bayes_toks` mehrere Megabyte groß werden können.

Um die Höchstzahl der Tokens anzugeben, die in der Datenbank gespeichert werden sollen, können Sie den Konfigurationsparameter `bayes_expiry_max_db_size` ändern. Dieser Parameter gibt jedoch keine absolute Dateigröße an. Der Standardwert 150.000 führt gewöhnlich zu einer Datenbankgröße von ungefähr 6 Megabyte.

9.4.6 Eine Bayes-Datenbank entfernen

Eine Bayes-Datenbank kann beschädigt werden oder unzuverlässige Daten enthalten. Dies kann geschehen, wenn viele Ham-E-Mails als Spam gelernt wurden oder umgekehrt und das Bayes-Teilsystem von SpamAssassin infolgedessen falsche Ergebnisse liefert. Wenn es kein Protokoll der E-Mails gibt, die falsch verarbeitet wurden, und der Bayes-Filter fehlerhaft arbeitet, ist es am besten, die Datenbank zu entfernen und von vorn zu beginnen.

Um eine Bayes-Datenbank zu entfernen, müssen Sie alle Dateien mit der Bezeichnung `bayes_*` im Verzeichnis `~/.spamassassin/` des Benutzers löschen (oder archivieren).

Wenn eine Bayes-Datenbank gelöscht wurde, erzeugt SpamAssassin sie neu, falls die automatische Lernfunktion aktiviert ist oder das Kommando `sa-learn` verwendet wird. Es ist ratsam, `sa-learn` einzusetzen, um den Bayes-Filter so schnell wie möglich zu trainieren.

9.4.7 Eine Bayes-Datenbank gemeinsam nutzen

Die gemeinsame Nutzung einer Datenbank hat Vor- und Nachteile. Zu den Nachteilen zählen folgende:

- Eine große Datenbank braucht ein wenig mehr Zeit, um von E-Mails zu lernen und diese zu verarbeiten. Dadurch wird SpamAssassin im alltäglichen Gebrauch leicht und bei Aufgaben wie umfangreichen Trainingsvorgängen mit `sa-learn` beträchtlich verlangsamt.

- Die Spam- und Ham-E-Mails, die ein Benutzer empfängt, ändern den Inhalt der Bayes-Datenbank. Dabei kann es jedoch zu Überschneidungen kommen, wenn einige Wörter bei einem Benutzer auf Ham und gleichzeitig bei einem anderen auf Spam hinweisen. Wenn Benutzer eine einzige Bayes-Datenbank gemeinsam verwenden, wird dadurch die Wirksamkeit des Bayes-Teilsystems im Allgemeinen verringert.

Die gemeinsame Nutzung einer Datenbank weist aber folgende Vorteile auf:

- Diese Vorgehensweise bietet einen gewissen Schutz gegen neue Spam-Varianten. Wenn Spammer eine neue Technik entwickeln, kann das größere Volumen von

E-Mails, die einer gemeinsamen Datenbank übergeben werden, dazu führen, dass der Filter diese neue Technik schneller lernt.

- Bei einem geringen E-Mail-Aufkommen ist eine gemeinsame Datenbank wirkungsvoller als einzelne Datenbanken, die nicht häufig genug aktualisiert werden können, damit das Bayes-Teilsystem sinnvoll arbeitet.

Die beste Vorgehensweise besteht darin, einzelne Datenbanken für jeden Benutzer zu verwenden. Wenn alle Benutzer dieselbe SpamAssassin-Konfiguration einsetzen, z.B. wenn das Programm in den Mailer integriert ist und stets unter demselben Benutzerkonto läuft, wird eine gemeinsame Bayes-Datenbank verwendet.

Wenn SpamAssassin für einzelne Benutzer ausgeführt wird, die eine einzige Bayes-Datenbank gemeinsam nutzen, sollten sich die Datenbankdateien in einem gemeinsamen Verzeichnis befinden und von allen Benutzern beschreibbar sein, z.B. mit den folgenden Kommandos:

```
# groupadd bayes_users
# mkdir /var/spool/bayes_db
# chown root:bayes_users /var/spool/bayes_db
# chmod 0770 /var/spool/bayes_db
```

Fügen Sie die entsprechenden Benutzer zur Gruppe `bayes_users` hinzu.

Überschreiben Sie den Standardort für die Bayes-Datenbank, entweder global in /etc/mail/spamassassin/local.cf oder für jeden einzelnen Benutzer in ~/.spamassassin/user_prefs.

```
bayes_path       /var/spool/bayes_db/bayes
bayes_file_mode  0770
```

> **Hinweis**
>
> Der Pfad sollte einen zusätzlichen Teil des Dateinamens enthalten. Die eigentlichen Dateien werden durch Hinzufügen von _journal, _seen und _toks an den Pfad erstellt.

Um die Konfiguration zu testen, muss jeder Benutzer `sa-learn` mit dem Schalter `-D` ausführen. Jegliche Fehler werden auf der Kommandozeile ausgegeben.

```
$ sa-learn -D --spam ~/.maildir/.SPAM/new/
bayes expire_old_tokens: lock: 29610 cannot create tmp lockfile
/var/spool/bays_db/bayes.lock.hostname.domain.com.29610 for
/var/spool/bays_db/bayes.lock: No such file or directory
```

In diesem Beispiel hat der Benutzer die Datei user_prefs nicht korrekt bearbeitet, so dass der Pfad zur Bayes-Datenbank nicht stimmt.

Nachdem die Bayes-Datenbank mit Hilfe von sa-learn ausreichend trainiert worden ist, sollten Sie wie weiter vorn beschrieben sicherstellen, dass E-Mails gekennzeichnet werden.

9.5 Die Bayes-Filterung deaktivieren

Um die Bayes-Filterung zu deaktivieren, setzen Sie use_bayes auf 0 – global in /etc/mail/spamassassin/local.cf und für jeden einzelnen Benutzer in ~/.spamassassin/user_prefs:

```
use_bayes 0
```

Schalten Sie neben den BAYES_*-Regeln auch die automatische Lernfunktion von Spam-Assassin ab. Diese Einstellung befindet sich in der Datei /usr/share/spamassassin/10_misc.cf, kann aber für einzelne Benutzer auch in der Datei user_prefs geändert werden:

```
bayes_auto_learn 0
```

9.6 Zusammenfassung

Der Bayes-Filter ist ein wichtiger Bestandteil von SpamAssassin. Damit er richtig funktioniert, muss er sowohl mit Spam- als auch mit Ham-E-Mails trainiert werden. Dieser Lernvorgang muss regelmäßig fortgeführt werden.

Der Bayes-Filter kann zwar auch automatisch von den E-Mails lernen, die er verarbeitet, doch sollte dies nicht die einzige Trainingsmethode sein. Es ist wichtig, keine falsch zugeordneten E-Mails zum Trainieren des Filters zu verwenden, da dies seine Effektivität beeinträchtigen kann.

10 Benutzerdefinierte Anpassungen

SpamAssassin kann Informationen zu E-Mails hinzufügen, um Benutzern (oder E-Mail-Clients) dabei zu helfen, die Nachrichten als Spam oder Ham zu verarbeiten. Das Programm kann dem Header der E-Mail Zeilen hinzufügen und den Betreff mit einem Hinweis darauf ändern, dass es sich möglicherweise um Spam handelt. Spam-Assassin kann auch einen Bericht zu einer E-Mail erstellen, der einen erläuternden Text und eine Auflistung aller Spam-Regeln enthält, die auf die E-Mail zutreffen. Dieser Bericht ist insbesondere nützlich, um Angestellte oder Kunden vor möglicherweise anstößigen Inhalten zu schützen. Sie können eine Zusammenfassung sehen und den Anhang auf Wunsch öffnen. SpamAssassin kann auch dann einen Bericht hinzufügen, wenn es in einer E-Mail Webbugs findet.

Dieses Kapitel behandelt die individuelle Anpassung der Header und der von Spam-Assassin erstellten Berichte.

> **Hinweis**
>
> Wenn Sie Mimedefang einsetzen, um SpamAssassin in Ihren Sendmail-MTA zu integrieren, kann SpamAssassin die E-Mail nicht verändern. Dies ist nur durch Mimedefang selbst möglich. Die Mimedefang-Dokumentation enthält einige Beispiele, die Ihnen zeigen, wie sie ähnliche Effekte wie in diesem Kapitel erreichen können.

10.1 Header

SpamAssassin kann beliebige Header schreiben, fügt dem konfigurierten Namen aber stets X-Spam- hinzu. Die Header werden mit der Anweisung add_header in der Konfigurationsdatei /usr/share/spamassassin/10_misc.cf definiert. Die Anweisung add_header hat die folgende Syntax:

```
add_header {spam | ham | all } header_name string
```

Sie informiert SpamAssassin darüber, dass ein Header deklariert wurde. Der zweite Teil kann `spam`, `ham` oder `all` lauten und gibt an, dass der Header entweder stets geschrieben wird oder nur für E-Mails, die als Spam bzw. Ham erkannt wurden.

Anschließend folgt der Name des Headers, eine Bezeichnung, die mit einem alphanumerischen Zeichen beginnt. Wird der Header einer E-Mail hinzugefügt, erscheint zuvor die Zeichenkette `X-Spam-`, so dass ein als `CustomHeader` konfigurierter Header in einer E-Mail demnach `X-Spam-CustomHeader` lautet.

Die Bezeichnung kann auch ein oder mehrere Textmakros enthalten, für die SpamAssassin bestimmte Werte einsetzt. Es folgt eine Aufstellung vordefinierter Makros:

Makro	Bedeutung
YESNOCAPS	»YES«/»NO« für Spam/kein Spam
HITS	Gesamtwertung der Nachricht
REQD	Die für die Site eingerichtete Wertungsschwelle – der Wert, der Ham von Spam trennt
VERSION	Die Version von SpamAssassin
SUBVERSION	Die Unterversion von SpamAssassin
HOSTNAME	Hostname des Rechners, auf dem SpamAssassin ausgeführt wird
BAYES	Bayes-Wertung
AWL	Jegliche Modifizierer für einen Absender aus der automatische Whitelist (AWL)
DATE	Datum des Scans
STARS(*)	Ein * (oder jedes beliebige andere Zeichen) für jeden Wertungspunkt (bis zu maximal 50 Zeichen)
RELAYSTRUSTED	Verwendete Relays, die als vertrauenswürdig erachtet werden
RELAYSUNTRUSTED	Verwendete Relays, denen nicht vertraut werden kann
AUTOLEARN	Automatischer Lernstatus (»ham«, »no«, »spam«)
TESTS(,)	Alle Tests, die sich als wahr herausgestellt haben, einschließlich negativer Tests. Sie werden durch ein Komma getrennt, sofern kein anderes Zeichen angegeben wird. Um z.B. einen Doppelpunkt zu verwenden, geben Sie `TESTS(:)` ein.
TESTSSCORES(,)	Wie oben, jedoch mit angehängten Wertungen
DCCB	Die »Marke« von DCC
DCCR	Die Ergebnisse von DCC
PYZOR	Die Ergebnisse von Pyzor
RBL	Vollständige Ergebnisse für Abfragen an eine Echtzeit-Blacklist (Realtime Blacklist, RBL), die positive Ergebnisse zurückgegeben haben
LANGUAGES	Mögliche Sprachen der E-Mail
PREVIEW	Eine Inhaltsvorschau – die ersten Zeilen der Spam-E-Mail

10.1 Header

Makro	Bedeutung
REPORT	Ein Kurzbericht über die Treffer der Tests (für Headerberichte)
SUMMARY	Eine Zusammenfassung aller Treffer der Tests für Standardberichte (Textberichte)
CONTACTADDRESS	Inhalt der Einstellung für report_contact, z.B. die Kontaktadresse des Postmeisters

Einige dieser Makros betreffen Eigenschaften, die noch nicht behandelt wurden. Sie werden in späteren Kapiteln vorgestellt.

Standardmäßig schreibt SpamAssassin die folgenden Header:

- X-Spam-Checker-Version: Gibt die Version von SpamAssassin an, die die E-Mail verarbeitet hat
- X-Spam-Flag: Wird auf Yes oder No gesetzt, je nachdem, ob SpamAssassin die E-Mail als Spam betrachtet oder nicht
- X-Spam-Level: Erstellt durch Angabe einer bestimmten Anzahl von Sternchen (*) eine pseudografische Darstellung der Wahrscheinlichkeit, dass die Nachricht Spam ist. Die Anzahl der Sternchen entspricht SpamAssassins Wertung der E-Mail.
- X-Spam-Status: Führt die für die E-Mail ausgelösten Tests auf und fügt wie im Header X-Spam-Flag die Bezeichnungen Yes oder No hinzu

Die Standardwerte in Version 3.00 lauten:

```
add_header all Checker-Version SpamAssassin _VERSION_ (_SUBVERSION_)
                                on _HOSTNAME_
add_header spam Flag _YESNOCAPS_
add_header all Level _STARS(*)_
add_header all Status "_YESNO_, score=_SCORE_ required=_REQD_ tests=_TESTS_
    autolearn=_AUTOLEARN_ version=_VERSION_"
```

Für die meisten Sites sind diese Standardwerte ausreichend. Stellt eine Site jedoch ihr Programm zur Spam-Filterung auf SpamAssassin um, existieren möglicherweise noch Skripts und Procmail-Rezepte, die die von den alten Filtern verwendeten Markierungen benötigen. In dieser Situation hilft eine Änderung der SpamAssassin-Kennzeichnung beim Wechsel von einem Filter zum anderen.

Die Definitionen der Standardheader enthalten Makros, die durch tatsächliche Werte ersetzt werden, wenn sie die E-Mail kommentieren. Es folgt ein Beispiel für diese Header in einer Spam-E-Mail:

```
X-Spam-Checker-Version: SpamAssassin 3.00 (2004-07-12) on
                                              mta.domain.com
X-Spam-Flag: YES
X-Spam-Level: ************************
```

```
X-Spam-Status: Yes, hits=25.5 required=4.0 tests=BAYES_99,
    FORGED_RCVD_NET_HELO,HTML_FONT_BIG,HTML_MESSAGE,
    MSGID_FROM_MTA_HEADER,PYZOR_CHECK,RAZOR2_CF_RANGE_51_100,
    RAZOR2_CHECK,RCVD_IN_BL_SPAMCOP_NET,RCVD_IN_DYNABLOCK,
    RCVD_IN_RFCI,RCVD_IN_SORBS,
    RCVD_NUMERIC_HELO autolearn=spam version=3.00
```

10.1.1 Header ändern

Site-umfassende Änderungen der Headerdefinitionen erfolgen in der Datei /etc/mail/spamassassin/local.cf und benutzerspezifische in ~/.spamassassin/user_prefs.

> **Hinweis**
>
> Denken Sie daran, dass benutzerspezifische Einstellungen die Site-umfassende Konfiguration überschreiben.

Zunächst sollten Sie die vorhandenen Header deaktivieren, indem Sie für sie die Anweisung remove_header zu Beginn der Definitionen hinzufügen. Die neue Definition kann dem Eintrag remove_header folgen:

```
remove_header all Status
add_header all Status "_YESNO_, score=_SCORE_ required=_REQD_ tests=_TESTS_
    autolearn=_AUTOLEARN_ version=_VERSION_" awl=_AWL_
```

10.1.2 Header erstellen

Um einen Header zu erstellen, fügen Sie die entsprechende Definition entweder in die Datei local.cf oder in user_prefs ein. Wenn Sie z.B. den Spam-Status über ein einfaches Yes oder No im Header X-Spam-Value kennzeichnen möchten, definieren Sie folgenden Header:

```
add_header all Value _YESNO_
```

Um diese Markierung nur für Spam-E-Mails hinzuzufügen, ersetzen Sie all durch spam:

```
add_header spam Value _YESNO_
```

10.1.3 Header entfernen

Um vorhandene Header zu entfernen, fügen Sie den Ausdruck remove_header in die Datei local.cf oder in user_prefs ein. Diese Anweisung hat die folgende Syntax:

```
remove_header { spam | ham | all } header_name
```

Wie bei der Konfigurationsanweisung `add_header` beeinflussen `spam`, `ham` oder `all` entweder nur Spam-, nur Ham- oder alle E-Mails.

Die Konfigurationsanweisung `clear_header` entfernt *alle* Header, die bereits definiert wurden. Auch kann in der Datei `local.cf` oder in `user_prefs` verwendet werden.

10.2   Berichte

Der Bericht für Spam-E-Mails kapselt die Nachricht in einem E-Mail-Anhang gemäß *RFC 822*, wobei der Text der einschließenden E-Mail aus einer Vorlage in der Datei `10_misc.cf` erstellt wird. Beachten Sie, dass diese Standardvorlage in `local.cf` oder `user_prefs` überschrieben werden kann.

Es gibt drei Berichte: *Safe*, *Unsafe* und *Spamtrap*. Der Bericht Safe wird stets verwendet, wenn Spam erkannt wird, kann jedoch immer deaktiviert werden. Der Bericht Unsafe kann anders aussehen als der Bericht Safe und wird *immer* verwendet, wenn SpamAssassin einen Inhalt entdeckt, der beim Öffnen der E-Mail Schaden anrichten kann – z.B. einen Webbug. Der Bericht Spamtrap wird in Verbindung mit einer Spam-Falle verwendet, einer E-Mail-Adresse, die nur zum Empfang von Spam erstellt wurde und niemals »legitime« E-Mails empfängt. Dieses Thema wird ausführlicher in Kapitel 11 behandelt.

Nachfolgend ein Beispiel für einen Safe-Bericht:

```
Spam detection software, running on the system "hostname.domain.com", has
identified this incoming email as possible spam. The original message
has been attached to this so you can view it (if it isn't spam) or block
similar future email. If you have any questions, see
postmaster@domain.com for details.

Content preview:  Hey, I just heard of this new drng called ©iális and I
  thought you might be interested in it. Cìális is the new rival to
  vïágra and is better known as sûpér vïagrá or dubbed the "weekénd
  viagrá" by the prêss. [...]

Content analysis details:   (22.1 points, 4.0 required)

 pts rule name              description
 ---- ---------------------- --------------------------------------------------
 1.5 RCVD_NUMERIC_HELO      Received: contains a numeric HELO
 0.1 HTML_60_70             BODY: Message is 60% to 70% HTML
 0.6 HTML_MESSAGE           BODY: HTML included in message
 5.4 BAYES_99               BODY: Bayesian spam probability is 99 to 100%
                            [score: 1.0000]
 1.6 MIME_HTML_ONLY         BODY: Message only has text/html MIME parts
```

```
1.8 MIME_MISSING_BOUNDARY   RAW: MIME section missing boundary
0.1 BIZ_TLD                 URI: Contains URL in the BIZ top-level domain
4.1 FORGED_RCVD_NET_HELO    Host HELO'd using the wrong IP network
1.5 RCVD_IN_BL_SPAMCOP_NET  RBL: Received via a relay in bl.spamcop.net
....
```

10.2.1 Berichte aktivieren und deaktivieren

Nur der Safe-Bericht kann deaktiviert werden. Um ihn abzuschalten, fügen Sie der Datei local.cf oder user_prefs die folgende Zeile hinzu, je nachdem, ob die Änderung für die gesamte Site oder nur für ein Benutzerkonto gelten soll:

```
report_safe 0
```

Die Konfigurationsanweisung report_safe kann die Werte 0, 1 oder 2 annehmen. 0 deaktiviert den Bericht, 1 aktiviert ihn und 2 ist ein besonderer Fall zur Verwendung bei E-Mail-Clients, die Anlagen automatisch öffnen. Um hier die Ausführung bösartiger Inhalte zu vermeiden wird der Content-Type der angehängten E-Mail auf text/plain anstelle von message/rfc822 gesetzt.

> **Hinweis**
>
> Wird report_safe auf 2 gesetzt, ist es, in Abhängigkeit des E-Mail-Clients, manchmal schwierig, eine E-Mail anzuzeigen, die fälschlicherweise als Spam markiert wurde.

10.2.2 Berichte ändern

Alle Berichte können geändert werden. Sie sind in der Datei /usr/share/spamassassin/10_misc.cf definiert, wobei zu jeder Textzeile in einem Bericht eine entsprechende Definitionszeile in dieser Datei vorhanden sein muss.

Für die drei Berichte gelten unterschiedliche Direktiven zum Erstellen der Zeilendefinitionen.

Bericht	Definitionsdirektive
Safe	report
Unsafe	unsafe_report
Spamtrap	spamtrap

10.2 Berichte

Es gibt auch eine zugehörige Direktive, die Standardtext aus dem Bericht entfernt:

Bericht	Definitionsdirektive
Safe	clear_report_template
Unsafe	clear_unsafe_report_template
Spamtrap	clear_spamtrap_template

Die Definition, die den zuvor gezeigten Safe-Bericht erstellt, lautet:

```
# Default template. Try to keep it under 78 columns (inside the dots)
#................................................................
clear_report_template
report Spam detection software, running on the system "_HOSTNAME_", has
report identified this incoming email as possible spam.  The original message
report has been attached to this so you can view it (if it isn't spam) or block
report similar future email.  If you have any questions, see
report _CONTACTADDRESS_ for details.
report
report Content preview:  _PREVIEW_
report
report Content analysis details:   (_HITS_ points, _REQD_ required)
report
report " pts rule name              description"
report ---- ---------------------- --------------------------------
report _SUMMARY_
```

Um die Berichte zu verändern, müssen Sie die Vorlagen in /usr/share/spamassassin/10_misc.cf kopieren und bearbeiten. Tragen Sie die neue Definition in local.cf bzw. user_prefs ein und stellen Sie sicher, dass Sie oberhalb der Berichtsdefinition clear_report_template einfügen.

Ist das Makro _SUMMARY_ enthalten, sollte es in einer neuen Zeile beginnen und mit einem Header versehen werden, um die Berichtzeilen zu erläutern. Beachten Sie außerdem, dass das Makro _PREVIEW_ die ersten Zeilen einer E-Mail anzeigt und diese aus pornografischem oder fragwürdigem Inhalt bestehen können, der dann für die Benutzer sichtbar wäre.

Um Berichte zu ändern, können Sie sie zunächst unter Verwendung von ~/.spamassassin/user_prefs für ein bestimmtes Benutzerkonto entwickeln und die Definitionen anschließend, nachdem Sie die Berichtsformate vervollständigt haben, nach /etc/mail/spamassassin/local.cf verschieben. Mit Hilfe des Kommandos spamassassin oder dem spamc-Client können Sie Berichte testen.

10.3 Den Betreff neu schreiben

SpamAssassin ermöglicht das Neuschreiben des Betreffs einer E-Mail, die unter Spam-Verdacht steht. Wenn der Benutzer einen E-Mail-Client einsetzt, der nicht in der Lage ist, Nachrichten aufgrund von Headern wie `X-Spam-Status` zu filtern, kann er diese Eigenschaft nutzen. Sie hilft den Benutzern dabei, in ihrem Posteingang Spam von Ham zu trennen.

Einige E-Mail-Clients, z.B. Outlook Express, können E-Mails nicht anhand der Werte bestimmter Header, aber anhand des Betreffs filtern. Wird ein solcher E-Mail-Client verwendet, kann das Neuschreiben des Betreffs die einzige Möglichkeit sein, Spam in einen entsprechenden Ordner zu verschieben. Die Konfiguration von E-Mail-Clients wird in Kapitel 17 behandelt.

SpamAssassin setzt dem Betreff ein Präfix voran. Es wird in `local.cf` oder `user_prefs` mit der Anweisung `subject_tag` angegeben und kann in denselben Dateien mit dem Eintrag `rewrite_subject` ein- oder ausgeschaltet werden.

```
rewrite_subject    1
subject_tag        *****SPAM*****
```

Setzen Sie `rewrite_subject` auf 1, um die Kommentierung der Betreffzeile einzuschalten, und auf 0, um sie auszuschalten.

10.4 Zusammenfassung

Standardmäßig fügt SpamAssassin den verarbeiteten E-Mails mehrere Header hinzu, um Benutzern, Skripts und E-Mail-Clients dabei zu helfen, wirksam zwischen Spam und Ham zu unterscheiden. SpamAssassin ermöglicht Benutzern und Administratoren, Header zu entfernen, umzudefinieren und hinzuzufügen. Wird SpamAssassin gemeinsam mit Mimedefang eingesetzt, müssen diese Modifikationen durch Mimedefang durchgeführt werden.

Darüber hinaus kann SpamAssassin Spam in einen Bericht einfügen, um den Inhalt der Nachricht vor dem Benutzer zu verbergen und stattdessen eine Zusammenfassung zu liefern.

Des Weiteren kann SpamAssassin zur Änderung des Headers `Subject:` konfiguriert werden, um eine E-Mail als Spam zu markieren. Das ist insbesondere für E-Mail-Clients hilfreich, die E-Mails nicht anhand von Headerinformationen filtern und sortieren können, aber anhand des Betreffs.

Alle E-Mail-Header und Berichtsdefinitionen können Site-umfassend durch Bearbeiten der Datei `local.cf` konfiguriert werden. Änderungen, die nur für einen Benutzer gelten sollen, werden in der Datei `user_prefs` angegeben.

11 Netzwerktests

SpamAssassin allein kann bereits einen hohen Anteil an Spam erkennen, doch die Erkennungsrate lässt sich durch den Einsatz von Netzwerktests weiter verbessern. Das Programm enthält eine Unterstützung für Echtzeit-Blockierlisten (Realtime BlockLists, RBLs) und Spam-URI-Echtzeit-Blockierlisten (SURBLs). Diese externen Dienste können auf einfache Weise in SpamAssassin integriert werden.

Die Effektivität von Netzwerktests liegt bei einer Erkennungsrate von 60 % und mehr. In Verbindung mit SpamAssassin sind die Raten wesentlich höher und liegen in der Regel über 95 %. Netzwerktests verlangsamen jedoch das Erkennen von Spam. Das bedeutet, dass der SpamAssassin-Prozess eine längere Laufzeit hat und sich die Speichernutzung des E-Mail-Servers erhöht.

Dieses Kapitel beschreibt die Unterstützung von SpamAssassin für RBLs und SURBLs und konzentriert sich auf drei externe Dienste:

- Vipul's Razor
- Pyzor
- DCC (Distributed Checksum Clearinghouse)

RBLs sind Blockierlisten für bekannte Spam-Quellen. Standardmäßig verwendet SpamAssassin mehrere RBLs, um die Quelle einer E-Mail zu überprüfen.

Eine SURBL ist eine Blockierliste aus URIs (Universal Resource Identifiers), die in Spam-E-Mail auftreten. Sie filtert Spam anhand einer Liste von Websites, die in Spam-E-Mails beworben wurden. SpamAssassin enthält in Version 3.0 eine Unterstützung für SURBLs, für die Version 2.63 ist ein Plug-In erhältlich.

Die Arbeitsweise von Razor, Pyzor und DCC besteht darin, eingehende E-Mails mit bekannten Spam-Nachrichten zu vergleichen. Diese Dienste ermöglichen den Clients eine Abfrage ihrer Datenbank, um zu bestimmen, ob eine E-Mail möglicherweise Spam ist. Es gibt jedoch einen Unterschied in der Arbeitsweise – die Datenbank von Razor umfasst ausschließlich Spam-E-Mail, während Pyzor und DCC eine Datenbank aller getesteten E-Mails enthalten und anhand eines Zählers festhalten, wie oft sie zum Testen vorgelegt wurden. Massen-E-Mails werden an einer hohen Anzahl von Berichten erkannt. Mit anderen Worten, Razor ist ein Netzwerk zum Erkennen von Spam, wohingegen Pyzor und das DCC zum Identifizieren von Massen-E-Mails dienen.

Razor gibt es momentan in der Version 2, auch bekannt als Razor2. In diesem Kapitel bezeichnen wir Razor2 aus Gründen der besseren Lesbarkeit als Razor. Razor verwendet ein verteiltes Netzwerk aus vielen Servern, dem nur Spam berichtet wird. Es ist hochgradig zuverlässig, führt kaum zu Fehltreffern und erkennt ungefähr 25 % Spam.

Pyzor verwendet einen einzigen Server und verfolgt sämtliche E-Mails, nicht nur Spam. Spam wird anhand einer hohen Zahl von Berichten erkannt und nicht explizit identifiziert.

DCC (Distributed Checksum Clearinghouse) nutzt, wie der Name nahe legt, einen verteilten Ansatz, bei dem sämtliche E-Mails gemeldet und gezählt werden. Massen-E-Mails haben eine hohe Zählrate und werden daher als Spam erkannt. Zurzeit gibt es im DCC-Netzwerk ungefähr 200 Server, die untereinander Einzelheiten über Spam austauschen, um schnell auf neue Spam-Nachrichten reagieren zu können.

Alle drei Dienste sind kostenfrei. Wenn eine Organisation jedoch viele verteile Dienste nutzt, kann sie einen eigenen Server aufstellen und den Dienst unterstützen, indem sie ihn für den öffentlichen Gebrauch zur Verfügung stellt.

Razor unterstützt nur diejenigen, die Spam an das Razor-Netzwerk melden. Zur Identifizierung von Spam reicht es nicht aus, auf die Markierungen von SpamAssassin zu vertrauen. Um Fehler auszuschließen, ist eine Kontrolle von Menschenhand unerlässlich. An Spam-Fallen gerichtete E-Mails können automatisch gemeldet werden. Spam-Fallen werden weiter hinten in diesem Kapitel behandelt. Beachten Sie, dass das Razor-Netzwerk keine falschen Daten enthalten darf, da ansonsten seine Effektivität leidet.

Razor, Pyzor und DCC arbeiten mit Prüfsummen. Dabei handelt es sich um eine kleine Zahl oder einen Code, der aus einer größeren Zahl oder einer Nachricht abgeleitet wird. Sie hat Ähnlichkeit mit der Prüfziffer auf einer Kreditkarte oder einem Flugticket. Eine Clientanwendung berechnet die Prüfsummen und übermittelt sie an den Server, der sie mit den Prüfsummen anderer E-Mails vergleicht. Da Prüfsummen klein sind, bleiben der erforderliche Netzwerkverkehr und Rechenaufwand für einen Vergleich mit der Datenbank, die bekannte Spam-Nachrichten enthält, minimal. DCC z.B. überträgt bei der Abfrage einer E-Mail-Nachricht ungefähr 100 Bytes (weniger als zwei Textzeilen). Das ist nur ein Bruchteil der gesamten E-Mail, denn allein die Header sind um ein Vielfaches größer.

Pyzor und DCC profitieren von jeder gemeldeten E-Mail, egal ob Spam oder Ham. Da nur eine Prüfsumme (und nicht die gesamte E-Mail) an den Server übertragen wird, werden keine vertraulichen Daten weitergegeben. Eine Prüfsumme ändert sich bereits mit der kleinsten Abweichung in einer E-Mail, weshalb in der Berechnung einige Teile der Nachricht ausgenommen werden – z.B. die Zeitangaben. Durch das Melden einer E-Mail entsteht eine geringe Netzwerkbelastung. Die unten beschriebene Integration von SpamAssassin und DCC erledigt das automatisch, und auch Pyzor hat diese Fähigkeit.

Bezüglich der Effektivität gilt DCC im Allgemeinen als besser als die anderen Dienste. Jedoch können alle gleichzeitig mit SpamAssassin eingesetzt werden; es ergibt sich nur eine Verzögerung von ein bis zwei Sekunden pro E-Mail, während eingehende Nachrichten verarbeitet werden. Beachten Sie, dass die E-Mail-Verarbeitung länger dauert, wenn die verwendeten Server nicht erreichbar sind.

11.1 RBLs

In der Standardkonfiguration von SpamAssassin sind eine Anzahl RBLs aktiviert und bereits in der Datei `/usr/share/spamassassin/20_dnsbl_tests.cf` definiert. Nachfolgend sehen Sie eine Beispieldefinition:

```
header   RCVD_IN_NJABL    eval:check_rbl('njabl', 'dnsbl.njabl.org.')
describe RCVD_IN_NJABL    Received via a relay in dnsbl.njabl.org
tflags   RCVD_IN_NJABL    net
```

Für jede konfigurierte RBL erscheint ein Satz von Definitionen. Die Regeldefinitionen werden in Kapitel 12 genauer behandelt.

Alle Regeln enthalten eine Zeile, die `tflags` auf `net` setzt. Das stellt die Regeln zu Netzwerktests zusammen und ermöglicht SpamAssassin, sie als Gruppe zu behandeln. Dafür gibt es zwei Gründe. Erstens können Netzwerktests lange dauern, vor allem zu Stoßzeiten. SpamAssassin benutzt für Netzwerktests eine Gültigkeitsdauer, wendet sie aber progressiv an. Wenn die meisten Netzwerktests abgeschlossen sind, wartet SpamAssassin nicht auf die restlichen. Einzelheiten dazu finden Sie auf der Manpage zu `Mail::SpamAssassin::Conf` unter dem Eintrag `rbl_timeout`. Der zweite Grund zum Gruppieren dieser Tests besteht darin, dass sie auf diese Weise mit einer einzigen Konfigurationsanweisung an- oder abgeschaltet werden können.

Um RBL-Tests zu deaktivieren, setzen Sie `skip_rbl_checks` auf 1. Möchten Sie diese Änderung Site-umfassend durchführen, verwenden Sie dazu die Datei `/etc/mail/spamassassin/local.cf`, soll sie nur für einzelne Benutzer gelten, die Datei `~/.spamassassin/ user_prefs`. Zum Aktivieren von RBL-Test setzen Sie `skip_rbl_checks` auf 0.

```
skip_rbl_checks   0
rbl_timeout      15
```

Die Konfigurationseinstellung `rbl_timeout` in derselben Datei gibt die Gültigkeitsdauer für Netzwerktests in Sekunden an.

Neue RBLs, die dieselbe Schnittstelle wie vorhandene unterstützen, können durch neue Regeln ähnlich dem obigen Beispiel hinzugefügt werden. Tragen Sie die Definitionen für eine Site-umfassende Konfiguration in eine beliebige Datei mit der Endung .cf im Verzeichnis `/etc/mail/spamassassin/` ein. Eine benutzerspezifische Definition erfolgt in der Datei `~/.spamassassin/user_prefs`.

Wie in Kapitel 5 beschrieben, hat jede RBL eigene Kriterien zur Aufnahme einer Adresse in einer Blacklist. Um Tests mit Hilfe einer bestimmten RBL Site-umfassend zu deaktivieren, setzen Sie die Wertung für die entsprechende Regel in /etc/mail/spamassassin/local.cf auf 0, zur Deaktivierung auf Benutzerebene verwenden Sie die Datei ~/.spamassassin/user_prefs. Im oben gezeigten Beispiel können Sie die Wertung wie folgt deaktivieren:

```
score RCVD_IN_NJABL 0
```

11.2 SURBLs

SURBLs (Spam URI Realtime BlockLists, Spam-URI-Echtzeit-Blockierlisten) sind eine relativ neue Technologie, wobei SpamAssassin 3.0 eine relativ kleine Anzahl von ihnen unterstützt. SURBLs werden ähnlich wie RBLs konfiguriert. SpamAssassin 2.63 kann ein anderes Plug-In verwenden, das später beschrieben wird. Einzelheiten über SURBLs finden Sie unter *http://www.surbl.org*.

Die SURBLs werden in /usr/share/spamassassin/25_uribl.cf wie in dem folgenden Beispiel definiert:

```
uridnsbl    URIBL_SBL    sbl.spamhaus.org.        TXT
header      URIBL_SBL    eval:check_uridnsbl('URIBL_SBL')
describe    URIBL_SBL    Contains a URL listed in the SBL blocklist
tflags      URIBL_SBL    net
```

Zu jeder konfigurierten SURBL gibt es einen Satz von Definitionen.

Wie bei den RBLs setzen die SURBL-Regeln tflags auf net, um die Verwendung von Gültigkeitsdauern sowie das gleichzeitige Ein- und Ausschalten der Regeln zu ermöglichen.

SURBLs werden in SpamAssassin als Plug-In ausgeführt. SpamAssassin kann über Plug-Ins mit neuen Arten von Tests und Regeln erweitert werden, ohne Änderungen am Programm vorzunehmen. Die Plug-Ins müssen zum Aktivieren geladen werden, was in der Version 3.0 standardmäßig der Fall ist. Um zu bestätigen, dass ein Plug-In geladen ist, suchen Sie in der Datei /etc/mail/spamassassin/init.pre nach einer Zeile ähnlich der folgenden:

```
loadPlug-In Mail::SpamAssassin::Plug-In::URIDNSBL
```

Ist sie nicht vorhanden, können Sie sie der genannten Datei hinzufügen. Wird SpamAssassin als Daemon eingesetzt, muss spamd nach dieser Änderung neu gestartet werden.

Genaue Einzelheiten zur Konfiguration finden Sie auf der Manpage Mail::SpamAssassin::Plug-In::URIDNSBL.

11.3 Vipul's Razor

Um SURBL-Tests zu deaktivieren, versehen Sie den Eintrag `loadPlug-In` in der Datei `init.pre` mit einem Kommentarzeichen. Dadurch wird das Laden des Moduls verhindert.

Der Standardwert von zwei Sekunden für die Gültigkeitsdauer von SURBL-Tests kann durch eine Änderung des Werts von `uridnsbl_timeout` in der Datei `/etc/mail/spamassassin/local.cf` (Site-umfassend) bzw. `~/.spamassassin/user_prefs` (benutzerspezifisch) neu eingestellt werden:

```
uridnsbl_timeout    15
```

Neue SURBLs, die dieselbe Schnittstelle wie vorhandene unterstützen, können durch neue Regeln ähnlich dem obigen Beispiel hinzugefügt werden. Tragen Sie die Definitionen für eine Site-umfassende Konfiguration in eine beliebige Datei mit der Endung `.cf` im Verzeichnis `/etc/mail/spamassassin/` ein. Eine benutzerspezifische Definition erfolgt in der Datei `~/.spamassassin/user_prefs`.

Wie die RBLs können einige SURBLs zuverlässiger oder aggressiver als andere sein. Um Tests anhand einer bestimmten SURBL Site-umfassend zu deaktivieren, setzen Sie die Wertung für die entsprechende Regel in `/etc/mail/spamassassin/local.cf` auf 0, zur Deaktivierung auf Benutzerebene verwenden Sie die Datei `~/.spamassassin/user_prefs`. Im oben gezeigten Beispiel können Sie die Wertung wie folgt deaktivieren:

```
score RCVD_IN_URIBL_SBL 0
```

11.2.1 SpamAssassin 2.63

Für SpamAssassin 2.63 können Sie das Plug-In SpamCopUri verwenden, das Sie unter *http://sourceforge.net/projects/spamcopuri/* erhalten. Es verwendet eine einzelne URI-Quelle von `spamcop.net`. Weitere Einzelheiten erfahren Sie in der Paketdokumentation.

11.3 Vipul's Razor

Um Vipul's Razor zu installieren und zu verwenden, ist Perl erforderlich. Da auch SpamAssassin Perl nutzt, wird es bereits installiert sein. Sie benötigen außerdem einen C-Compiler, außer auf Debian Linux, für das ein Binärpaket erhältlich ist.

Um arbeiten zu können, benötigt Razor eine permanente Internetverbindung. Die Kommunikation erfolgt über TCP auf Port 2703 und die nächstgelegenen Server werden mit Hilfe von TCP-Pings auf Port 7 bestimmt. Firewalls müssen entsprechend konfiguriert werden.

11.3.1 Razor installieren

Für Razor gibt es keine RPM-Pakete, das Programm ist jedoch in Gentoo und Debian Linux verfügbar. Zur Installation verwenden Sie unter Gentoo das Kommando emerge razor und unter Debian apt-get razor. Auf anderen Linux-Distributionen und unter Unix kann es aus dem Quellcode erstellt werden.

Razor ist nicht im CPAN erhältlich, Sie können ihn aber von der Homepage *http://razor.sourceforge.net/* beziehen. Es gibt zwei Pakete, razor-agents und razor-agents-sdk, die Sie beide herunterladen müssen. Letzteres enthält Perl-Module, die Voraussetzungen für Razor sind und daher *zuerst* installiert werden müssen.

Wechseln Sie in ein geeignetes Verzeichnis zum Erstellen der Software und packen Sie das tar.gz-Archiv aus. Führen Sie dann im Quellverzeichnis das Kommando make aus:

```
$ cd /some/place
$ gunzip -c /path/to/razor-agents-sdk-m.nn.tar.gz | tar xf -
$ cd razor-agents-sdk-m.nn
$ perl Makefile.PL
$ make
$ make test
$ su
# make install
```

Zur Ausführung des Befehls make install sind administrative Rechte erforderlich.

Wiederholen Sie diese Schritte für das Archiv von razor-agents:

```
$ cd /some/place
$ gunzip -c /path/to/razor-agents-m.nn.tar.gz | tar xf -
$ cd razor-agents-m.nn
$ perl Makefile.PL
$ make
$ make test
$ su
# make install
```

11.3.2 Razor konfigurieren

Nach der Installation und vor der Verwendung muss der Razor-Client konfiguriert werden. Razor speichert seine Konfigurationsdateien im Verzeichnis ~/.razor. Das Programm wird für das Betriebssystemkonto eingerichtet, unter dem auch Spam-Assassin ausgeführt wird. Wenn SpamAssassin Razor aufruft, laufen beide Programme unter demselben Systemkonto. Die Konfiguration besteht aus drei Schritten.

Der erste besteht im Erstellen des Konfigurationsverzeichnisses und einiger wichtiger Dateien darin. Nutzen Sie dazu das Kommando razor-admin mit dem Parameter -create:

```
$ razor-admin -create
```

11.3 Vipul's Razor

Wenn Sie die Fehlermeldung erhalten, dass der Befehl nicht gefunden werden kann, rufen Sie zunächst als root `razor-client` auf. Dieser Befehl erzeugt dann entsprechende symbolische Verknüpfungen. Wenn Sie eine andere Fehlermeldung erhalten, konnte die Anwendung `razor-admin` mit keinem der Razor-Server kommunizieren. Überprüfen Sie, ob die Netzwerkverbindung verfügbar ist und, falls eine Firewall im Einsatz ist, die von Razor genutzten Ports aktiviert sind. Wenn die Netzwerkverbindung durch eine Firewall blockiert wird, erhalten Sie die folgende Fehlermeldung:

```
nextserver: discover0: No Razor Discovery servers available at this
                      time
```

Bei der erfolgreichen Ausführung des Befehls `razor-admin` wird das Verzeichnis `~/.razor` mit den folgenden Dateien angelegt:

```
$ ls .razor
razor-agent.conf

razor-agent.log
server.irgendeinname.conf
servers.catalogue.lst
servers.discovery.lst
servers.nomination.lst
```

Der zweite Schritt besteht in der Einrichtung eines Razor-Benutzerkontos. Das ist kein Betriebssystemkonto, sondern ein in Razor für den Zugriff auf die Datenbank angelegtes Konto. Razor hat zwei Klassen von Benutzern, einen Standardbenutzer, der nur abfragen kann, ob eine E-Mail Spam oder kein Spam ist, und einen registrierten Benutzer, der zusätzlich Spam zum Testen von E-Mails an Datenbanken übermitteln kann. Razor verfolgt die E-Mails, die jeder Benutzer in der zentralen Datenbank einreicht. Überträgt ein Razor-Benutzer wiederholt falsche Berichte (d.h., meldet er Ham-E-Mails fälschlicherweise als Spam), wird er entfernt oder deaktiviert. Wenn Benutzer sich darüber beschweren, dass rechtmäßige E-Mails von Razor als Spam identifiziert werden, werden Fehltreffer gekennzeichnet.

Standardmäßig verwendet Razor seinen Standardbenutzer nicht und muss dazu explizit konfiguriert werden.

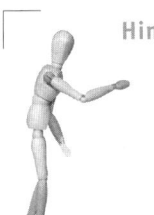

> **Hinweis**
>
> Razor *muss* mit einem definierten Benutzer konfiguriert werden, bevor er Spam-Tests durchführen kann.

Das Registrieren von Benutzern erfordert eine Netzwerkverbindung. Verwenden Sie das folgende Kommando, um Razor mit dem Standardbenutzer zu konfigurieren (das erlaubt nur das Überprüfen von Spam, nicht das Übertragen):

```
$ razor-admin -register -l
```

Dieser Befehl sollte mit dem Namen der Identitätsdatei antworten:

```
#Register successful.  Identity stored in /home/spam/.razor/identity-
                       ruhct7uCxF
```

Wenn Razor einen Benutzer registriert, erstellt er eine Datei, deren Name mit `identity-` beginnt, gefolgt von einer zufälligen Folge alphanumerischer Zeichen, sowie einen Link `identity` zu dieser Datei. Dieser Link kann verändert werden, um zwischen Benutzern zu wechseln, ohne Dateien zu löschen oder zu bearbeiten.

Nur ein Nicht-Standardbenutzer ist in der Lage, Spam an Razor zu übermitteln. Razor kann entweder einen Benutzernamen und ein Kennwort oder ein Kennwort zu einem angegebenen Benutzernamen zur Verfügung stellen oder einen angegebenen Benutzernamen mit Kennwort einsetzen. Für den Normalbetrieb wird kein Kennwort benötigt, und es hat wenig Sinn, eines anzulegen. Der Benutzername und das Kennwort stehen im Klartext in einer Datei im Verzeichnis `.razor`.

Wenn ein bestimmter Wert benötigt wird, sollten die Parameter `-user {username}` und `-pass {password}` an das Kommando `razor-admin` übergeben werden. Der folgende Befehl versucht, den Benutzernamen `my_username` mit dem Kennwort `my_password` zu registrieren:

```
$ razor-admin -register -user my_username -pass my_password
```

Ist der Benutzername bereits vorhanden, erhalten Sie eine Fehlermeldung:

```
Error 210: User exists. Try another name. aborting.
```

In diesem Fall wählen Sie einen anderen Benutzernamen. Benutzernamen sind niemals öffentlich sichtbar, weshalb die Wahl eines bestimmten Namens nicht besonders wichtig ist. Tritt während der Registrierung eines Benutzers irgendein anderer Fehler auf, sollten Sie die Onlinedokumentation auf der Razor-Website zu Rate ziehen.

Mit dem Befehl `razor-admin -register` erstellte Identitätsdateien können nach Bedarf von Konto zu Konto und von Rechner zu Rechner kopiert werden. Kopieren Sie die mit `razor-admin -l` erstellte Datei `identity-*` auf die anderen Computer oder in die anderen Verzeichnisse und stellen Sie sicher, dass es einen Link zur eigentlichen Identitätsdatei gibt:

```
$ cd .razor
$ cp /path/to/ identity-ruhct7uCxF .
$ unlink identity
$ ln identity-ruhct7uCxF identity
```

11.3 Vipul's Razor

```
$ ls -l identity
lrwxrwxrwx  1 spam   users       19 May  7 18:58 identity -> identity-ruhct7uCxF
```

Der dritte und letzte Schritt zur Konfiguration von Razor besteht darin, die Clientsoftware anzuweisen, den nächstgelegenen Razor-Server zu finden. Das erfolgt mit dem Kommando `razor-admin` und dem Schalter `-discover`:

```
$ razor-admin -discover
```

Dieser Befehl fragt eine bekannte Website ab, ermittelt die aktuellen Server und wählt den mit der geringsten Netzwerkverzögerung.

Die Standorte der Server ändern sich sehr selten. Sie können jedoch in der `crontab` wie folgt einen wöchentlichen Auftrag erstellen, um das Kommando `discover` regelmäßig auszuführen:

```
# run razor-admin (http://razor.sourceforge.net/) discover in case servers change
3 3 * * 1   razor-admin -discover
```

Es ist wichtig, dass Sie die `crontab` des Systemkontos verwenden, unter dem SpamAssassin ausgeführt wird.

11.3.3 SpamAssassin konfigurieren

In Versionen vor SpamAssassin 2.63 wurde Razor erkannt und automatisch ausgeführt. In neueren Versionen muss Razor explizit konfiguriert werden. Konfigurationsänderungen erfolgen in der Datei `/etc/mail/spamassassin/local.cf` (Site-umfassend) bzw. in `~/.spamassassin/user_prefs` (benutzerspezifisch). Fügen Sie die folgenden Einträge hinzu:

```
# Use Vipul's Razor?
use_razor2 1

# path to Vipul's Razor config file
razor_config /home/user/.razor/razor-agent.conf
```

> **Hinweis**
>
> Stellen Sie sicher, dass der Pfad in der Zeile `razor_config` korrekt ist.

Um Razor zu deaktivieren, setzen Sie use_razor2 in den entsprechenden Dateien auf den Wert 0:

```
# Use Vipul's Razor?
use_razor2 0
```

In den genannten Dateien gibt es die folgenden Konfigurationsanweisungen:

Anweisung	Zweck
use_razor2	Razor aktivieren (1) oder deaktivieren (0)
razor_timeout	Wartezeit in Sekunden auf eine Antwort von Razor. Der Standardwert beträgt 10. Wenn Razor nicht verfügbar ist, verzögert sich die Bearbeitung aller E-Mails um die angegebene Zeitdauer, bevor die Verarbeitung durch Razor aufgegeben wird und SpamAssassin andere Tests durchführt.

Die folgende Konfigurationsanweisung kann nur von Administratoren gesetzt werden und sollte nur in der Datei /etc/mail/spamassassin/local.cf erfolgen:

Anweisung	Zweck
razor_config	Verzeichnis der Konfigurationsdateien für Razor, falls sie sich nicht im Standardverzeichnis ~/.razor befinden. Eine Änderung dieses Werts ermöglicht mehreren Benutzern, eine gemeinsame Razor-Konfiguration zu verwenden.

Aktivieren Sie Razor für die ursprüngliche Installation einfach mit use_razor2.

11.3.4 Razor testen

Razor führt zwar ein Aktivitätsprotokoll, jedoch nicht in Verbindung mit SpamAssassin. Wenn SpamAssassin eine Nachricht findet, die Razor als Spam erkennt, löst es die Regel RAZOR2_CHECK aus, woraufhin im Header X-Spam-Report die folgende Zeile erscheint:

```
X-Spam-Report:
 * 1.0 RAZOR2_CHECK Listed in Razor2 (http://razor.sf.net/)
```

Nachdem eine gewisse Zeit verstrichen ist und eine größere Anzahl an Spam-Nachrichten empfangen wurde, sollte Razor statistisch mindestens eine Nachricht erkannt haben. Nach ungefähr 100 neuen Spam-Nachrichten gibt es eine große Wahrscheinlichkeit dafür, dass eine oder mehrere davon erkannt werden. Sofern die Standardheader von SpamAssassin nicht verändert wurden, protokolliert SpamAssassin die ausgelösten Tests im Nachrichtenheader (Einzelheiten zur Änderung der von SpamAssassin erstellten Header finden Sie in Kapitel 10). Überprüfen Sie E-Mail-Postfächer oder -Verzeichnisse auf eine Nachricht, in der RAZOR2_CHECK vorkommt. Mit dem folgenden Kommando durchsuchen Sie ein E-Mail-Verzeichnis:

```
# find ~/.maildir -exec grep RAZOR2_CHECK {} \;
    *  1.0 RAZOR2_CHECK           Listed in Razor2 (http://razor.sf.net/)
```

Falls keine E-Mail gefunden wurde, sollten Sie überprüfen, ob Razor mit dem Netzwerk kommuniziert. Führen Sie dazu den folgenden Befehl für eine E-Mail, idealerweise eine Spam-E-Mail, aus, wenn Sie mit dem Systemkonto angemeldet sind, unter dem SpamAssassin ausgeführt wird:

```
# razor-check -d < /path/to/file | grep "known spam"
May 10 11:36:01.208055 check[29793]: [ 3] mail 1 is known spam.
May 10 11:36:55.383525 check[29807]: [ 3] mail 1 is not known spam.
```

Wenn Sie keine Ergebnisse erhalten, führen Sie das folgende Kommando aus, dessen Ausgabe umfangreicher ist und Ihnen bei der Fehlersuche helfen kann:

```
# razor-check -d < /path/to/file
```

Wenn Sie die Probleme trotzdem nicht lösen können, nutzen Sie das Hilfeforum auf der Razor-Website *http://razor.sourceforge.net*. Sie sollten es sorgfältig durchsuchen, bevor Sie eine neue Anfrage stellen, um nicht unnötig die Zeit und die Erfahrung der Freiwilligen und Enthusiasten in Anspruch zu nehmen, die anderen kostenfreie Hilfe anbieten.

Die Wertungen für Razor werden auf dieselbe Weise geändert wie die bei anderen Tests von SpamAssassin. Die für Razor-Tests verwendete Regel heißt RAZOR2_CHECK und ist mit einer Wertung in /usr/share/spamassassin/50_scores.cf verknüpft, die Site-umfassend in /etc/mail/spamassassin/local.cf und für einen einzelnen Benutzer in ~/.spamassassin/user_prefs geändert werden kann.

11.4 Pyzor

Pyzor ist in *Python* geschrieben, so dass Sie die Programmiersprache Python installieren müssen. Sie ist in den meisten modernen Linux-Distributionen enthalten und auch für andere Betriebssysteme wie AIX, Solaris und HP/UX erhältlich. Der Quellcode von Pyzor ist mit Hilfe des Komprimierungsverfahrens bzip2 in eine Datei vom Typ tar.bz2 gepackt. Zum Entpacken ist das Programm bunzip2 erforderlich, das auf den meisten Linux-Distributionen installiert ist. Für andere UNIX-artige Betriebssysteme gibt es im Internet binäre bunzip2-Programme.

> **Hinweis**
> Pyzor verwendet zur Kommunikation mit einem Server den TCP Port 24441, so dass eine Firewall ausgehende Verbindungen über diesen Port zulassen muss.

11.4.1 Pyzor installieren

Pyzor ist nur für Mandrake Linux im RPM-Format erhältlich. Nach dem Herunterladen kann es mit dem Kommando `rpm -i` installiert werden. Es gibt auch Pakete für Gentoo und Debian Linux, bei denen Sie den Befehl `emerge pyzor` bzw. `apt-get pyzor` verwenden müssen.

Auf allen anderen Distributionen und Betriebssystemen sollte Pyzor aus dem Quellcode erstellt werden, den Sie von der Pyzor-Website *http://pyzor.sourceforge.net* herunterladen können.

Wählen Sie zum Erstellen der Software ein geeignetes Verzeichnis und entpacken Sie das Archiv. Wechseln Sie dann als `root` in das Quellverzeichnis und erstellen Sie die Software. Die Datei `INSTALL` enthält die zu verwendenden Kommandos, die nachfolgend für die Pyzor-Version 0.4.0 angegeben sind:

```
$ cd /some/place
$ bunzip2 -c /path/to/pyzor.x.y.z.tar.bz2 | tar x
$ cd pyzor-x.y.z
$ python setup.py build
$ su -
# python setup.py install
```

Diese Befehle installieren Pyzor. Zum Ausführen des Kommandos `python setup.py install` sind administrative Rechte erforderlich. Tritt bei dem letzten Befehl ein Fehler auf, so müssen Sie unter Umständen noch ein *python-devel*-Paket Ihrer Distribution nachinstallieren. Standardmäßig lautet der Pfad zum Client `/usr/bin/pyzor`:

```
$ which pyzor
/usr/bin/pyzor
```

11.4.2 Pyzor konfigurieren

Pyzor arbeitet ohne jede weitere Konfiguration. Wie Razor ermöglicht das Programm anonyme Verbindungen zum Überprüfen von E-Mails, im Gegensatz zu Razor aber auch anonyme Verbindungen zum Einreichen von Nachrichten.

Pyzor unterstützt Benutzerkonten, das Anlegen dieser Konten ist jedoch kein vollständig automatischer Vorgang. Weitere Einzelheiten dazu erhalten Sie in der Dokumentation von Pyzor, die Bestandteil des heruntergeladenen Archivs ist.

11.4.3 SpamAssassin konfigurieren

Standardmäßig wird Pyzor im Systempfad installiert und von SpamAssassin erkannt und automatisch verwendet.

11.4 Pyzor

Die folgenden Konfigurationsanweisungen können in die Datei /etc/mail/spamassassin/local.cf bzw. ~/.spamassassin/user_prefs eingetragen werden:

Anweisung	Zweck
use_pyzor	Pyzor aktivieren (1) oder deaktivieren (0)
pyzor_timeout	Wartezeit in Sekunden auf eine Antwort von Pyzor. Der Standardwert beträgt 10. Wenn Pyzor nicht verfügbar ist, verzögert sich die Bearbeitung aller E-Mails um die angegebene Zeitdauer, bevor die Verarbeitung durch Pyzor aufgegeben wird und SpamAssassin andere Tests durchführt.
pyzor_max	Definiert den Schwellenwert, der angibt, wie oft eine Nachricht an Pyzor gemeldet sein muss, bevor SpamAssassin sie als Spam betrachtet. Der Standardwert beträgt 5. Eine Verkleinerung dieses Werts kann dazu führen, dass Ham-E-Mails als Spam identifiziert werden, höhere Werte verhindern möglicherweise das Erkennen von Spam.
pyzor_options	Ermöglicht beim Aufruf durch SpamAssassin die Übergabe von zusätzlichen Parametern an Pyzor

Die folgende Anweisung kann nur von Administratoren gesetzt werden und sollte nur in der Datei /etc/mail/spamassassin/local.cf erfolgen:

Anweisung	Zweck
pyzor_path	Pfad zum Pyzor-Client. Wird der Taint-Mode von Perl verwendet, ist ein Setzen dieser Option für die Funktion erforderlich.

Für die Installation zu Beginn sind keine Änderungen erforderlich, doch wird empfohlen, Pyzor explizit mit use_pyzor zu aktivieren.

11.4.4 Pyzor testen

Um zu überprüfen, ob Pyzor ausgeführt wird, aktivieren Sie den Pyzor-E-Mail-Header wie im Abschnitt »Pyzor-Header« beschrieben und starten gegebenenfalls spamd neu. Senden Sie eine Test-E-Mail oder warten Sie, bis E-Mails eingegangen sind, und untersuchen Sie dann die Header auf X-Spam-Pyzor:

```
X-Spam-Pyzor: Reported 0 times.
```

Erscheint der Header in neuen E-Mails nicht, so wurde Pyzor nicht aufgerufen. Überprüfen Sie in der Befehlszeile, ob Pyzor installiert, verfügbar und konfiguriert ist. Wechseln Sie mit su in das Benutzerkonto, unter dem SpamAssassin ausgeführt wird, und verarbeiten Sie das mit SpamAssassin gelieferte Spam-Beispiel mit dem Kommando pyzor:

```
$ cd /path/to/spamassassin
$ pyzor -d check < sample-spam.txt
```

```
calculated digest: d152948f7f029b35691afa499c145797558b2fff
sending: 'User: anonymous\nTime: 1090877637\nSig:↵
    1b90084a35991758bfe310635cb0b548f7e5460a\n\nOp: check\nOp-Digest:
d152948f7f029b35691afa499c145797558b2fff\nThread: 3702\nPV: 2.0\n\n'
received: 'Thread: 3702\nCount: 24\nWL-Count: 0\nCode: 200\nDiag: OK\nPV: 2.0\n\n'
66.250.40.33:24441      (200, 'OK')     24      0
```

Enthält das Ergebnis die Zeilen, die mit sending: und received: beginnen, arbeitet Pyzor von der Befehlszeile aus korrekt, weshalb das Problem in der Integration in SpamAssassin bestehen muss. Da es sich dabei um ein Problem von SpamAssassin handelt, sollten Sie Hilfe auf der SpamAssassin-Website oder den Mailinglisten suchen. Es ist immer am besten, zunächst alle Archive zu durchsuchen, bevor Sie das Problem in Diskussionsgruppen oder Mailinglisten veröffentlichen.

Wenn Pyzor nicht funktioniert, gibt es ein Problem mit der Konfiguration des Programms. Auf der Pyzor-Website finden Sie Verweise auf das Archiv der Pyzor-Mailingliste, die Sie durchsuchen können.

Die Wertungen für Pyzor werden auf dieselbe Weise geändert wie die bei anderen Tests von SpamAssassin. Die für Pyzor-Tests verwendete Regel heißt PYZOR_CHECK und ist mit einer Wertung in /usr/share/spamassassin/50_scores.cf verknüpft, die Site-umfassend in /etc/mail/spamassassin/local.cf und für einen einzelnen Benutzer in ~/.spamassassin/user_prefs geändert werden kann.

Um Pyzor zu deaktivieren, setzen Sie use_pyzor in den entsprechenden Dateien auf den Wert 0:

```
use_pyzor    0
```

11.4.5 Pyzor-Header

SpamAssassin nutzte in Versionen vor 3.0 die Konfigurationsanweisung pyzor_add_header, um Header in E-Mails hinzuzufügen. Sie gilt jetzt als unerwünscht (»deprecated«) und wird in zukünftigen Versionen von SpamAssassin entfernt werden. Die aktuelle Vorgehensweise besteht darin, einen E-Mail-Header mit Pyzor-Informationen hinzuzufügen, und dafür wird die folgende Zeile in /etc/mail/spamassassin/local.cf bzw. ~/.spamassassin/user_prefs ergänzt:

```
add_header all Pyzor _PYZOR_
```

11.5 DCC

Obwohl die korrekte Bezeichnung »The Distributed Checksum Clearinghouse« lautet, verwenden wir zur besseren Lesbarkeit lediglich die Abkürzung DCC. Es handelt sich dabei um den effektivsten, aber auch komplexesten Netzwerkdienst.

11.5 DCC

DCC ist in der Programmiersprache C geschrieben, weshalb ein C-Compiler erforderlich ist, um es aus den Quelldateien zu erstellen (Binärpakete sind selten). DCC verwendet zur Kommunikation mit Servern UDP über Port 6277, was bei einer vorhandenen Firewall beachtet werden muss.

11.5.1 DCC installieren

DCC ist nur für Mandrake Linux im RPM-Format erhältlich. Installieren Sie es mit dem Kommando `rpm -i`. Es gibt auch Pakete für Gentoo und Debian Linux, für die Sie den Befehl `emerge net-mail/dcc` bzw. `apt-get dcc-client` verwenden müssen. Auf allen anderen Distributionen und UNIX-Versionen sollten Sie DCC aus dem Quellcode erstellen, den Sie von *http://www.dcc-servers.net/dcc/* herunterladen können.

Der Quellcode ist in einer `tar`-Datei gepackt. Entpacken Sie sie und führen Sie dann das Skript `configure` aus, das automatisch alle benötigten Softwarebibliotheken sucht und eine Meldung ausgibt, falls welche fehlen. Geben Sie dann `make` ein, um die Software zu erstellen und zu installieren. Das Kommando `make install` sollten Sie dabei als `root` ausführen.

```
$ cd /some/place
$ uncompress -c /path/to/dcc-dccd-a.b.c.tar.Z | tar x
$ cd dcc-dccd-a.b.c
$ ./configure

$ make
$ su
# make install
```

Haben Sie Probleme beim Erstellen von DCC, konsultieren Sie am besten die DCC-Website. Dort gibt es eine FAQ und ein Archiv der Mailingliste. Lesen Sie stets die FAQ und durchsuchen Sie das Archiv, bevor Sie um Hilfe bitten.

Standardmäßig erstellt DCC eine brauchbare Konfiguration. Das Programm verwendet ähnlich wie Razor Benutzerkonten und enthält auch einen Standardnutzer, der zur Abfrage von Spam verwendet werden kann.

Das DCC-Netzwerk ist groß, wobei nur einige der Rechner öffentlich zugänglich sind, während andere ausschließlich von Organisationen wie ISPs und Anbietern von Spam-Filtern zur Verfügung gestellt und genutzt werden.

11.5.2 SpamAssassin konfigurieren

Um DCC in Verbindung mit SpamAssassin einzusetzen, fügen Sie der Datei `~/.spamassassin/user_prefs` die folgende Zeile hinzu:

```
use_dcc 1
```

In /etc/mail/spamassassin/local.cf oder ~/.spamassassin/user_prefs können die folgenden Konfigurationsanweisungen verwendet werden:

Anweisung	Zweck
use_dcc	DCC aktivieren (1) oder deaktivieren (0)
dcc_timeout	Wartezeit in Sekunden auf eine Antwort von DCC. Der Standardwert beträgt 10. Wenn DCC nicht verfügbar ist, verzögert sich die Bearbeitung aller E-Mails um die angegebene Zeitdauer, bevor die Verarbeitung durch DCC aufgegeben wird und SpamAssassin andere Tests durchführt.
dcc_body_max dcc_fuz1_max dcc_fuz2_max	Schwellenwerte dafür, wie oft eine E-Mail an DCC gemeldet wurde. Fuz1 und Fuz2 sind verschiedene Methoden, die DCC zum Markieren der Nachricht verwendet. Weitere Einzelheiten finden Sie in der Dokumentation zu DCC.
dcc_dccifd_path	Pfad des Sockets für die Kommunikation mit dem DCC-Daemon dccifd

Aktivieren Sie DCC für die ursprüngliche Installation einfach mit use_dcc.

DCC ist ein komplexes System aus Programmen und Netzwerken und lohnt eine weiterführende Untersuchung.

Die folgenden Konfigurationsanweisungen können nur von Administratoren gesetzt werden und sollten nur in die Datei /etc/mail/spamassassin/local.cf eingetragen werden:

Anweisung	Zweck
dcc_home	Das Home-Verzeichnis für DCC
dcc_path	Pfad zum dccproc-Client. Die Angabe dieses Werts kann zu einer leichten Leistungssteigerung bei der Ausführung von DCC führen. Er *muss* angegeben werden, wenn dccproc nicht im Systempfad liegt oder Perl im Taint-Mode eingesetzt wird.
dcc_options	Optionen, die an den DCC-Client dccproc übergeben werden

11.5.3 DCC testen

Zur Bestätigung, dass DCC ausgeführt wird, aktivieren Sie den DCC-E-Mail-Header wie weiter unten im Abschnitt *DCC-Header* beschrieben und starten gegebenenfalls spamd neu. Senden Sie eine Test-E-Mail oder warten Sie, bis E-Mails eingegangen sind, und untersuchen Sie dann die Header auf X-Spam-DCC. Beachten Sie, dass der Header auf zwei Zeilen verteilt sein kann:

Nachfolgend sehen Sie ein Beispiel:

```
X-Spam-DCC: EATSERVER: host.domain.com 1166; IP=ok Body=1 Fuz1=1200 Fuz2 = many
```

Erscheint der Header nicht, so wurde DCC nicht aufgerufen. Um in der Befehlszeile zu überprüfen, ob DCC verfügbar ist, benutzen Sie das Systemkonto, unter dem SpamAssassin ausgeführt wird, und erstellen eine Datei namens `mailmessage`, die eine vollständige E-Mail einschließlich der Header enthält. Führen Sie das folgende Kommando aus und untersuchen Sie die Ergebnisse:

```
$ dccproc < mailmessage | grep DCC
X-DCC-EATSERVER-Metrics: host.domain.com 1166; Body=2 Fuz1=2 Fuz2=2
```

Enthält das Ergebnis die Zeilen, die mit `X-DCC-EATSERVER` beginnt, arbeitet DCC von der Befehlszeile aus korrekt, weshalb das Problem in der Integration in SpamAssassin bestehen muss. Da es sich dabei um ein Problem von SpamAssassin handelt, sollten Sie Hilfe auf der SpamAssassin-Website oder in den Mailinglisten suchen. Es ist immer am besten, zunächst alle Archive zu durchsuchen, bevor Sie das Problem in Diskussionsgruppen oder Mailinglisten veröffentlichen.

Wenn DCC nicht einmal von der Befehlszeile aus funktioniert, liegt ein Problem mit der Konfiguration des Programms vor. Auf der DCC-Website finden Sie Verweise auf eine FAQ und das Archiv der Mailingliste, die Sie lesen und durchsuchen sollten, bevor Sie Anfragen an Diskussionsgruppen oder Mailinglisten stellen.

Die Wertungen für DCC werden auf dieselbe Weise geändert wie bei anderen Tests von SpamAssassin. Die für DCC-Tests verwendete Regel heißt `DCC_CHECK` und ist mit einer Wertung in `/etc/mail/spamassassin/local.cf` verknüpft, die Sie für einen bestimmten Benutzer in `~/.spamassassin/user_prefs` überschreiben können.

Um DCC-Tests zu deaktivieren, setzen Sie `use_dcc` in den entsprechenden Dateien auf den Wert `0`:

```
use_pyzor    0
```

11.5.4 DCC-Header

SpamAssassin nutzte in Versionen vor 3.0 die Konfigurationsanweisung `dcc_add_header`, um Header in E-Mails hinzuzufügen. Sie gilt jetzt als veraltet und wird in zukünftigen Versionen von SpamAssassin entfernt werden. Das aktuelle Verfahren besteht darin, einen E-Mail-Header mit DCC-Informationen hinzuzufügen, und das wird durch folgende Zeile in `/etc/mail/spamassassin/local.cf` bzw. `~/.spamassassin/user_prefs` erreicht:

```
add_header all DCC _DCCB_: _DCCR_
```

11.6 Spam-Fallen

Eine *Spam-Falle* ist eine E-Mail-Adresse, die niemals mit einer realen Person in einer Firma verknüpft war und so in Webseiten integriert wird, dass sie nur durch Webspider von Spammern entdeckt werden kann. Wenn eine solche Adresse E-Mails erhält, kann es sich dabei nur um Spam handeln, so dass sie an das Razor-Netzwerk gemeldet werden können.

Normalerweise ist eine Spam-Falle unsichtbar, da eine winzige Schrift verwendet, die Adresse hinter einem anderen Seitenelement versteckt, der Text in derselben Farbe wie der Hintergrund gestaltet oder eine andere Technik eingesetzt wird. Die Webspider des Spammers entdeckt die E-Mail-Adresse trotzdem und fügt sie zu seiner Datenbank gültiger Adressen hinzu.

Spam-Fallen können auch in Veröffentlichungen im Usenet eingetragen werden, sofern deutlich wird, dass sie nicht für Antworten verwendet werden sollen.

11.6.1 Adressen für Spam-Fallen

Die Adresse für eine Spam-Falle sollte aus vollständig zufälligen Zeichen aufgebaut sein. Adressen wie info@domain.com, contact@domain.com oder andere gebräuchlichen Bezeichnungen sind gefährlich, auch wenn sie niemals bekannt gemacht oder verwendet werden.

Auch sollten Sie keine E-Mail-Adressen verwenden, die wie *richtige* Adressen aussehen und z. B. das Format vorname.nachname@domain.com aufweisen. Es kommt nicht selten vor, dass jemand beim Schreiben von E-Mail-Adressen Tippfehler macht. Dabei könnte es ein gültiges Benutzerkonto mit einem Domainnamen ähnlich dem in der Spam-Falle geben oder eine Organisation, die eines Tages jemanden mit dem Namen einstellt, der in der Spam-Falle vorkommt.

Ideal sind Adressen wie DFERQFER@domain.com und QT56.HYR5@domain.com. Die Regeln für gültige E-Mail-Adressen besagen, dass der Name mit einem alphanumerischen Zeichen beginnen muss, dem alphanumerische Zeichen oder die Symbole ».« und »-« folgen. Einige Benutzer bevorzugen Adressen für eine Spam-Falle, die diese für einen Menschen als solche kennzeichnen, z. B. spamtrap@domain.com. Es ist schwierig festzustellen, ob das eine Auswirkung darauf hat, ob Spammer diese E-Mail-Adressen verwenden.

11.6.2 Köder legen

Der nächste Schritt besteht darin, die Spam-Falle einer Webseite hinzuzufügen, so dass die Webspider der Spammer sie finden können. Wie zuvor erwähnt, gibt es dazu mehrere Verfahren, von denen hier nur eins gezeigt wird.

Um diese Aufgabe durchzuführen, sollte Ihnen das Erstellen und Veröffentlichen von HTML-Seiten geläufig sein.

Nehmen Sie eine vorhandene HTML-Seite und öffnen Sie sie in einer Textverarbeitung wie dem Editor Vi oder Emacs. Sie können auch einen HTML-Editor wie Microsoft FrontPage oder Macromedia Dreamweaver verwenden.

11.6 Spam-Fallen

Fügen Sie unmittelbar nach dem `<HEAD>`-Element zu Beginn der HTML-Datei die folgende Stildefinition hinzu:

```
<HEAD>
<STYLE type="text/css">
.hidden
{
position:absolute;
left:0px;
top:-1000px;
width:1px;
height:1px;
overflow:hidden;
}
</STYLE>
```

Sie definiert einen Stil namens `hidden`. Alles, was diesen Stil nutzt, bleibt verborgen. Fügen Sie als Nächstes unmittelbar nach dem `<BODY>`-Element die E-Mail-Adresse ein:

```
<BODY>
<DIV class="hidden">
<A HREF="mailto:spamtrap@domain.com">Please do not use this address</A>
</DIV>
```

Dieser Code definiert einen Block mit dem Stil `hidden`. Innerhalb des Blocks gibt es einen normalen Verweis vom Typ `mailto:`, der die E-Mail-Adresse der Spam-Falle enthält. Da Lesehilfen für Blinde oder sehbehinderte Personen den Text anzeigen oder vorlesen können, enthält der Verweis eine Warnung. Auch ein sehr alter Webbrowser könnte den Text darstellen.

Speichern Sie dann die Webseite und veröffentlichen Sie sie auf einer aktiven Site. Dass die Spam-Falle tatsächlich vorhanden ist, können Sie überprüfen, indem Sie die Seite mit einem Webbrowser aufrufen und sich den Quelltext anschauen.

11.6.3 Das E-Mail-Konto konfigurieren

Das mit der Spam-Falle verbundene E-Mail-Konto sollte ein reguläres Systemkonto sein, doch die Verarbeitung der E-Mails erfolgt nicht in derselben Weise wie für andere Benutzer: Anstatt die E-Mails zu filtern und zu verarbeiten, sollte das Benutzerkonto zur Verwendung der `report`-Eigenschaft von SpamAssassin konfiguriert sein, um jegliche E-Mail automatisch als Spam zu melden.

Die Datei `.procmail.rc` sollte wie folgt aussehen:

```
:0
| /usr/bin/spamassassin -r
```

Dieses Procmail-Rezept verwendet den Schalter -r des spamassassin-Clients. Es gibt diesen Schalter nur in spamassassin, nicht im spamc-Client. spamassassin sollte also auch dann eingesetzt werden, wenn spamd ausgeführt wird. Der Schalter -r weist Spam-Assassin an, die E-Mail an DCC, Razor und Pyzor zu melden, wenn diese Programme aktiviert sind.

Dieses Rezept nimmt die Standardauslieferung für die Spam-E-Mails entgegen. Sie können als Korpus zum Trainieren des Bayes-Filters oder zum Neuberechnen der Regelwertungen verwendet werden.

Die Datei user_prefs für den Spam-Fallenbenutzer sollte DCC, Razor und Pyzor aktivieren:

```
use_pyzor 1
pyzor_path /usr/bin/pyzor
use_dcc 1
use_razor2 1
razor_config /home/spamtrap/.razor/razor-agent.conf
```

Razor, Pyzor und DCC müssen korrekt konfiguriert sein, um Spam-Berichte an die verschiedenen in diesem Kapitel behandelten Dienste zu übermitteln.

11.7 Zusammenfassung

Mit Hilfe von Netzwerktests kann eine Site davon profitieren, dass andere Sites E-Mail-Übertragungen und in Spam annoncierte Websites melden. SpamAssassin enthält eine Unterstützung für RBLs und SURBLs. Letztere bieten eine viel versprechende neue Technologie gegen Spam, die in Spam-E-Mails beworbene URIs entdeckt. RBLs, Razor, Pyzor und DCC sind Systeme zum Vergleichen von E-Mails, wobei DCC als das effektivste angesehen wird. Diese Tests können zusammen eingesetzt werden und Site-umfassend oder benutzerspezifisch konfiguriert werden.

12 Regeln

Regeln sind die Bausteine von SpamAssassin. Jeder für eine Nachricht durchgeführte Test beruht auf einer Regel mit einer dazugehörigen Wertung. Regeln wurden bereits kurz in Kapitel 7 behandelt.

Benutzerdefinierbare Regeln basieren auf einem regulären Ausdruck von Perl, auch *Regex* (»regular expression«) genannt. Um neue Regeln zu schreiben, ist eine gewisse Kenntnis von regulären Ausdrücken erforderlich. Es gibt viele gute Informationsquellen für reguläre Ausdrücke in Perl. Die Standarddistribution von Perl enthält ein Dokument zum Schnellstart, ein längeres Lehrdokument und eine Syntaxdefinition. Sie erhalten sie mit Hilfe des Kommandos `perldoc`:

```
$ perldoc perlrequick
$ perldoc perlretut
$ perldoc perlre
```

Auch die meisten Einführungen in Perl beinhalten Material zu regulären Ausdrücken. Eine Internetsuche nach »Perl reguläre Ausdrücke Tutorial« ergibt eine Vielzahl geeigneter Seiten. In diesem Buch wird keine Kenntnis regulärer Ausdrücke vorausgesetzt.

Es gibt in SpamAssassin mehrere verschiedene Arten von Regeln:

Regeltyp	Beschreibung
Text	Eine Regel, die im Text und in der Betreffzeile einer E-Mail nach einem Regex sucht
Header	Eine Regel, die in den Headern einer E-Mail nach einem Regex sucht
Meta	Eine Regel, die aus einer Kombination anderer Regeln besteht
Volltext	Eine Regel, die im gesamten Text einer E-Mail nach einem Regex sucht. Sie wird ausgeführt, bevor SpamAssassin die E-Mail dekodiert.
URI	SpamAssassin entdeckt Webverweise und wendet URI-Regeln auf sie an. Auch diese Regeln haben die Form eines Regex und werden auf dieselbe Weise beschrieben und bewertet.
Rohtext	Ähnelt einer Textregel, durchsucht aber auch alle HTML-Tags

12.1 Regeln verfassen

Die einfachsten Regeln sind die *Text-* und die *Headerregeln*. *Metaregeln* sind komplexer und werden weiter hinten in diesem Kapitel behandelt.

Alle Regeln müssen einen Perl-Regex enthalten. Eine definierte Regel wird ausgeführt, sofern ihre Wertung nicht auf 0 gesetzt ist, wobei die Standardwertung für eine Regel 1,0 beträgt. Mit `T_` beginnende Regeln sind Testregeln, denen SpamAssassin eine Standardwertung von 0,01 zuweist. Die Regelnamen enthalten bis zu 22 Zeichen und werden konventionellerweise in Großbuchstaben geschrieben.

Die Regeln sollten auch eine Beschreibung haben; dafür wird die Konfigurationsanweisung `describe` verwendet.

Regeln stehen in einer Datei mit der Endung `.cf` im Verzeichnis `/etc/mail/spamassassin`. Für einen Benutzer können nur dann Regeln definiert werden, wenn der Parameter `allow_local_rules` in der Datei `/etc/mail/spamassassin/local.cf` gesetzt ist:

```
allow_local_rules 1
```

Benutzerdefinierte Regeln befinden sich in der Datei `~/.spamassassin/user_prefs`. Sie können Regeln unter einem Benutzerkonto entwickeln und sie, sobald Sie sie getestet und bewertet haben, der Site-umfassenden Konfiguration hinzufügen.

Regeln können nach einzelnen Wörtern, Satzteilen oder anderen Mustern suchen. Vermeiden Sie dabei Regeln für einzelne Wörter, da verdächtige Wörter überraschend häufig in rechtmäßigen E-Mails auftreten können. Das ist oftmals in technischen E-Mails wie Anti-Virus-Warnungen der Fall.

Regeln, die Satzteile erkennen, sind denen für einzelne Wörter vorzuziehen. Die Wahrscheinlichkeit, dass der Satzteil in einer rechtmäßigen E-Mail auftritt, ist wesentlich geringer als die für ein einzelnes Wort.

Eine einzelne Regel kann auf mehrere Sätze zutreffen, sogar dann, wenn zwischen den Wörtern andere Zeichen auftreten.

Regeln, die andere Muster erkennen, können dasselbe Problem aufweisen wie Regeln für einzelne Wörter – sie treffen möglicherweise öfter als beabsichtigt zu, so dass die Gefahr besteht, Ham als Spam einzustufen.

Im Folgenden finden Sie eine Kurzanleitung zum Erstellen einer einfachen Regel. Sie behandelt Spam-E-Mails, die ein Viagra-ähnliches Medikament namens Vicodin bewerben. Stellen Sie sich vor, einige dieser E-Mails wurden fälschlicherweise als Ham gekennzeichnet. Deshalb sollen Sie eine bessere Regel erzeugen, die ähnliche E-Mails erkennt. Die Nachrichten enthalten verschiedene `Subject:`-Header, z.B. folgende:

12.1 Regeln verfassen

```
Subject: Cheap Vicodin Online            , kfcrutbuuqfxw
Subject: Re: Order Vicodin online descreetly
Subject: Re: Vicodin for sale online, no appointments
```

Diese Betreffzeilen können alle mit einem Regex gefunden werden, der nach »vicodin« sucht, gefolgt von keinem oder mehreren Zeichen (Buchstaben) und dann »online«. Der einfachste Regex dieser Art lautet wie folgt:

```
/vicodin .*online/i
```

Das erste / markiert den Beginn des Regex. Die Buchstaben in »vicodin« und das nachfolgende Leerzeichen werden genau getroffen. Wenn sie nicht im Betreff auftreten, wird die Regel niemals ausgelöst. Das Symbol ».« nach dem Leerzeichen ist ein besonderes Zeichen in regulären Ausdrücken und bedeutet *trifft für jedes Zeichen zu*. Auch das nächste Zeichen, »*«, ist ein spezielles Symbol und bedeutet *wiederhole das letzte Zeichen keinmal oder öfter*. Der Rest des Regex besteht aus den Buchstaben »online«, die genau überstimmen müssen, damit die Regel ausgelöst wird. Das zweite / beendet den Regex, das abschließende i dahinter bedeutet, dass keine Unterscheidung zwischen Groß- und Kleinschreibung stattfindet – jede Kombination aus Groß- und Kleinbuchstaben führt zu einem Treffer.

Die folgenden Betreffzeilen stimmen mit dem Regex überein:

```
vicodin online (der einfachste Treffer ohne weitere Zeichen)
buy vicodin online (Zeichen vor dem Regex sind uninteressant)
vicodin online!!! (Zeichen nach dem Regex sind uninteressant)
vicodin for sale online (passt, mit neun zusätzlichen Zeichen)
```

Ein Blick auf die Standardregeln im Verzeichnis /usr/share/spamassassin zeigt, dass die meisten Regeln einem leicht abgewandelten Stil folgen. Der Regex lässt sich wie folgt weiter verbessern:

```
/\bvicodin .{0,25}online/i
```

Hier gibt das \b an, dass der Regex mit einer Wortgrenze (»boundary«) anfangen muss, wobei eine Wortgrenze mit dem Anfang oder dem Ende eines Worts übereinstimmt. Der Regex /eignet/ passt auf »eignet« oder »geeignet«, /\beignet/ hingegen stimmt nicht mit »geeignet« überein, da dieses Wort nicht mit »eignet« beginnt.

.{0,25} gibt an, dass null bis 25 beliebige Zeichen zu einem Treffer führen. Das bedeutet, dass bis zu 25 Zeichen zwischen »vicodin« und »online« erlaubt sind.

Beim Entwickeln und Testen von Regeln sollten Sie ein neues Benutzerkonto anzulegen, das ausschließlich diesem Zweck dient. Für diesen Benutzer können Netzwerk- und zusätzliche Tests deaktiviert werden, sofern Sie nicht gerade das Funktionieren dieser Tests überprüfen möchten. Die zugehörige Datei ~/.spamassassin/user_prefs könnte z. B. wie folgt aussehen:

```
use_auto_whitelist 0
skip_rbl_checks 1
use_pyzor 0
use_razor2 0
use_dcc 0
use_bayes 0
bayes_auto_learn 0
```

Im Folgenden finden Sie die erforderlichen Schritte, um eine Regel einzurichten:

- Wählen Sie einen Namen für die Regel. Um Konflikte mit Regelnamen in zukünftigen Versionen von SpamAssassin auszuschließen, sollten Sie den Namen eine gemeinsame Bezeichnung voranstellen, z.B. die Initialen des Entwicklers oder den Firmennamen. In diesem Beispiel heißt die Regel OUR_VICODIN_ONLINE.

- Fügen Sie die Regel, eine Beschreibung und eine Wertung zu ~/.spamassassin/user_prefs hinzu. In diesem Beispiel verarbeitet die Regel die E-Mail-Header, so dass die Datei wie folgt aussieht:

```
describe OUR_VICODIN_ONLINE vicodin online
header OUR_VICODIN_ONLINE Subject =~ /\bvicodin .{0,25}online/i
score OUR_VICODIN_ONLINE 0.1
```

Für den Fall, dass die Regel einen Fehler enthält und auf mehr E-Mails zutrifft als erwartet, wurde eine niedrige Wertung gewählt. Da es sich um eine Headerregel handelt, geben wir den zu testenden Header an, in diesem Fall Subject:, so dass die Regel Subject =~ verwendet.

- Stellen Sie sicher, dass die Regelsyntax korrekt ist, indem Sie spamassassin --lint ausführen, was jegliche Fehler in den Konfigurationsdateien anzeigt:

```
$ spamassassin --lint
Unrecognized escape \i passed through in regex;
marked by <-- HERE in m/Subject =~ /\bvicodin .{0,25}online\i <-- HERE / at
usr/lib/
perl5/site_perl/5.8.4/Mail/SpamAssassin/Conf/Parser.pm line 715.
lint: 1 issues detected.  please rerun with debug enabled for more information.
```

In diesem Beispiel gab es in der Regel einen Tippfehler, weil der Regex mit dem Zeichen \ anstatt mit / abgeschlossen wurde.

- Testen Sie die Regel. Die einfachste Möglichkeit dazu besteht darin, das Kommando spamassassin in der Befehlszeile aufzurufen und eine E-Mail zu übergeben, die die Regel erwartungsgemäß auslöst. Nehmen Sie eine einschlägige E-Mail oder erstellen Sie selbst eine in einer Textverarbeitung, und übergeben Sie sie dann an das Kommando spamassassin. Beim Testen von Regeln ist der Schalter -t sinnvoll. Er fügt den Testbericht am Ende der Ausgabe hinzu, so dass Sie ihn leicht analysieren können:

12.1 Regeln verfassen

```
$ spamassassin -t < /path/to/mailmessage | grep OUR_VICODIN_ONLINE
...
Content analysis details:   (1.4 points, 5.0 required)

 pts rule name              description
 ---- ---------------------- --------------------------
 0.1 OUR_VICODIN_ONLINE      vicodin online
```

> **Hinweis**
>
> Sie können auch den Schalter -D (»debug«) an spamassassin übergeben, um zusätzliche Informationen zur Fehlersuche zu erhalten.

Wenn die Regel gültig ist und spamassassin --lint keine Fehler findet, bedeutet das, dass die Regel nicht ausgelöst wurde. Zum Überprüfen des Regex können Sie Perl von der Befehlszeile aus aufrufen:

```
$ perl -ne 'print if $_ =~ /\bvicodin.{0,25}online/i;' <
                                                        /path/to/mailmessage
Subject: Fw: Cheap Vicodin Online - USA Pharmacy pgbfxewyigo g
```

Der Schalter -ne gibt an, dass das Skript in der Befehlszeile ausgeführt wird (ein Perl-*Einzeiler*). Um einen Regex außerhalb von SpamAssassin zu testen, verwenden Sie das folgende Muster. Ersetzen Sie das Wort HERE im Muster durch den zu testenden Regex und geben Sie bei Bedarf den Schalter i an::

```
$ perl -ne 'print if $_ =~ /HERE/i;' < /path/to/mailmessage
```

Der Regex kann nach Bedarf verbessert werden.

- Berechnen Sie eine Wertung für die Regel. Wählen Sie für diese Regel, die nur mit sehr geringer Wahrscheinlichkeit von einer Ham-E-Mail ausgelöst werden kann, eine ziemlich hohe Wertung, idealerweise eine, die alle empfangenen problematischen E-Mails als Spam markiert. Allgemein gilt, dass Sie niemals eine Regel so hoch bewerten sollten, dass sie allein dazu führt, eine E-Mail als Spam einzustufen. Für den standardmäßigen Schwellenwert von 5,0 für Spam sollte die Regel eine Wertung von 3,5 bis 4,0 aufweisen.

- Wenn die Regel Site-umfassend gelten soll, verschieben Sie sie, ihre Wertung und die Beschreibung nach /etc/mail/spamassassin/local.cf und führen spamassassin --int erneut aus.

- Starten Sie gegebenenfalls spamd neu. Das lädt die geänderten Konfigurationsdateien neu.

- Beobachten Sie die Regel, indem Sie eingegangene E-Mails für eine gewisse Zeitdauer mit grep untersuchen.

Dieses Beispiel verarbeitet E-Mail-Header, ist aber für eine Überprüfung des Texts einer E-Mail gleichermaßen gültig. Ein solcher Test kann wie folgt geschrieben werden:

body OUR_VICODIN_ONLINE /\bvicodin .{0,25}online/i

12.1.1 Leistung von Regeln

Leistungssteigerung wird eingehend in Kapitel 14 behandelt. Hier betrachten wir jedoch einige Tricks, mit denen Sie SpamAssassin schneller machen können.

Die einfache Regel

body SIMPLE_EXAMPLE /buy (viagra|vicodin|prescription drugs) online/

verwendet den Perl-Operator »|«, damit sie auf eine der in den Klammern angegebenen Optionen zutrifft. »buy viagra online« stimmt mit dieser Regel ebenso überein wie »buy vicodin online«.

Regeln wie diese können durch Hinzufügen von »?:« nach der öffnenden Klammer beschleunigt werden:

body SIMPLE_EXAMPLE /buy (?:viagra|vicodin|prescription drugs) online/

Standardmäßig merkt sich Perl, welche der möglichen Optionen die Regel ausgelöst hat, doch SpamAssassin benötigt diese Information nicht. Ein ?: vor einer optionalen Regel weist Perl an, diese Information nicht zu speichern, und beschleunigt die Ausführung der Regel.

Die Kombination ähnlicher Regeln zu einer einzigen führt auch zu einem Geschwindigkeitsgewinn. Die folgende Regel ist wesentlich effizienter als einzelne Regeln:

body SIMPLE_EXAMPLE /(?:auction|lucky).(?:winning|notification)/

12.1.2 Metaregeln

Metaregeln sind Kombinationen aus zwei oder mehr Regeln, die mit Hilfe der Boole'schen und arithmetischen Perl-Operatoren verknüpft werden. Die Dokumentation über die Boole'schen Operatoren von Perl erhalten Sie durch Eingabe von perldoc perlop oder man perlop.

Die nachfolgende Tabelle enthält eine Zusammenfassung der gebräuchlichsten Operatoren:

12.1 Regeln verfassen

Operator	Beschreibung	Beispiel
&&	Logisches UND: wahr, wenn beide Operatoren wahr sind	RULE1 && RULE2
||	Logisches ODER: wahr, wenn mindestens einer der Operatoren wahr ist	RULE1 || RULE2
!	Logisches NICHT: das Gegenteil seines Operanden. Das Ergebnis ist wahr, wenn der Operand falsch ist, und falsch, wenn der Operand wahr ist.	!RULE1
()	Klammern: zum Gruppieren von Ausdrücken	RULE1 || (RULE2 && RULE3)
* + - / > <	Arithmetische Operatoren: Ihr Ergebnis muss eine mathematische Aussage sein, die entweder wahr oder falsch ist.	(RULE1 * 2 + RULE2 * 2 + RULE3) >= 3

> **Hinweis**
>
> Weitere Informationen über Perl-Operatoren erhalten Sie in jeder Einführung in Perl.

Text-, Header-, URI- und Rohtextregeln können einzeln sowie als Teil von Metaregeln verwendet werden. Wird eine Regel nur als Teil einer Metaregel eingesetzt, sollte ihr Name mit zwei Unterstrichen beginnen. SpamAssassin gibt diesen Regeln die Standardwertung null. Das verhindert, dass die Regel zweimal zur Wertung einer E-Mail beiträgt, und erspart den Regelentwicklern das Hinzufügen von Nullwertungen zu Regeln, die nur als Teil von Metaregeln verwendet werden.

Mit doppelten Unterstrichen benannte Regeln erscheinen nicht in Spam-Berichten oder E-Mail-Headern, obwohl das für ausgelöste Metaregeln der Fall ist. Die Metaregel sollte eine Wertung erhalten.

Wenn Regeln normal *und* als Teil von Metaregeln eingesetzt werden, sollten sie eigene Wertungen erhalten, ebenso die Metaregel. Beginnen Sie die Namen solcher Regeln *nicht* mit einem doppelten Unterstrich.

Metaregeln werden am besten dann verwendet, wenn die Kombination mehrerer harmloser Satzteile in einer E-Mail auf Spam hindeutet. E-Mails mit nur einem der Satzteile lösen die Metaregel nicht aus, wohl aber E-Mails mit sämtlichen Teilen. Auf diese Weise werden Fehltreffer vermieden, ohne die Erkennung von Spam nachteilig zu beeinflussen.

Metaregeln können auch eingesetzt werden, um die Wertung einer E-Mail zu erhöhen. Das ist dann sinnvoll, wenn zwei gering bewertete Spam-Regeln auf dieselbe E-Mail zutreffen und sich eine wesentlich höhere Wahrscheinlichkeit ergibt, dass es sich bei dieser Nachricht um Spam handelt.

Nachfolgend finden Sie ein etwas konstruiertes Beispiel für eine Metaregel, die E-Mails mit »prescription« im Betreff und einer Vielzahl von Medikamentennamen im Text erkennen soll:

```
header __OUR_PRESCRIPTION Subject =~ /prescription/i
body   __OUR_VICODIN_VIAGRA /\bviagra|vicodin|cialis/i
meta OUR_PRECRIPTION_DRUGS (__OUR_PRESCRIPTION && __OUR_VICODIN_VIAGRA)
score OUR_PRECRIPTION_DRUGS 0.1
describe OUR_PRECRIPTION_DRUGS Prescription viagra
```

Die Headerregel sucht im Betreff nach »prescription«, die Textregel nach einem der drei Medikamente. Die Metaregel kombiniert beide mit einem logischen UND – sie ist nur dann wahr, wenn beide einzelnen Regeln wahr sind.

Metaregeln sind schwieriger zu entwickeln und zu testen. Jede Komponente einer Metaregel kann einzeln entwickelt werden (falls erforderlich mit Hilfe von `perl -ne`) und dann können sie kombiniert werden.

Das Kommando `spamassassin -t -D rulesrun=255` listet alle ausgelösten Tests und Untertests auf:

```
spamassassin -t -D rulesrun=255 < ~path/to/spam.ext
...
debug: subtests=__CT,__CTE,__CT_TEXT_PLAIN,__HAS_MSGID,__HAS_SUBJECT,↵
  __MIME_VERSION,__MSGID_OK_HOST,__OUR_PRESCRIPTION,__SANE_MSGID,↵
  __UNUSABLE_MSGID
```

In komplexen Regeln kann der Operatorvorrang zu Problemen führen. Dieses Thema wird in der zu Beginn dieses Abschnitts erwähnten Dokumentation zu Perl-Operatoren behandelt. Falls erforderlich, kann der Operatorvorrang mit Hilfe von Klammern gesteuert werden.

12.1.3 Positive Regeln schreiben

Positive Regeln dienen zum Identifizieren von Ham-E-Mail und zur Verringerung der Wertung. Sie haben negative Wertungen. Whitelist-Regeln, Bayes-Regeln mit niedriger Wahrscheinlichkeit und E-Mails mit dem Kennzeichen HABEAS weisen negative Wertungen auf.

12.1 Regeln verfassen

> **Hinweis**
>
> Das Bestätigungskennzeichen HABEAS kommt nur in rechtmäßigen Massen-E-Mails vor (nicht in Spam) und wird ausführlich in Kapitel 5 behandelt.

Mit Hilfe positiver Regeln können ein bestimmter Benutzer oder ein bestimmtes E-Mail-Relay identifiziert oder Firmenjargon bzw. Produktnamen erkannt werden. Alle Regeln sollten sich auf Sätze konzentrieren, die mit hoher Wahrscheinlichkeit nur in rechtmäßigen E-Mails auftreten. Dabei sollten Sie auch die Anzahl der Zeichen zwischen den Wörtern eines Satzes beschränken. Im vorstehenden Beispiel waren zwischen »vicodin« und »online« 25 Zeichen erlaubt. In einer positiven Regel mit gängigen Wörtern stimmt das Muster gelegentlich auch mit unerwarteten Fällen überein. Es ist daher besser, den Satz möglichst auf aufeinander folgende Wörter zu beschränken. Die regulären Ausdrücke können dazu das Symbol \s verwenden, das für Leerzeichen steht (einschließlich Tabulatoren und Zeilenumbrüchen). Noch besser ist unter Umständen der Einsatz des Symbols \W. Dieses kennzeichnet alle Zeichen, die nicht in einem Wort vorkommen dürfen. Dies schließt zum Beispiel den Bindestrich und das Semikolon mit ein (aber auch Umlaute bei Wahl einer nicht-deutschen Locale).

> **Hinweis**
>
> Positive Regeln müssen nicht auf alle rechtmäßigen E-Mails zutreffen. In der Praxis stimmen sie mit ungefähr 10 % überein.

Positive Regeln werden genauso wie andere Regeln geschrieben. Der einzige Unterschied besteht in der negativen Wertung. Dies ist ein heikler Balanceakt, vor allem wenn die Regel lediglich aus einem Wort besteht. Die Wertung einer jeden Spam-E-Mail, auf die eine positive Regel zutrifft, wird in Richtung des Schwellenwerts für Spam abgesenkt und fällt eventuell sogar darunter, so dass sie nicht mehr als Spam gekennzeichnet wird. Wie bei den oben genannten einfachen Regeln sind Tests auf Satzteile besser als Tests auf einzelne Wörter.

Beispiele für positive Regeln

Stellen Sie sich eine hypothetische Firma vor, die Spielwaren verkauft, darunter ein »Laser Car« und eine Spielzeugkamera »SnapAndShoot«. Eine brauchbare positive Regel lautet:

```
/\blaser\W*car\b/i
```

Dieser Regex passt auf den Satzteil »Laser Car«, mit einem oder mehreren Leerzeichen oder Tabulatoren zwischen den Wörtern, jedoch nicht auf »Laser Care«. Das »\W*« passt auf ein oder mehrere Leerzeichen, und das abschließende »\b« stellt sicher, dass es nach »Car« eine Wortgrenze gibt, so dass »Laser Care« nicht passt. Damit auch »Laser Cars« im Plural erkannt wird, kann die Regel erweitert werden:

```
/\blaser\W*cars?\b/i
```

Die empfohlene Wertung für diese Regel liegt im Bereich von -1,25 bis -1,75.

```
/\bsnapandshoot/i
```

Dieser Regex ist als Regel für ein einzelnes Wort geeignet, da es sehr unwahrscheinlich ist, dass dieses Wort in Spam-E-Mails vorkommt. Da das Wort im Genitiv verwendet werden könnte, z. B. »SnapAndShoots Verkaufszahlen steigen«, gibt es hier kein abschließendes »\b«. Die empfohlene Wertung für diese Regel liegt im Bereich von -0,25 bis -0,75.

```
/\bsnap\Wand\Wshoot/i
```

Auch diese Regel ist geeignet. Da der Satzteil etwas gebräuchlicher ist, liegt die empfohlene Wertung im Bereich von -0,1 bis -0,5.

12.1.4 Rohtextregeln

Headerregeln von SpamAssassin ermöglichen die Überprüfung eines bestimmten Headers, während Textregeln den Text einer E-Mail verarbeiten, nachdem die HTML- oder MIME-Anteile analysiert oder entfernt oder andere Bearbeitungen ausgeführt wurden. Manchmal führt das zu Schwierigkeiten, so dass zum Identifizieren von Spam der Zugriff auf den Rohtext der E-Mail erforderlich ist, was Rohtextregeln ermöglichen. Auch diese Regeln sind aus regulären Ausdrücken aufgebaut und werden auf dieselbe Weise beschrieben und bewertet.

Da Rohtextregeln den unverarbeiteten Text einer E-Mail behandeln, treffen sie möglicherweise nicht auf HTML-E-Mails zu. Betrachten Sie die folgende Regel:

```
rawbody   /mortgage loans/
```

Sie trifft nicht zu, wenn die E-Mail wie folgt HTML-kodiert ist:

```
<p> You should use our <b>mortgage</b> loans! </p>
```

In Rohtextregeln wird HTML-Markup zusammen mit dem Text übergeben. Sie können verwendet werden, um Spam über den Gebrauch von HTML-Kommentaren, -Tags oder -Markup zu entdecken. In anderen Fällen sollte eine normale Textregel benutzt werden.

12.1.5 Ein E-Mail-Corpus zum Testen der Regeln und der Wertung

Einzelne Regeln können mit der bereits beschriebenen Technik getestet werden. Änderungen der Wertung lassen sich für einzelne E-Mails berechnen. Wenn mehrere Regeln hinzugefügt oder Wertungen geändert werden, kann es schwierig sein, die Resultate der einzelnen Änderungen zu beurteilen.

SpamAssassin enthält Werkzeuge, um Tests für eine große Anzahl von Ham- und Spam-E-Mails auszuführen und die Ergebnisse zusammenzufassen. Diese Ergebnisse zeigen die Genauigkeit der Identifizierung an. Wenn Sie diese Tests für bekannte Ham- und Spam-E-Mails ausführen, dann Änderungen an den Wertungen vornehmen und die Tests erneut durchführen, können Sie die Auswirkungen der Änderungen erkennen.

Aufbau des Corpus

Da sich die Leistung von SpamAssassin in Abhängigkeit von den eingehenden E-Mails ändert und diese wiederum von Site zu Site und von Benutzer zu Benutzer unterschiedlich sind, ist es am besten, ein Site-umfassendes oder ein benutzerspezifisches E-Mail-Corpus aufzubauen. Dieses Corpus ist eine Sammlung der Kopien von Ham- und Spam-E-Mails.

> **Hinweis**
>
> Wenn Sie ein Corpus erstellen, ist es wichtig, die Klassifizierungen der E-Mails von Hand zu überprüfen. Sie sollten nicht auf die Wertungen von SpamAssassin vertrauen, um Ham von Spam zu trennen.

Sie können das Corpus aufbauen, indem Sie Ham- und Spam-E-Mails in Ordner oder Postfächer kopieren. Die E-Mails sollten von Hand überprüft werden, damit keine Falschmeldungen verarbeitet werden, und dürfen nicht weitergeleitet werden, da sich dann die Header verändern. Ab und zu sollte das Corpus aufgeräumt werden, da das Entwicklungsteam von SpamAssassin empfiehlt, dass E-Mails, die älter als sechs Monate sind, nicht für Massentests verwendet werden sollen. Diese Wartungsarbeiten können wöchentlich oder monatlich durchgeführt werden, wobei alle Nachrichten entfernt werden, die vor einem bestimmten Datum eingegangen sind.

Das öffentliche Corpus

Auf der SpamAssassin-Website ist ein E-Mail-Corpus erhältlich, das eine Anzahl von Dateien im standardisierten mbox-Format umfasst. Es kann heruntergeladen und in Verbindung mit selbst erstellten Corpora genutzt werden. Das öffentliche Corpus kann zum Testen neuer Regeln verwendet werden, ist jedoch nicht zuverlässig genug, um Neubewertungen von Regeln vorzunehmen. Die von ihrer eigenen Site empfangenen E-Mails bilden eine wesentlich bessere Basis als die anderer Sites.

SpamAssassin mit Hilfe eines Corpus testen

Die Werkzeuge zum Testen von SpamAssassin anhand eines Corpus sind im Quellcode enthalten, werden aber nicht zusammen mit den anderen Komponenten über make install installiert. Wurde SpamAssassin manuell mit make eingerichtet, können Sie das Verzeichnis mit dem Quellcode verwenden, sofern es noch vorhanden ist. Andernfalls muss der Quellcode wie in Kapitel 6 beschrieben gesucht, heruntergeladen und erstellt werden.

> **Hinweis**
>
> Der letzte Installationsschritt, make install, muss ausgelassen werden, da SpamAssassin bereits installiert ist.

Wenn Sie SpamAssassin über CPAN installiert haben, befindet sich der Quellcode im Verzeichnis ~/.cpan/sources/authors/id/F/FE/FELICITY/ des Benutzers, unter dem CPAN ausgeführt wurde. Wurde SpamAssassin aus einem RPM-Paket erstellt, müssen Sie sorgfältig die korrekte Version des Quellcodes suchen, da er zur installierten Version von SpamAssassin passen muss.

Die Werkzeuge zum Testen von SpamAssassin befinden sich im Unterverzeichnis masses. Sie liegen nicht im Systempfad, so dass stets der vollständige Pfad angegeben werden muss.

Das Skript mass-check wird verwendet, um eine große Anzahl von E-Mails mit SpamAssassin zu verarbeiten.

Das folgende Kommando verarbeitet Spam- und Ham-E-Mails im maildir-Format in den Verzeichnissen /tmp/corpus/spam/* und /tmp/corpus/ham/*:

```
$ cd /path/to/spamassassin-build/masses
$ ./mass-check --progress spam:dir:/tmp/corpus/spam ham:dir:/tmp/corpus/ham/
status: pre-scanning and sorting. now: 2004-06-02 21:47:38
status:   10% ham: 146    spam: 350    date: 2004-05-12 now: 2004-06-02 21:50:05
status:   20% ham: 146    spam: 846    date: 2004-05-14 now: 2004-06-02 21:51:39
```

12.1 Regeln verfassen

```
...
status: 100% ham: 146    spam: 4814   date: 2004-06-02 now: 2004-06-02 22:04:36
status: 100% ham: 146    spam: 4821   date: 2004-06-02 now: 2004-06-02 22:04:39
```

Das folgende Kommando verarbeitet Spam- und Ham-E-Mails im mbox-Format in den Verzeichnissen /tmp/corpus/spam/ und /tmp/corpus/ham/:

```
$ cd /path/to/spamassassin-build/masses
$ ./mass-check --mbox --progress /tmp/corpus/spam > spam.log
$ ./mass-check --mbox --progress /tmp/corpus/ham > ham.log
```

Bei einem umfangreichen Corpus oder langsamer Hardware kann das Kommando mass-check einige Zeit zur Ausführung benötigen. Wenn die Verarbeitung sehr lange dauert, sollte sie nicht in einer Produktionsumgebung durchgeführt werden, da wichtige Dienste durch die schlechte Leistungsfähigkeit beeinträchtigt werden.

Die Ausgabe von mass-check befindet sich in den beiden Dateien ham.log und spam.log. Sie werden zum Erstellen des Berichts über die Trefferhäufigkeit verarbeitet:

```
$ ls -al *.log
-rw-------   1 user1 users   400142 Jun  2 21:49 ham.log
-rw-------   1 user1 users  1669673 Jun  2 22:04 spam.log
```

Die Trefferhäufigkeit untersuchen

Die Trefferhäufigkeit ergibt für jede Regel einen Bericht und zeigt auf, wie effektiv eine Regel im Erkennen von sowohl Ham- als auch Spam-E-Mail ist. Sie erstellen den Bericht mit dem folgenden Befehl:

```
$ make clean
rm -rf *.o evolve tmp freqs
$ make freqs
./hit-frequencies -x -p -s 0 > freqs
```

Die Ausgabe ist ein Bericht in der Datei freqs:

```
$ head freqs
OVERALL%    SPAM%    HAM%    S/O    RANK   SCORE  NAME
    4967     4821     146   0.971   0.00   0.00   (all messages)
 100.000  97.0606  2.9394   0.971   0.00   0.00   (all messages as %)
  31.971  32.9392  0.0000   1.000   1.00   1.10   MIME_HTML_ONLY_MULTI
  23.213  23.9162  0.0000   1.000   0.99   1.06   MIME_HTML_NO_CHARSET
  20.717  21.3441  0.0000   1.000   0.98   2.73   FORGED_RCVD_NET_HELO
```

Dieser Bericht enthält mehrere Spalten:

- OVERALL%: Der Prozentsatz der E-Mails, die die Regel ausgelöst haben
- SPAM%: Der Prozentsatz der Spam-E-Mails, die die Regel ausgelöst haben
- HAM%: Der Prozentsatz der Ham-E-Mails, die die Regel ausgelöst haben

- S/O: Die Gesamteffektivität der Spam-Erkennung einer Regel. Der Wert 1.000 bedeutet, dass die Regel Spam sehr effektiv kennzeichnet, 0.000 bedeutet, dass die Regel Ham sehr effektiv markiert. Ein Wert um 0.500 zeigt an, dass die Regel sowohl von Spam als auch von Ham ausgelöst wird, und das heißt, dass die Regel nicht gut zur Filterung von Spam geeignet ist. Die Bezeichnung S/O steht für »Spam/Overall«. Im Allgemeinen ist eine Regel mit einem S/O-Wert unter 0.900 nicht effektiv, so dass sie eine sehr geringe Wertung erhalten sollte. Regeln mit einem S/O-Wert unter 0.700 sollten Sie nicht verwenden.
- RANK: Die Rangfolge der Regeln von der besten (1.00) bis zur schlechtesten (0.00)
- SCORE: Die aktuelle Wertung für die Regel
- NAME: Der Name der Regel

Führen Sie nach der Prüfung dieser Datei die folgenden Schritte durch:

- Verringern Sie die Wertungen von Regeln mit einem S/O-Wert um 0.500, insbesondere wenn sie von vielen Ham-E-Mails ausgelöst werden. Da diese Regeln sowohl von Ham als auch von Spam ausgelöst werden, erhöhen sie die Wertung für Ham-E-Mails und führen möglicherweise zu Fehltreffern. Als Anhaltspunkt sollte keine Regel dieses Typs eine Wertung größer als 0.7 haben.
- Erhöhen Sie die Wertungen für Regeln mit einer niedrigen Wertung (z.B. kleiner als 0.5) und einem S/O-Wert nahe 1.0. Da diese Regeln gut funktionieren, können ihre Wertungen unbedenklich erhöht werden, ohne zu Fehltreffern zu führen.
- Deaktivieren Sie Regeln mit einer positiven Wertung und einem S/O-Wert nahe 0.000, insbesondere wenn die Regel von einem deutlichen Anteil des Ham-Corpus ausgelöst wurde. Diese Regeln arbeiten nicht gut, erhöhen die Wertungen für rechtmäßige E-Mails und führen möglicherweise zu Fehltreffern. Um eine Regel zu deaktivieren, setzen Sie die Wertung in /etc/mail/spamassassin/local.cf oder ~/.spamassassin/user_prefs auf den Wert 0.
- Erhöhen Sie den Absolutbetrag der Wertung für Regeln mit einer niedrigen negativen Wertung (z.B. zwischen -0.5 und 0), wenn sie von keinen oder wenigen Spam-E-Mails ausgelöst wurden. Diese Regeln sind gut zum Identifizieren von Ham-E-Mails geeignet, und eine Erhöhung der Wertung führt nicht zu fälschlicherweise positiv bewerteten Spam-E-Mails.

12.2 Andere Regelsätze verwenden

Es gibt viele andere Regelsätze im Internet, die oftmals thematisch zusammengefasst sind, z.B. zum Erkennen ungültigen HTML-Codes und üblicher in Spam verwendeter URLs oder zum Aufspüren von häufig in Spam vorkommenden Zeichenfolgen. Benutzerdefinierte Regelsätze werden häufig aktualisiert, um auf Änderungen in Spam-E-Mails zu reagieren.

Eine Internetsuche nach »spamassassin rulesets« ergibt viele Seiten mit Verweisen auf Regelsätze. Das SpamAssassin-Wiki (eine gemeinschaftliche Informations-Website) unter *http://wiki.apache.org/spamassassin/CustomRulesets* enthält Links zu vielen benutzerdefinierten Regelsätzen.

Benutzerdefinierte Regelsätze können bestimmte Installationsanweisungen enthalten, die Sie sorgfältig lesen und befolgen sollten. Im Allgemeinen ist es für die Installation erforderlich, eine Regel- und eine Wertungsdatei nach `/etc/mail/spamassassin/` zu kopieren und `spamd` neu zu starten.

Je mehr Regeln SpamAssassin verwendet, desto mehr Ressourcen werden zur Verarbeitung jeder einzelnen E-Mail benötigt. Die Systemleistung kann sinken, wenn zu viele benutzerdefinierte Regelsätze eingesetzt werden. Mehr über Leistungsprobleme erfahren Sie in Kapitel 14.

12.3 Zusammenfassung

Dieses Kapitel behandelte die Bausteine von SpamAssassin – Regeln. SpamAssassin ermöglicht dem Benutzer, Regeln zu definieren, um auf die Arten von Spam zu reagieren, die die Site tatsächlich empfängt. Es gibt eine Vielzahl von Regeltypen zur Verarbeitung der verschiedenen Bestandteile einer E-Mail.

Benutzerdefinierte Regeln basieren auf regulären Ausdrücken in Perl. Die Regelbewertung ist ein wichtiger Teil der Filtertechniken von SpamAssassin.

Die Verwendung eines Corpus und die Berechnung der Effektivität von Regeln können dabei helfen, Regeln neu zu bewerten, um die Filterung zu verbessern. Eine Site kann mehrere benutzerdefinierte Regelsätze verwenden, die regelmäßig aktualisiert werden sollten.

13 Filteroptimierung

Die Erkennungsquote von SpamAssassin ist sehr hoch, aber dennoch schlüpfen manche Spam-E-Mails durch die Maschen. Auf der anderen Seite werden gültige E-Mails manchmal als Spam gekennzeichnet.

Dieses Kapitel gibt einen Überblick über Whitelists und Blacklists – Techniken für die Spam-Filterung, die als »gut« bzw. »schlecht« bekannte Absender kennzeichnen. Anschließend behandeln wir den Fall, dass E-Mails falsch klassifiziert wurden, und zeigen auf, wie dieses Problem durch eine Veränderung der Wertungen in den Regeln behoben werden kann. Schließlich wird erörtert, wie sich bestimmte Fremdsprachen und Zeichensätze herausfiltern lassen, um das Spam-Aufkommen zu verringern.

13.1 Whitelists und Blacklists

SpamAssassin ist zwar sehr gut im Aufspüren von Spam, aber es besteht immer die Gefahr von Fehltreffern (»False Positives«) und Nichterkennungen (»False Negatives«). Mit Hilfe einer Liste der E-Mail-Adressen von bekannten Spammern (Blacklist) können die E-Mails von Spammern, die stets dieselbe Adresse oder Domain verwenden, ausgefiltert werden. Eine Liste der E-Mail-Adressen erwünschter Absender (Whitelist) sorgt dafür, dass E-Mails von regelmäßigen oder wichtigen Korrespondenzpartnern garantiert als Ham angesehen werden. Dies verhindert, dass wichtige E-Mails, die anderenfalls als Spam gekennzeichnet würden, verspätet oder gar nicht ausgeliefert werden.

Blacklists, die einzelne E-Mail-Adressen aufführen, sind nur von begrenztem Nutzen, da Spammer gewöhnlich bei jedem Durchlauf andere oder zufällig erstellte E-Mail-Adressen verwenden. Manche Spammer nehmen jedoch für mehrere Kampagnen dieselbe Domain. Da SpamAssassin Jokerzeichen in den Blacklists erlaubt, können ganze Domains darin aufgenommen werden. Dies ist zum Ausfiltern von Spam äußerst nützlich.

SpamAssassin setzt manuell erstellte White- und Blacklists ein und verwaltet auch eine automatisch generierte Whitelist.

13.1.1 Whitelists und Blacklists manuell anlegen

Um White- oder Blacklists manuell anzulegen, müssen Sie zusätzliche Konfigurationsdirektiven in die globale Konfigurationsdatei /etc/mail/spamassassin/local.cf oder zu ~/.spamassassin/user_prefs einfügen.

In den White- bzw. Blacklist-Einträgen können die Zeichen ? und * verwendet werden, um ein einzelnes oder viele Zeichen zu vertreten. Mit einem Whitelist-Eintrag *@domain.com stimmen z. B. joe@domain.com und bill@domain.com überein. Zu dem Eintrag *@yahoo?.com passen joe@yahoo1.com und bill@yahoo2.com, aber nicht billy@yahoo22.com. Hingegen gilt *@yahoo*.com für alle drei Beispiele.

Die Regeln für White- und Blacklists sorgen nicht unmittelbar dafür, dass eine E-Mail als Spam oder Ham markiert wird, obwohl die Wertungen sehr hoch sind – der Standardwert für die Regel USER_IN_WHITELIST beträgt 100.0. Es ist technisch möglich, dass eine E-Mail mit einem Whiteliste-Eintrag übereinstimmt und doch genügend andere Tests auslöst, um schließlich als Spam gekennzeichnet zu werden. In der Praxis ist dies jedoch sehr unwahrscheinlich, sofern die Standardwerte nicht geändert wurden.

Die folgende Tabelle enthält sämtliche Whitelist- und Blacklist-Einträge:

Direktive	Beschreibung
whitelist_from	Diese Direktive gibt E-Mail-Adressen (auch mit Jokerzeichen) an, deren Nachrichten als Ham angesehen werden sollen. Diese Direktive kann verwendet werden, um sicherzustellen, dass E-Mails aus vertrauenswürdigen Domains nicht als Spam ausgefiltert werden.
unwhitelist_from	Hiermit lässt sich ein whitelist_from-Eintrag überschreiben. Dafür kann es zwei verschiedene Gründe geben. Erstens können whitelist_from-Einträge Jokerzeichen enthalten, die eine Reihe von E-Mail-Adressen abdecken, wobei von einer der Adressen, die mit diesem Eintrag übereinstimmen, ständig Spam eintrifft. Zweitens kann es sein, dass in /etc/mail/spamassassin/local.cf ein globaler whitelist_from-Eintrag enthalten ist, den ein Benutzer in seiner lokalen ~/.spamassassin/user_prefs-Datei überschreiben möchte.
whitelist_from_rcvd	Diese Direktive gibt zwei Dinge an: Eine E-Mail-Adresse (auch mit Jokerzeichen) und das Relay, über das die E-Mail erwartet wird. Spammer versenden häufig E-Mails mit gefälschten from:-Adressen, die so aussehen, als ob sie aus der Domain des Unternehmens selbst kämen. Viele Unternehmen verwenden einen whitelist_from-Eintrag mit Jokerzeichen für ihre eigenen Domains, was Spammer auszunutzen versuchen. Durch die Einbeziehung des erwarteten Relays fällt Spam-E-Mail nicht mehr unter diesen Whitelist-Eintrag.
def_whitelist_from_rcvd	SpamAssassin wird mit ungefähr 40 Whitelist-Einträgen ausgeliefert. Da es sich dabei um offensichtliche Ziele für Spammer handelt, wird dafür diese Form verwendet. Sie funktioniert genauso wie whitelist_from_rcvd, weist aber aufgrund des Missbrauchsrisikos geringere Wertungen auf.

Direktive	Beschreibung
unwhitelist_from_rcvd	Diese Direktive entfernt einen whitelist_from_rcvd- oder def_whitelist_from_rcvd-Eintrag.
blacklist_from	Diese Direktive gibt eine E-Mail-Adresse (auch mit Jokerzeichen) an, deren Nachrichten als Spam gekennzeichnet werden sollen. Damit lassen sich Spammer ausfiltern, die stets dieselbe E-Mail-Adresse verwenden, sowie Domains, die eine bekannte Quelle von Spam bilden.
unblacklist_from	Diese Direktive macht einen blacklist_from-Eintrag rückgängig.
whitelist_to	Wenn die E-Mail-Adresse im Feld To:, CC: oder BCC: mit der in dieser Direktive angegebenen Adresse (mit Jokerzeichen) übereinstimmt, wird die E-Mail als Ham gekennzeichnet. Standardmäßig beträgt die Wertung für diesen Test in den Versionen 2.64 und 3.0 -6.00, was dazu führen kann, dass manche E-Mails an Adressen auf der Whitelist als Spam betrachtet werden. Die nächsten beiden Regeln funktionieren genauso, weisen aber noch größere negative Werte auf, was dazu führt, dass mehr Spam ausgeliefert wird, aber auch die Wahrscheinlichkeit dafür erhöht, dass gültige E-Mails ihren Empfänger erreichen.
more_spam_to	Diese Direktive gleicht whitelist_to, weist aber einen größeren negativen Wert von -20 auf.
all_spam_to	Diese Direktive gleicht whitelist_to, weist aber einen größeren negativen Wert von -100 auf.
blacklist_to	Wenn die E-Mail-Adresse im Feld To:, CC: oder BCC: mit der in dieser Direktive angegebenen Adresse (mit Jokerzeichen) übereinstimmt, wird die E-Mail als Spam gekennzeichnet. Diese Direktive ist nützlich für Spam-Fallen.

13.1.2 Domains in Whitelists aufnehmen

Es gibt mehrere Möglichkeiten, um Domains in Whitelists aufzunehmen. Die Verwendung von whitelist_from ist ein Weg, birgt aber die Gefahr des Missbrauchs durch Spammer mit sich, die den from:-Header fälschen können, damit er mit der Domain übereinstimmt. Die beste Lösung besteht darin, die Direktive whitelist_from_rcvd zu verwenden, in der auch die Relays angegeben werden, von der die E-Mails erwartet werden. Werden mehrere Relays verwendet, können in der Konfigurationsdatei auch mehrere Einträge vorgenommen werden. Das folgende Beispiel zeigt die Konfigurationseinträge für die Domain mycompany.com mit zwei E-Mail-Servern:

```
whitelist_from_rcvd *@mycompany.com server1.email.mycompany.com
whitelist_from_rcvd *@mycompany.com server2.email.mycompany.com
```

Bei dieser Konfiguration stimmen alle E-Mails von einer @mycompany.com-Adresse, die über einen der angegebenen Server weitergeleitet werden, mit dem Whitelist-Eintrag überein. Für E-Mails, bei denen zwar die Adresse übereinstimmt, die aber *nicht* über die angegebenen Server hereinkommen, trifft die entsprechende Whitelist-Regel nicht zu, aber auch keine Blacklist-Regel.

Wenn Angestellte E-Mails über andere Server schicken, z. B. wenn sie zu Hause arbeiten und den POP3-Server eines ISPs nutzen, oder auf Reisen Einwählkonten verwenden, müssen ihre E-Mail-Adressen ausdrücklich in whitelist_from-Einträge aufgenommen werden.

```
whitelist_from salesman1@mycompany.com
whitelist_from home_user1@mycompany.com
```

13.2 Die automatische Whitelist

SpamAssassin verwaltet eine automatische Whitelist (AWL), die tatsächlich auch als automatische Blacklist fungiert. Im Allgemeinen ist eine automatische Blacklist jedoch eher unwirksam, da Spammer selten über einen längeren Zeitraum hinweg dieselbe E-Mail-Adresse verwenden. Dennoch zeichnet SpamAssassin die IP- und die E-Mail-Adressen von empfangenen Nachrichten auf, um seine Effektivität zu erhöhen.

Die automatische Whitelist führt ein Protokoll der SpamAssassin-Wertungen für E-Mails der einzelnen Absender. Sender, die ausschließlich Ham-Nachrichten verschicken, erhalten von der automatischen Whitelist eine entsprechende Gewichtung. Wenn von diesen Absendern später eine als Spam gekennzeichnete E-Mail eintrifft, wird die Wertung aufgrund des früheren Verhaltens, nur Ham gesendet zu haben, nach unten korrigiert. Das Gegenteil ist bei Absendern der Fall, die gewöhnlich Spam senden.

Die AWL ändert die Wertung von E-Mails in Richtung des Durchschnittswerts aller zuvor von demselben Absender empfangenen Nachrichten. Wie stark diese Korrektur ausfällt, bestimmt die Konfigurationsdirektive auto_whitelist_factor. Die Werte dafür finden Sie in der folgenden Tabelle:

Direktive	Beschreibung
auto_whitelist_factor	Eine Zahl zwischen 0 und 1. Um diesen Betrag wird die Wertung der aktuellen E-Mail in Richtung des Durchschnittswerts aller zuvor von diesem Absender empfangenen Nachrichten korrigiert.
auto_whitelist_path	Speicherort der AWL-Dateien
auto_whitelist_file_mode	Die Unix-Dateirechte für die AWL-Dateien. Dieser wird wie beim Kommando chmod oktal angegeben.

Die automatische Whitelist wird für jeden Benutzer einzeln verwaltet. Der Standardspeicherort für die zugehörige Datenbank ist ~/.spamassassin/, wobei in der aktuellen Implementierung vier Dateien verwendet werden:

```
$ cd ~/.spamassassin
$ file auto*
auto-whitelist:     Berkeley DB (Hash, version 7, native byte-order)
auto-whitelist.db:  Berkeley DB 1.85 (Hash, version 2, native byte-order)
auto-whitelist.dir: GNU dbm 1.x or ndbm database, little endian
auto-whitelist.pag: GNU dbm 1.x or ndbm database, little endian
```

Ältere Einträge werden nicht ungültig – Sie können z. B. keine Quellen entfernen, die seit über einem Jahr keine E-Mails mehr versandt haben –, weshalb diese Dateien mit der Zeit sehr groß werden. Ein automatischer Ablauf der Gültigkeitssdauer (Auto-Expiry) für ältere Whitelist-Einträge wird als zusätzliche Funktion in zukünftigen Versionen von SpamAssassin erwartet.

Wenn ein Benutzer 18 Monate lang pro Monat ca. 1.200 Ham- und 5.600 Spam-E-Mails verarbeitet hat, kann die Gesamtgröße der AWL-Dateien 14 Megabyte betragen. Diese Dateien sollten Sie regelmäßig beobachten, um sicherzustellen, dass sie nicht zu groß werden. Bei Bedarf lassen sich diese Dateien jederzeit löschen, wobei es jedoch einige Zeit dauert, um die Effektivität der automatischen Whitelist wiederherzustellen. Wie viel Zeit dieser Vorgang in Anspruch nimmt, hängt von der Anzahl der E-Mails, den Quellen und der Häufigkeit eingehender E-Mail ab.

13.3 Falsche Klassifizierungen berichtigen

Die falsche Zuordnung einer E-Mail kann Konsequenzen von einer kleinen Unbequemlichkeit bis zu einer größeren Katastrophe nach sich ziehen. Falls eine Spam-E-Mail als Ham durchgeht, muss der Empfänger nur einige Sekunden aufwenden, um sie aus seinem Posteingang zu entfernen. Wenn eine unwichtige Ham-E-Mail als Spam gekennzeichnet wird, mag dies auch kein großes Problem darstellen. Eine wichtige E-Mail als Spam zu markieren, ist jedoch mindestens ärgerlich und kann sogar ernste Folgen haben, z. B. finanzielle Verluste.

Daher ist es klug, alle als Spam gekennzeichneten E-Mails vor dem Löschen zu sichern. E-Mails lassen sich gut komprimieren, so dass es möglich ist, dieses Backup auf der Festplatte statt auf einem Bandlaufwerk oder einem Wechselmedium zu speichern. Wenn klar wird, dass eine E-Mail verloren gegangen ist, kann das Spam-Archiv durchsucht und die E-Mail wiederhergestellt werden.

Aufgrund der hohen Kosten, die durch eine falsche Klassifizierung entstehen können, sollten die Benutzer dazu ermuntert werden, ihre Spam-E-Mails regelmäßig zu sichten. Jegliche Fehlklassifizierungen müssen dem E-Mail-Administrator gemeldet werden, um Gegenmaßnahmen einzuleiten.

Auch Spam-Nachrichten, die nicht erkannt wurden, sollten nicht einfach gelöscht, sondern dem E-Mail-Administrator übergeben werden, damit er die Filterung verbessern kann.

Der E-Mail-Administrator hat dabei folgende Aufgaben zu erledigen:

- Untersuchen der Nachricht und ihrer Header
- Rücknahme falscher Lernvorgänge für den Bayes-Filter und Training der Bayes-Engine mit der nicht entdeckten Spam-E-Mail
- Ändern der Konfiguration von SpamAssassin, um zu verhindern, dass ähnliche Spam-Nachrichten erneut der Entdeckung entgehen

13.3.1 Nachrichten untersuchen

Als Erstes muss die Nachricht isoliert werden, wobei es ideal ist, sie mit Hilfe des E-Mail-Clients in einen eigenen Ordner zu verschieben. Dabei sollte diese Nachricht die einzige in dem Ordner sein, was die im Folgenden beschriebenen Verfahren einfacher macht.

Falls gewünscht, kann die Datei in einen Arbeitsbereich kopiert werden.

Anschließend können Sie die E-Mail analysieren. Untersuchen Sie die X-Spam-Header, die SpamAssassin hinzufügt, mit einem Editor wie vi, einem Pager wie more oder einem Hilfsprogramm wie grep:

```
$ grep X-Spam /path/to/mailmessage
X-Spam-DCC: dcc.uncw.edu: host.domain.com 1201; Body=1 Fuz1=1 Fuz2=1
X-Spam-Checker-Version: SpamAssassin 2.63 (2004-01-11) on host.domain.com
X-Spam-Level: ***
X-Spam-Status: No, hits=3.9 required=4.0 tests=BAYES_50,
    RCVD_IN_BL_SPAMCOP_NET,RCVD_NUMERIC_HELO autolearn=no version=2.63
X-Spam-Pyzor: Reported 0 times.
```

Hier wurde der Schwellenwert für Spam vom Standardwert 5.0 auf 4.0 verringert. Die E-Mail hat eine Wertung von 3.9, was bedeutet, dass sie sich knapp unterhalb des Schwellenwerts befindet. Falls ein anderer Test ausgelöst worden wäre oder die Wertungen einzelner Tests höher liegen würden, wäre die E-Mail korrekt als Spam gekennzeichnet worden.

Der E-Mail-Administrator hat die Möglichkeit, diese E-Mail zu ignorieren, den Schwellenwert herabzusetzen, die Wertungen für eine oder mehrere Regeln zu erhöhen oder neue Regeln hinzuzufügen.

13.3.2 Den Schwellenwert für Spam ändern

Ein Absenken der Spam-Schwelle erhöht die Gefahr von Fehltreffern. Um den Schwellenwert systemweit zu ändern, müssen Sie den Wert von required_hits in /etc/mail/spamassassin/local.cf ändern:

```
required_hits          5
```

13.3 Falsche Klassifizierungen berichtigen

Zuvor sollten Sie jedoch den Einfluss dieser Maßnahme abwägen. Wenn viele bereits empfangene Ham-E-Mails danach als Spam klassifiziert würden, müssen Sie weitere Maßnahmen ergreifen, um die Wertungen von ähnlichen Nachrichten zu verringern.

Eine Möglichkeit besteht darin, die Wertungen der Regeln herabzusetzen, die von Ham-E-Mails ausgelöst werden, um die Gesamtwertung zu verringern. Das kann bedeuten, die Wertungen vieler Regeln zu ändern. Alternativ können Sie zusätzliche Regeln mit negativer Wertung schreiben, um die Wertung von Ham-E-Mails herabzusetzen. Beide Ansätze können zu wiederholter Untersuchung der Wertungen und Änderungen führen.

Standardmäßig schreibt SpamAssassin die Wertungen aller verarbeiteten E-Mails ins Systemprotokoll. Mit Hilfe von grep können Sie folgende Zeilen abrufen:

```
# grep "clean message" /var/log/messages
...
May 26 21:37:33 host spamd[6710]: clean message (-0.7/4.0) for user1:1000 in 14.8
seconds, 4705 bytes.
May 26 22:09:37 host spamd[7101]: clean message (0.2/5.0) for user2:1001 in 14.9
seconds, 35506 bytes.
```

Alle Wertungen lassen sich mit einem awk-Skript abrufen und ordnen, um den Bereich zu bestimmen:

```
# grep "clean message" /var/log/messages | awk -F'[/|()]' '{ print $2 }' | sort -u -g
-99.9
-99.7
-99.3
0.0
0.2
0.3
... (mehrere Zeilen ausgelassen)
2.9
3.0
3.8
3.9
```

Auf den ersten Blick scheinen saubere E-Mails Wertungen bis 3.9 aufzuweisen. Es ist jedoch sinnvoll, alle E-Mails mit Wertungen von 3.8 oder 3.9 zu untersuchen, da es sich dabei um nicht erkannte Spam-E-Mails handeln kann. Wenn dies der Fall ist, kann der Schwellenwert für Spam auf 3.7 oder sogar 3.1 gesenkt werden, ohne Fehltreffer zu riskieren, da die höchste Wertung unterhalb von 3.8 nur 3.0 beträgt.

> **Hinweis**
>
> Diese Ergebnisse beruhen nur auf bereits empfangenen E-Mails, wobei zukünftige E-Mails andere Merkmale und Wertungen aufweisen können.

Falls archivierte Systemprotokolle zur Hand sind, sollten Sie sie ebenfalls untersuchen. Je mehr Informationen vorliegen, umso sicherer lässt sich der Schwellenwert für Spam senken und umso mehr Vertrauen hat der Systemadministrator in die Änderung.

Das Hilfsprogramm *SpamStats*, das Sie von *http://freshmeat.net/projects/spamstats/* beziehen können, bietet weit ausführlichere Berichte über die Verarbeitung von Spam.

13.3.3 Testwertungen neu gewichten

Die Wertungen der Tests können Sie ändern, um entweder die Werte für Spam-E-Mails zu erhöhen oder die für Ham-E-Mails zu verringern. Untersuchen Sie zunächst die Regeln und berechnen Sie dann die neuen Werte.

Die Wertung für Spam-E-Mails erhöhen

Diese Maßnahme ist erforderlich, wenn Spam-E-Mails als Ham gekennzeichnet werden. Manche Spam-E-Mails lösen viele Regeln aus, andere nur einige wenige. Auf der Grundlage von einer oder mehreren nicht erkannten Spam-Nachrichten kann der E-Mail-Administrator neue Wertungen berechnen, um sicherzustellen, dass solche Mails in Zukunft als Spam erkannt werden.

Untersuchen Sie die Header einer nicht erkannten E-Mail und achten Sie dabei sorgfältig auf die betroffenen Regeln:

```
X-Spam-Status: No, hits=3.9 required=4.0 tests=BAYES_50,
    RCVD_IN_BL_SPAMCOP_NET,RCVD_NUMERIC_HELO autolearn=no version=2.63
```

In diesem Fall wurden drei Regeln ausgelöst:

Regel	Wertung	Beschreibung
BAYES_50	0.9	Bayes'sche Spam-Wahrscheinlichkeit 50 bis 56 %
RCVD_IN_BL_SPAMCOP_NET	1.5	Eingetroffen über ein in bl.spamcop.net aufgeführtes Relay
RCVD_NUMERIC_HELO	1.5	Der Received:-Header enthält ein numerisches HELO

13.3 Falsche Klassifizierungen berichten

Die oben angeführten Werte und Beschreibungen wurden durch den Einsatz von `grep` für die Regelnamen in `~/.spamassassin/user_prefs` und den verschiedenen Konfigurationsdateien in `/usr/share/spamassassin/` abgerufen.

Um eine fundierte Entscheidung treffen zu können, müssen Sie vor dem Ändern von Werten mehr über die Regeln in Erfahrung bringen. Die Beschreibung der Regel `BAYES_50` erklärt, dass die Bayes-Engine von SpamAssassin eine Wahrscheinlichkeit von ungefähr 50 % dafür errechnet, dass es sich bei einer E-Mail um Spam handelt.

Die Regel `RCVD_IN_BL_SPAMCOP_NET` erkennt, ob die E-Mail über ein in der Blacklist von *spamcop.net* aufgeführtes Relay weitergeleitet wurde. Oft finden Sie im Internet viele Informationen über E-Mail-Blacklists, und in diesem Fall liefert eine Internet-Suchmaschine eine Seite auf der SpamCop-Website, die folgende Erklärung enthält:

> »Diese Blockierliste ist eher experimentell. Dieses System und die meisten anderen Spam-Filtersysteme sollten nicht in Produktionsumgebungen eingesetzt werden, in denen rechtmäßige E-Mails unbedingt ausgeliefert werden müssen. Für viele Endbenutzer und Administratoren ist eine Blockierung des Großteils von Spam das Risiko wert, gültige E-Mails zu verlieren. Daher wird diese Liste häufig genutzt, wobei sie dafür bekannt ist, Spam abzuweisen und das Risiko irrtümlicher Blockierung herabzusetzen.
>
> Sie sollten jedoch beachten, dass SpamCop aggressiv vorgeht und beim Blockieren von Mail häufig irrt. Die Benutzer sollten gewarnt und darüber informiert sein, wie ihre E-Mails gefiltert werden. Im Idealfall sollten ihnen Filteroptionen zur Auswahl gestellt werden. Viele Mail-Server können mit Blacklists in einem Kennzeichnungsmodus umgehen, bei der die E-Mail nur markiert und nicht abgewiesen wird, was in vielen Situationen zu bevorzugen ist.«

Der E-Mail-Administrator kann daraus schließen, dass die Blockierliste experimentell und aggressiv ist, aber einen guten Ruf für eine geringe Fehlerquote aufweist.

Die Regel `RCVD_NUMERIC_HELO` zeigt an, dass sich eines der Relays, das die Nachricht weitergeleitet hat, mit einer numerischen IP-Adresse statt mit einem gültigen Hostdomain-Namen identifiziert hat. Auch hierbei kann der Administrator eine Internet-Suchmaschine einsetzen, um Informationen über SMTP-Befehle zu erhalten.

Als Nächstes muss der E-Mail-Administrator entscheiden, für welche Regeln er die Wertung erhöht. Wenn mehrere Benutzer unabhängig voneinander SpamAssassin ausführen, muss er auch eine Entscheidung darüber treffen, ob die Änderungen systemweit oder nur für einzelne Benutzer vorgenommen werden sollen. Die Anzahl der Ham-E-Mails, die von einer solchen Änderung beeinflusst werden, können Sie durch die Verwendung von `grep` für die bestehenden `mbox`- oder `maildir`-Verzeichnisse ermitteln. Um hierbei ein genaues Ergebnis zu erhalten, dürfen Sie dabei keine Spam-E-Mails einbeziehen. Wenn ein Ordner nicht erkannte Spam-Nachrichten enthält, muss er von der Suche ausgeschlossen werden. Für das `mbox`-Format verwenden Sie ein Kommando wie das folgende und addieren die Ergebnisse:

```
# grep -c BAYES_50 /var/spool/mail/user1 /var/spool/mail/user2 ~user3/.mbox↵
  /project1 ~user3/.mbox/inbox ...
/var/spool/mail/user1: 3
/var/spool/mail/user2: 0
/home/user3/.mbox/project1: 0
```

Für `maildir`-Verzeichnisse lautet der Befehl hingegen:

```
# grep -l BAYES_50 ~user1/.maildir/cur/* ~user2/.maildir/cur/*↵
  ~user3/.maildir/.project1/cur/* ~user3/.maildir/.project2/cur ... | wc -l
3
```

Das Ergebnis ist die Anzahl der Nachrichten, die die Regel `BAYES_50` ausgelöst haben.

Der Administrator kann sich auch die Wertungen der E-Mails anschauen, die die Regeln ausgelöst haben. Um sie abzurufen, müssen Sie für `maildir`-Verzeichnisse das folgende Kommando verwenden:

```
# find ~user1/.maildir/cur/* ~user2/.maildir/cur/* ~user3/.maildir/.project1/cur/*↵
  ~user3/.maildir/.project2/cur ...  -exec grep -l BAYES_50 {} \;  | xargs  grep X-
Spam-Status
X-Spam-Status: no, hits=1.9 required=4.0 tests=BAYES_50,
X-Spam-Status: no, hits=2.2 required=4.0 tests=BAYES_50,
...
```

Für das `mbox`-Format lässt sich dieses Vorgehen nicht so einfach automatisieren. Wenn Sie diese Informationen benötigen, sollten Sie sich die `mbox`-Datei in einem Editor oder die einzelnen E-Mails in einer Client-Anwendung ansehen.

Wenn der E-Mail-Administrator die Regeln kennt und weiß, wie viele Nachrichten betroffen sind, kann er entscheiden, welche Wertungen geändert werden sollten. In diesem Fall ist eine Erhöhung der Werte für `RCVD_NUMERIC_HELO` und `RCVD_IN_BL_SPAMCOP_NET` angebracht. Die betroffenen E-Mails sollten der Bayes-Engine auch als Spam zum Training zugeführt werden.

Bei mehreren nicht erkannten Spam-E-Mails können Sie die Neugewichtung auch durch Stapelverarbeitung durchführen. Dies kann Zeit sparen, wenn einige Regeln bei mehr als einer E-Mail ausgelöst wurden.

Umgang mit Fehltreffern

Sobald Sie festgestellt haben, dass eine rechtmäßige E-Mail fälschlicherweise als Spam klassifiziert wurde, müssen Sie dafür sorgen, dass sich dies nicht wiederholt. Es gibt mehrere mögliche Gegenmaßnahmen:

- *Spam-Schwellenwert anheben:* Gehen Sie dazu so vor wie zuvor beschrieben. Wenn Sie das Systemprotokoll nach Wertungen absuchen, müssen Sie `grep` allerdings für die als Spam identifizierten Nachrichten und nicht für die »sauberen« durchführen.

13.3 Falsche Klassifizierungen berichtigen

- *Absender in eine Whitelist aufnehmen:* Wenn die problematischen E-Mails stets aus derselben Quelle kommen, sollten Sie diese in eine Whitelist aufnehmen, um sicherzustellen, dass diese Mails als Ham gekennzeichnet werden.

- *Procmail verwenden:* Damit können Sie problematische E-Mails aufspüren, bevor SpamAssassin aufgerufen wird, und sie direkt in einen bestimmten Ordner leiten.

- *Neue Regeln mit negativen Wertungen schreiben:* Im Idealfall gelten diese Regeln nur für Ham-E-Mails und werden von Spam nicht ausgelöst.

- *Wertungen der ausgelösten Regeln reduzieren:* Verringern Sie die Wertungen für die Regeln, die von den problematischen E-Mails ausgelöst wurden. Das senkt die Wahrscheinlichkeit dafür, dass Ham als Spam gekennzeichnet wird.

Das folgende Codefragment aus einer .procmailrc-Beispieldatei dient dazu, E-Mails von jedem Absender namens Joe in einen eigenen Ordner umzuleiten, bevor Spam-Assassin aufgerufen wird und den X-Spam-Status testet. Sie können diesen Code für andere E-Mail-Inhalte anpassen.

```
MAILDIR=$HOME/.maildir

:0
* ^From:.*joe
* ^Subject:.*spam-test
.spam-tests/new
:0fw
| /usr/bin/spamc
```

Dieses Beispiel enthält zwei Rezepte mit einer vorausgehenden Konfigurationseinstellung – den Speicherort des Mailverzeichnisses. In diesem Beispiel wird das maildir-Format verwendet, wobei sich maildir im Home-Verzeichnis des Benutzers befindet.

Das erste Procmail-Rezept erkennt E-Mails von jedem Absender mit joe im Namen und dem Begriff spam-test im Subject:-Header. Diese E-Mails werden in den Ordner .spam-tests verschoben. Der Punkt vor spam-tests/new ist Teil des Verzeichnisnamens und kein Procmail-Kommando.

Das zweite Procmail-Rezept dient zum manuellen Aufruf von SpamAssassin. Weitere Rezepte können den Header X-Spam-Status prüfen und entsprechende Maßnahmen ergreifen.

Um mehr über Procmail-Rezepte zu erfahren, geben Sie am Befehlsprompt man procmailex ein oder suchen im Internet nach »procmailrc tutorial«.

13.3.4 Bayes'sches Verlernen und Neulernen

Wenn der Wert einer E-Mail besonders hoch oder niedrig ist, sollte die Nachricht von der Bayes-Engine verarbeitet werden. Dazu muss bayes_auto_learn auf 1 gesetzt sein und die E-Mail eine Wertung von weniger als bayes_auto_learn_threshold_nomspam aufweisen, um als Ham gelernt zu werden, bzw. eine Wertung von mehr als `bayes_auto_learn_threshold_spam` für Spam. All diese Parameter werden in `/etc/mail/spamassassin/local.cf` festgelegt und können in `~/.spamassassin/user_prefs` überschrieben werden. Zu den standardmäßigen E-Mail-Headern, die SpamAsssassin hinzufügt, gehört `X-Spam-Status` mit den Werten `autolearn: ham`, `autolearn: spam` oder `autolearn: no`. Steht bei einer Spam-E-Mail `autolearn: ham` im Header, so muss sie neu gelernt werden. Dies gilt auch für eine Ham-E-Mail mit `autolearn: spam`.

Wenn eine E-Mail falsch gelernt wird, muss dies so schnell wie möglich rückgängig gemacht werden. Dazu muss die E-Mail aus der Bayes-Datenbank entfernt und korrekt neu gelernt werden. Setzen Sie dazu das Kommando `sa-learn` ein.

Um eine Nachricht aus der Bayes-Datenbank zu löschen, verwenden Sie `sa-learn` mit dem Schalter `--forget`. Diese Operation sollte nur für falsch gelernte E-Mails durchgeführt werden, so dass Sie die betreffenden Nachrichten in einem eigenen Ordner isolieren sollten.

Das Kommando zum Verlernen einer E-Mail in der Datei `message` lautet wie folgt:

```
$ sa-learn --forget message
Learned from 0 message(s) (1 message(s) examined).
```

Werden Ordner im `mbox`-Format verwendet, lautet das Kommando:

```
$ sa-learn --mbox --forget message
Learned from 0 message(s) (1 message(s) examined).
```

Die E-Mail kann mit dem korrekten Typ neu gelernt werden. Ersetzen Sie dabei gegebenenfalls `--ham` durch `--spam`:

```
$ sa-learn --mbox --ham message
Learned from 0 message(s) (1 message(s) examined).
```

13.4 Zeichensätze und Sprachen

SpamAssassin kann Zeichensätze und Sprachen erkennen. Wenn E-Mails verfasst und abgeschickt werden, fügen die E-Mail-Clients Angaben über den Zeichensatz und die Sprache hinzu, damit der E-Mail-Client des Empfängers die Nachricht korrekt darstellen kann. Es gibt viele unterschiedliche Zeichensätze und Sprachen. Wenn Sie erwarten oder wissen, dass die Nachrichten, die Sie empfangen möchten, nur einige dieser Zeichensätze oder Sprachen verwenden, können Sie die anderen ausfiltern.

13.4.1 Sprachen ausschließen

SpamAssassin erkennt die Sprache anhand der E-Mail-Header. Die Liste der Sprachen, die SpamAssassin erkennen kann, ist sehr umfangreich und befindet sich in der Dokumentation zu `Mail::SpamAssassin::Conf`. Mit den Kommandos `man` und `perldoc` können Sie diese Dokumentation einsehen.

13.4 Zeichensätze und Sprachen

```
$ perldoc Mail::SpamAssassin::Conf
$ man Mail::SpamAssassin::Conf
```

Viele Implementierungen von man und perldoc verwenden den Schlüssel /, um nach einem Begriff zu suchen. Geben Sie /ok_languages ein, sobald die Seite angezeigt wird, um den gewünschten Abschnitt der Dokumentation zu erreichen. Mit der Leertaste können Sie in der Dokumentation vorwärts scrollen.

Nachdem Sie bestimmt haben, welche Sprachen akzeptiert werden sollen, können Sie SpamAssassin entsprechend einrichten, indem Sie die Direktive ok_languages für eine Site-umfassende Konfiguration der Datei /etc/mail/spamassassin/local.cf hinzufügen oder für eine benutzerspezifische Konfiguration ~/.spamassassin/user_prefs. Geben Sie nach der Direktive eine Liste aller gültigen Sprachen ohne Gleichheitszeichen oder Kommata an. Sämtliche folgenden Beispiele sind gültig:

```
ok_languages all
ok_languages de
ok_languages en fr de
```

Beim ersten Beispiel sind alle Sprachen erlaubt, beim zweiten nur Deutsch, beim dritten Deutsch, Englisch und Französisch.

Die Wertung für eine E-Mail in einer anderen als den gewünschten Sprachen wird durch die Regel UNWANTED_LANGUAGE_BODY bestimmt. Sie können diese Regel überschreiben, indem Sie die folgende Zeile zu /etc/mail/spamassassin/local.cf für eine Site-umfassende Konfiguration bzw. zu ~/.spamassassin/user_prefs für eine benutzerspezifische Konfiguration hinzufügen:

```
score UNWANTED_LANGUAGE_BODY 2.800
```

13.4.2 Zeichensätze ausschließen

Zeichensätze bieten verschiedene Möglichkeiten zur Darstellung von Text. Mehrere Sprachen verwenden einen Großteil derselben Zeichen wie das Deutsche, wobei bei einigen zusätzliche Symbole wie Akzente oder andere diakritische Zeichen hinzukommen. Andere Sprachen, z. B. Koreanisch oder Japanisch, verfügen über völlig andere Zeichen. Wenn Sie keine E-Mails mit fremden Zeichensätzen erwarten, kann SpamAssassin Regeln verwenden, die die Wertungen von E-Mails mit solchen Zeichensätzen heraufsetzen.

SpamAssassin erkennt den Zeichensatz anhand der Header und durch die Untersuchung der Zeichensätze von Anhängen. Es gibt viele verschiedene Zeichensätze, wobei manche Sprachen in mehreren dargestellt werden können. SpamAssassin gruppiert diese Zeichensätze in Gebietsschemata, z. B. die folgenden:

- Westliche Zeichensätze, darunter Englisch und westeuropäische Sprachen (en)
- Japanische Zeichensätze (ja)

- Koreanische Zeichensätze (ko)
- Kyrillische Zeichensätze (ru)
- Thai-Zeichensätze (th)
- Chinesische Zeichensätze (zh)

Wenn Sie E-Mails nur in einigen dieser Zeichensätze erwarten, können Sie SpamAssassin so einrichten, dass er E-Mails mit einem anderen Zeichensatz einen hohen Wert zuweist. Fügen Sie dazu die Direktive ok_locales den Dateien /etc/mail/spamassassin/local.cf bzw. ~/.spamassassin/user_prefs hinzu:

```
ok_locales all
ok_locales en
ok_locales en ja ko
```

Das erste Beispiel erlaubt alle Gebietschemata, das zweite nur westliche und das dritte westliche, japanische und koreanische.

Da die Angabe über den Zeichensatz in verschiedenen Teilen einer E-Mail vorkommen kann und es möglich ist, in einem Bereich einen bestimmten Zeichensatz zu erwarten, in einem anderen aber nicht, gibt es hierbei mehrere Regeln mit unterschiedlichen Wertungen. Die Konfigurationsdirektiven finden Sie in der folgenden Tabelle:

Regel	Beschreibung	Standardwert
CHARSET_FARAWAY	Das Gebietsschema für die E-Mail ist nicht in ok_locales aufgeführt.	Hoch
CHARSET_FARAWAY_HEADER	Das Gebietsschema für die verwendeten E-Mail-Header ist nicht in ok_locales aufgeführt.	Hoch
HTML_CHARSET_FARAWAY	Das Gebietsschema für einen HTML-Anhang ist nicht in ok_locales aufgeführt.	Niedrig
MIME_CHARSET_FARAWAY	Das Gebietsschema für einen Anhang ist nicht in ok_locales aufgeführt.	Hoch

Die genauen Werte sind in dieser Tabelle nicht aufgeführt, da sie bei jeder Version von SpamAssassin anders lauten.

Sie können die Werte für die einzelnen Regeln ändern, indem Sie sie für eine Site-umfassende Konfiguration zu /etc/mail/spamassassin/local.cf bzw. benutzerspezifisch zu ~/.spamassassin/user_prefs hinzufügen:

```
score CHARSET_FARAWAY 3.5
score CHARSET_FARAWAY_HEADER 2.8
score HTML_CHARSET_FARAWAY 1.0
score MIME_CHARSET_FARAWAY 3.5
```

13.5 Zusammenfassung

Bei SpamAssassin können Benutzer und Systemadministratoren die Erkennung von Spam durch eine Reihe von Techniken verbessern. Whitelists helfen dabei, Fehltreffer zu vermeiden. Die automatische Whitelist von SpamAssassin kann verhindern, dass eine gelegentliche E-Mail mit Spam-ähnlichen Merkmalen von einem ansonsten Spam-freien Korrespondenzpartner als Spam ausgefiltert wird.

Sie können den Spam-Schwellenwert ändern, um Fehltreffer und Nichterkennungen zu verringern und auch die Wertungen der einzelnen Regeln anpassen, um eine falsche Klassifizierung von Nachrichten zu verhindern. Um Spam aus anderen Ländern oder Regionen auszufiltern, können Sie Zeichensätze und Sprachen als Merkmale heranziehen.

14 Leistung

Was als gute Leistung gilt, hängt bis zu einem gewissen Grad von den Bedürfnissen und Erwartungen der Benutzer ab. Dabei spielen viele Faktoren eine Rolle, und außerdem kann es für jede Site unterschiedliche Leistungsanforderungen und ein anderes Optimum geben. Ein Systemadministrator mag beim Ausfiltern von Spam mit einer Verzögerung von 30 Sekunden zufrieden sein, ein anderer wird diesen Wert inakzeptabel finden und nur 15 Sekunden tolerieren. Bei der Verarbeitung von E-Mails können während der Nachtstunden Verzögerungen von mehreren Minuten annehmbar sein, doch während der Arbeitszeit sprechen die Benutzer unter Umständen am Telefon über den Inhalt von E-Mails und erwarten daher, dass sie innerhalb von Sekunden ankommen. Wenn E-Mails nicht ausgeliefert werden oder eine Spam-Filterung aufgrund der Systemlast nicht möglich ist, besteht zweifellos ein Leistungsproblem. Zwischen Gründlichkeit und Verarbeitungszeit muss ein Kompromiss gefunden werden.

Dieses Kapitel zeigt, wie Sie Leistungsengpässe aufspüren und bietet Lösungen für verschiedene Situationen.

14.1 Engpässe

Engpässe sind Stellen mit stark eingeschränktem Datenfluss. Bei Computersystemen können Engpässe aufgrund von mangelnden Systemressourcen auftreten oder aufgrund eines Prozesses in einer Reihe von Prozessen, der viel Zeit zur Ausführung benötigt. Um Engpässe aufspüren zu können, sind Kenntnisse über die Ressourcen eines Computersystems erforderlich.

Die Hauptsystemressourcen in einem modernen Computer sind der Speicher, die CPU und die Festplatten- und Netzwerk-E/A.

14.1.1 Speicher

Der Speicher ist eine endliche und auf Rechnern mit SpamAssassin oftmals auch die knappste Ressource. Die Programme, die auf dem Computer laufen, und die Daten, die sie verarbeiten, verbrauchen Speicher. Oft wird dieser durch *Swap-Space* oder *virtuellen Speicher* erweitert, damit der Computer mehr Programme ausführen oder mehr Daten verarbeiten kann als sonst.

Eine solche Auslagerung ist auf Rechnern, die viele Aufgaben ausführen, nicht ungewöhnlich. Manche Prozesse schlafen, während sie nichts zu verarbeiten haben, und wachen periodisch auf, um Aufgaben auszuführen. Wenn diese Prozesse nichts zu tun haben, kann der Arbeitsspeicher für andere Zwecke genutzt werden, weshalb der betreffende Prozess aus dem Speicher *ausgelagert* und auf der Festplatte gespeichert wird. Wenn der schlafende Task erwacht, benötigt er Speicher, woraufhin ein anderer Task ausgelagert und der zuvor schlafende wieder eingelagert, also von der Festplatte abgerufen wird. Dadurch werden die Ressourcen gut genutzt, wenn das System nicht allzu beschäftigt ist. Wenn viele Tasks zur selben Zeit ausgeführt werden müssen und Arbeitsspeicher ständig ein- und ausgelagert wird, dann kann dieser Vorgang zu einem Problem führen, dem so genannten *Thrashing*. Außerdem ist Arbeitsspeicher im Swap-Space sehr viel langsamer als »echter« Arbeitsspeicher, weshalb seine Verwendung den Computer verlangsamt. Zusätzlich wird dadurch die CPU und die Festplatten-E/A beeinträchtigt.

Um ein genaues Bild der Auslagerungsvorgänge zu erhalten, ist ein interaktives Werkzeug wie sar notwendig. Dienstprogramme, die die Nutzung des Swap-Space prüfen (lsps -a unter AIX, swapinfo unter HP/UX, free unter Linux und swap -s unter Solaris), beschreiben nicht die durch die Auslagerung hervorgerufene Festplatten-E/A, sondern zeigen lediglich an, wie viel Swap-Space zurzeit genutzt wird. Von einem Aufruf eines dieser Programme bis zum nächsten mag die Gesamtmenge des genutzten Swap-Space identisch sein, während die Inhalte vollständig ausgewechselt worden sein können, was zu einem großen E/A-Aufwand und zu einer Leistungsverringerung führt. Daher vermitteln diese Dienstprogramme kein Gesamtbild.

Wenn ein Rechner exzessiv Auslagerungsvorgänge durchführt, sollten Sie einige der Prozesse stoppen (der Computer sollte weniger Programme ausführen) oder mehr Speicher einsetzen. Um den negativen Einfluss der Auslagerung zu verringern, können Sie den Swap-Space auf schnellen Festplatten einrichten. Wenn *RAID*-Systeme (*Redundant Array of Independent Disks*) als Swap-Space genutzt werden, erhöht dies den E/A-Durchsatz ein wenig.

CPU

Die Prozessoren oder CPUs (Central Processing Units, zentrale Verarbeitungseinheiten) bilden eine endliche Ressource, die vom Betriebssystem, von Treibern, Daemons und Benutzerprogrammen verwendet wird. Das Hilfsprogramm top für UNIX-ähnliche Rechner gibt oft auch die CPU-Nutzung an. Im Folgenden sehen Sie ein Beispiel für eine top-Ausgabe:

```
top - 21:13:22 up 67 days, 11:37, 1 user, load average:0.00, 0.00,
                                                              0.00
Tasks: 128 total, 2 running, 126 sleeping, 0 stopped, 0 zombie
Cpu(s):   5.6% user,   2.3% system,   0.0% nice,  92.1% idle
Mem:  507060k total,  501820k used,   5240k free, 135828k buffers
Swap: 1052248k total, 244576k used, 807672k free, 115444k cached
```

14.1 Engpässe

```
  PID USER   PR  NI  VIRT  RES  SHR S %CPU %MEM   TIME+  COMMAND
 9730 spam   17   0 24996  19m 6256 R  3.6  4.0  0:00.86 spamd
 9725 spam   16   0 24988  19m 6232 S  3.0  4.0  0:00.81 spamd
 9709 allym  13   0  1060 1060  816 R  1.3  0.2  0:01.01 top
    1 root    8   0   232  208  192 S  0.0  0.0  0:05.20 init
    2 root    9   0     0    0    0 S  0.0  0.0  0:00.48 keventd
    3 root    9   0     0    0    0 S  0.0  0.0  0:00.05 kapmd
    4 root   19  19     0    0    0 S  0.0  0.0  0:02.02 softirqd_CPU0
    5 root    9   0     0    0    0 S  0.0  0.0 17:49.81 kswapd
    9 root    9   0     0    0    0 S  0.0  0.0  0:00.00 khubd
```

Durch den Einsatz schnellerer oder zusätzlicher Prozessoren kann die CPU-Kapazität gesteigert werden, wodurch sich mehr Anwendungen gleichzeitig ausführen lassen. Allerdings können viele Rechner nicht auf diese Art und Weise aufgerüstet werden. Bei PC-Hardware ist der Kauf eines neuen Geräts häufig kostengünstiger als eine Aufrüstung. Alternativ können Sie auch einige Prozesse beenden, um CPU-Ressourcen für andere Prozesse frei zu machen, aber dies lässt sich nicht jedes Mal durchführen, wenn die CPU-Nutzung in einen kritischen Bereich vorstößt.

14.1.2 Festplatten-E/A

Auch die Festplatten-E/A kann bei manchen Anwendungen beschränkend wirken. Bei der E-Mail-Verarbeitung tritt jedoch nur eine leichte Festplatten-E/A auf. Zwei wichtige mit dieser Ressource in Verbindung stehende Faktoren sind die Zeit, die ein Prozess auf den Festplattenzugriff warten muss, und die Länge der Warteschlange für diesen Zugriff.

Wenn die Festplatten-E/A zu einem Problem wird, können Sie die Leistung dadurch wieder steigern, dass Sie das ganze Dateisystem oder einzelne Schlüsseldateien auf andere Festplatten verschieben (nicht auf Partitionen derselben Platte). Schnellere Platten und Schnittstellen sind ein weiteres Mittel, um Abhilfe zu schaffen. Auch RAID-Striping kann die durchschnittliche E/A-Reaktion verbessern. Die Festplatten-E/A lässt sich mit einem Werkzeug wie sar messen.

Netzwerk-E/A

Die Netzwerkbandbreite ist zwar eine beschränkte Ressource, deren Obergrenze aber nur selten erreicht wird. Bei der Verarbeitung von Spam stellt die *Netzwerklatenz* ein Problem dar. Um Daten zu einem entfernten Computer zu übertragen, auf eine Antwort und die Rückübermittlung zu warten, ist Zeit erforderlich. Werden zur Spam-Erkennung Netzwerktests verwendet, kann eine Verzögerung von mehreren Sekunden eintreten. Zum Beispiel verlängerte sich die durchschnittliche Spam-Verarbeitungszeit auf einem Testsystem von 1,7 auf 8,9 Sekunden, als Netzwerktests eingeführt wurden.

Die längere Zeitdauer für die E-Mail-Verarbeitung bei Tests über das Netzwerk bedeutet, dass es mehr gleichzeitige SpamAssassin-Prozesse gibt, was wiederum einen Einfluss auf die Speichernutzung hat.

14.1.3 Engpässe ermitteln

Datensammlung ist der Schlüssel zum Bestimmen von Engpässen. Wenn Sie die Nutzung des Speichers und der CPU sowie die Festplatten- und Netzwerk-E/A analysieren, können Sie Engpässe aufspüren.

Werkzeuge wie sar sind ideal für die Leistungsmessung geeignet. Sie sammeln Daten und lassen eine spätere Analyse zu. Wenn Sie solche Programme auf Systemen ausführen, auf denen die E-Mail-Zustellung zu langsam erfolgt oder ganz aufhört, können Sie Leistungsdaten untersuchen und die Engpässe aufspüren.

- Eine hohe CPU-Nutzung deutet darauf hin, dass die CPU einen Engpass darstellt. Bei einem Grenzwert von ungefähr 80 % wird die CPU-Nutzung zu einem Problem.

- Eine auffällige Nutzung des Swap-Space über Zeiträume von ungefähr einer Minute hinweg ist ein Kennzeichen für knappen Arbeitsspeicher. Wenn Auslagerungsaktivitäten nur periodisch vorkommen, kann dies an zeitgesteuerten Prozessen liegen, z. B. denen, die cron ausführt. Eine Änderung des Zeitplans für diese Prozesse kann die Leistung an den Hauptarbeitszeiten verbessern.

- Liegt die Festplatten-E/A über einen längeren Zeitraum hinweg nahe am theoretischen Maximum, so muss die E/A-Kapazität erweitert werden. Jede Festplatte, die anhaltend wartet, deutet auf einen E/A-Engpass hin. Das theoretische Maximum eines Systems hängt von einer Vielzahl von Faktoren ab. Lange Warteschlangen und Wartezeiten für den Festplattenzugriff weisen auf einen Mangel an E/A-Kapazität hin.

- Es ist sehr unwahrscheinlich, dass die Netzwerk-E/A zu einem Problem wird, was bei der Netzwerklatenz jedoch durchaus der Fall sein kann. Eine Änderung der Netzwerkkonfiguration zur Herabsetzung der Latenz zwischen dem Computer mit SpamAssassin und den Rechnern, mit denen er kommuniziert (E-Mail-, Razor-, Pyzor-, DCC- und Datenbankserver) kann dieses Problem abmildern.

14.2 Methoden zur Leistungssteigerung

Es gibt viele Möglichkeiten für Änderungen, die die Leistung eines Servers zur E-Mail-Verarbeitung beeinflussen. Willkürliche Änderungen vorzunehmen, *kann* die Leistung steigern, aber durch einen systematischen Ansatz können Sie den Einfluss dieser Änderungen messen und die Leistung in kürzerer Zeit maximieren.

14.2 Methoden zur Leistungssteigerung

1. *Festlegen der Leistungsparameter:* Wenn Sie nicht festlegen, was verbessert werden soll, können Sie die Schritte zur Verbesserung nicht durchführen. Zu den möglichen Parametern zählen die Zeit, die zur Verarbeitung einer E-Mail erforderlich ist, die maximale CPU-Last auf dem Server, die Anzahl der gleichzeitig zu verarbeitenden E-Mails, die Erfolgsquote der Spam-Filterung usw. Die Auswahl der Parameter und ihrer Werte sollte auf die jeweiligen Bedürfnisse zugeschnitten sein.

2. *Messen der gegenwärtigen Leistung:* Dazu können Sie bestehende Werkzeuge verwenden oder sie selbst schreiben. Durch eine Analyse der Systemprotokolle erhalten Sie Informationen über die Zeit, die die Verarbeitung einer E-Mail vom Empfang bis zur Zustellung benötigt. Mit Dienstprogrammen wie `sar` ist eine Messung der Festplatten-E/A und CPU-Nutzung möglich. Sie können auch Hilfsprogramme schreiben, um Tests durchzuführen, z. B. für Massenladevorgänge von E-Mails, um ein stark belastetes Netzwerk zu simulieren.

3. *Änderungen nach und nach durchführen:* Wenn Sie nur jeweils eine Änderung durchführen, können Sie jede Verbesserung oder Verschlechterung der Leistung genau messen. Änderungen, die die Leistung herabsenken, können Sie dann begründet verwerfen. Dokumentieren Sie alle Änderungen, so dass Sie sie bei Bedarf wieder zurücknehmen können.

4. *Vergleichen der Ergebnisse:* Wiederholen Sie den Leistungstest für jede Änderung und vergleichen Sie das Ergebnis, bis die Leistung zufrieden stellend ist.

Die folgende Tabelle zeigt als Beispiel einige mögliche Leistungsparameter:

Kriterium	Messmethode	Bemerkungen
Verarbeitungszeit einer E-Mail – weniger als 20 Sekunden	Analysieren Sie die Protokolldateien und subtrahieren Sie die Auslieferungs- von der Empfangszeit.	Die Messung muss für verschiedene Nachrichten bei typischen Lasten wiederholt werden, um dann den Mittelwert zu bilden.
Nachrichtenverarbeitung – 200 Nachrichten pro Minute in einem Intervall von 10 Minuten	Zählen Sie nach Abschluss des Tests die Nachrichten im Posteingang des Empfängers (die E-Mails müssen in regelmäßigen Abständen ausgeliefert werden).	Senden Sie Nachrichten mit einem selbst geschriebenen Programm, z. B. einem Perl-Skript, in den gewünschten Abständen.
Auslagerung – im Idealfall null	Überwachen Sie die Auslagerungsaktivität mit `sar` oder einem ähnlichen Hilfsprogramm.	

In der folgenden Tabelle finden Sie eine Reihe von Maßnahmen, die Sie zur Leistungssteigerung treffen können, zusammen mit ihren wahrscheinlichen Auswirkungen.

Maßnahme	Erklärung	Auswirkungen
Führen Sie anstelle des Skripts spamassassin den SpamAssassin-Daemon spamd und den SpamAssassin-Client spamc aus.	Wenn Sie SpamAssassin als Dienst ausführen, ist er stets geladen und bereit.	Die Verarbeitungszeit wird verringert. Die Festplatten-E/A wird verringert. Die CPU-Nutzung wird verringert. *Die Speichernutzung wird erhöht.*
Integrieren Sie SpamAssassin in den MTA.	Die Verwendung von Procmail führt zu einem erhöhten Aufwand, der sich durch den Ausschluss von Procmail einsparen lässt. Allerdings kann Procmail auch für andere Zwecke als nur zum Ausführen von SpamAssassin verwendet werden.	Die Verarbeitungszeit wird verringert. Die Festplatten-E/A wird verringert. Die CPU-Nutzung wird verringert. Die Speichernutzung wird verringert.
Verarbeiten Sie nicht alle Nachrichten.	Nachrichten aus bekannten Quellen (guten wie schlechten) oder andere Nachrichten, die keiner Spam-Filterung bedürfen, können aus dem Filtervorgang herausgenommen werden, was die Last auf dem Rechner reduziert. Werden umfangreiche Nachrichten nicht verarbeitet, lassen sich CPU- und E/A-Ressourcen einsparen.	Die Verarbeitungszeit wird verringert. Die Festplatten-E/A wird verringert. Die CPU-Nutzung wird verringert.
Verzichten Sie auf alle oder einige der Tests über das Netzwerk.	Die Netzwerklatenz kann die Spam-Verarbeitung verzögern. Ein Verzicht auf Netzwerktests beseitigt diese Verzögerung, was allerdings auf Kosten der Spam-Filterung geht.	Die Verarbeitungszeit wird verringert. Die Speichernutzung wird verringert.
Führen Sie einige Tests vor der Verarbeitung durch SpamAssassin durch.	Durch frühzeitige Entscheidungen bei der Spam-Erkennung wird die Last auf dem Rechner verringert.	Die Verarbeitungszeit wird verringert. Die Festplatten-E/A wird verringert. Die CPU-Nutzung wird verringert.

14.2 Methoden zur Leistungssteigerung

Maßnahme	Erklärung	Auswirkungen
Führen Sie SpamAssassin auf einem eigenen Rechner aus.	Durch die Verwendung eines oder mehrerer anderer Rechner wird die Last auf dem E-Mail-Server verringert.	Die Verarbeitungszeit wird verringert. Die Festplatten-E/A wird verringert. Die CPU-Nutzung wird verringert. (Die Netzwerklatenz kann leicht erhöht werden.)
Verwenden Sie eine relationale Datenbank auf einem anderen Rechner.	Die Verwendung einer relationalen Datenbank steigert die Leistung von SpamAssassin.	Die Verarbeitungszeit wird verringert. Die Festplatten-E/A wird verringert.

14.2.1 Den SpamAssassin-Daemon verwenden

Wenn Sie SpamAssassin als Daemon verwenden (spamd), steigert das die Leistung bei der Untersuchung von E-Mails. Wie das geht, wurde bereits in Kapitel 8 beschrieben.

14.2.2 SpamAssassin in den MTA integrieren

Beim Aufruf von SpamAssassin über Procmail entsteht ein erhöhter Aufwand. Zunächst muss Procmail für jede einzelne Nachricht geladen werden, um danach jeweils seine Konfigurationsdatei zu analysieren und SpamAssassin aufzurufen. Wenn SpamAssassin für alle Nachrichten aufgerufen werden soll, ist Procmail schlicht überflüssig. Wenn Sie SpamAssassin in den MTA integrieren, wird der Zusatzaufwand vermieden. Eine solche Integration wird in Kapitel 8 beschrieben.

14.2.3 Nachrichten überspringen

Wenn Sie einige Nachrichten aus der Verarbeitung durch SpamAssassin herausnehmen, wird die Gesamtsystemlast verringert. Geeignete Kandidaten hierfür sind E-Mails aus bekanntermaßen guten oder schlechten Quellen, solche an verräterische Ziele, z. B. eine Spam-Falle, und Nachrichten an Mailinglisten. Die Beschreibung einer Spam-Falle finden Sie in Kapitel 15. Dieser Ansatz gilt auch für E-Mails, bei denen eine Spam-Filterung nicht notwendig ist, z. B. solche, die nicht von Menschen gelesen werden.

Bekanntermaßen gute Nachrichten können durch Procmail gefiltert werden, bevor SpamAssassin aufgerufen wird. Verwenden Sie dazu ein Rezept wie das folgende:

```
:0
* ^TO_spamassassin-dev@incubator.apache.org
.SpamAssassin-Devel/new
```

```
:0fw
| /usr/bin/spamc
...
```

Da dieses Rezept den Zustellungsordner enthält, sollte es am besten für einzelne Benutzer eingesetzt werden. Bei der Integration von SpamAssassin in den MTA ist es schwieriger, E-Mails auf diese Weise auszufiltern. Voraussetzung ist, dass E-Mails an eine bestimmte Adresse gesendet werden. Bei Mailinglisten ist es am besten, das Procmail-Idiom ^TO_ und eine Adressliste zu verwenden, anstatt die Betreffzeile oder den Header zu untersuchen, obwohl Procmail eine Filterung auch aufgrund eines beliebigen Headers oder des Nachrichteninhalts vornehmen kann.

Wird Procmail nicht verwendet, hängt die Möglichkeit zur systemweiten Filterung von E-Mail-Nachrichten von der Verarbeitung durch SpamAssassin vom jeweils verwendeten MTA ab. Solche Verfahren werden in diesem Buch nicht behandelt.

Anderenfalls kann SpamAssassin wie weiter vorn beschrieben nach einem Filtervorgang von Procmail aufgerufen werden. Rezepte wie das bereits erwähnte können Sie für die systemweite Verarbeitung in /etc/procmailrc oder in der ~/.procmailrc-Datei eines einzelnen Benutzers platzieren. Der Nachteil der systemweiten Filterung besteht darin, dass der Systemadministrator jedes Mal die globale /etc/procmailrc-Datei ändern muss, wenn sich ein Benutzer in eine E-Mail-Liste einträgt. Da Procmail ohnehin schon für die Spam-Filterung gestartet worden ist, kann es besser sein, wenn die Benutzer SpamAssassin von ihren lokalen ~/.procmailrc-Dateien aus aufrufen.

Umfangreiche Nachrichten

Das Programm spamc verarbeitet keine E-Mails oberhalb einer bestimmten Größe. Der Standardgrenzwert beträgt 256 Kbyte einschließlich Anhängen. Die Verarbeitung größerer Nachrichten verschlingt große Mengen an CPU- und Speicherressourcen. Spammer senden selten große Nachrichten, weshalb der Standardwert von 256 Kbyte die Größe einer durchschnittlichen Spam-E-Mail übersteigt. Sie können diesen Grenzwert ändern, indem Sie den Parameter -s an spamc übergeben. Wenn spamc durch Procmail aufgerufen worden ist, können Sie die Maximalgröße z. B. wie folgt auf 64 Kbyte ändern:

```
:0fw
| /usr/bin/spamc -s 65536
```

Wo auch immer der spamc-Client aufgerufen wird (so etwa in allen Beispielen aus Kapitel 7), können Sie den Parameter -s mit dem gewünschten Wert anhängen, um die Höchstgröße der Nachrichten festzulegen, die SpamAssassin noch verarbeitet. Das Skript spamassassin bietet keine Funktion dieser Art, aber Procmail kann aufgrund der Nachrichtengröße entscheiden, ob spamassassin aufgerufen werden soll oder nicht:

```
:0
* $ B ?? < 65536
| /usr/bin/spamassassin
```

14.2.4 Einige Testverfahren deaktivieren

Einige Tests verbrauchen übermäßig viele Ressourcen der einen oder anderen Art. Bei SpamAssassin gilt dies vor allem für die CPU-intensive Verfahren wie reguläre Ausdrücke (Regex) und die Bayes-Filter. Wenn Sie diese Verfahren deaktivieren, bleiben SpamAssassin allerdings leider nur die Netzwerk- und die Whitelist-Tests.

Eine Lösung besteht darin, nur die langwierigen Tests mit regulären Ausdrücken auszuschalten. Die Dauer eines solchen Tests hängt von der Anzahl der Zeichen im Ausdruck ab. Die einzelnen Tests sind in den Dateien in /usr/share/spamassassin aufgeführt, so dass Sie das folgende Kommando in diesem Verzeichnis ausführen müssen, um die langwierigen body- und header-Tests zu finden:

```
$ grep "^[body|header].\{110,200\}" *
```

Dieses Kommando findet alle Zeilen, die entweder mit body oder mit header beginnen und 110 bis 200 Zeichen enthalten, wobei Sie diese Grenzwerte nach Belieben ändern können.

Wenn Sie die langen Tests ermittelt haben, können Sie sie deaktivieren, indem Sie ihre Wertung auf 0 setzen, und zwar entweder in ~/.spamassassin/user_prefs oder in einer *.cf-Datei in /etc/mail/spamassassin/. Im Folgenden sehen Sie ein Beispiel:

```
score HDR_ORDER_TRIMRS 0
```

Eine andere Lösung besteht darin, die Tests mit geringen Wertungen auszuschalten. Wenn ein Test nur sehr wenig zur Gesamtwertung beiträgt, ist er ein Kandidat für die Deaktivierung.

14.2.5 Netzwerkbasierte Tests vorziehen

Die beste Lösung kann darin bestehen, die am wenigsten aufwändigen Tests vor dem Aufruf von SpamAssassin durchzuführen, namentlich die Netzwerktests, die allerdings am längsten zur Verarbeitung benötigen. Wenn Sie diese Tests vorziehen und auf ihrer Grundlage bereits E-Mails zurückweisen, so verringert das die Anzahl der Nachrichten, die SpamAssassin anschließend verarbeiten muss, und erhöht die Leistung.

Der beste Platz für solche Tests ist der MTA. Die meisten MTAs lassen sich so einrichten, dass Tests wie DNS-basierte Provider-Blacklists (DNSBL) durchgeführt werden, bevor sie E-Mails für die Zustellung annehmen. Die Konfigurationseinstellungen dafür werden in diesem Buch jedoch nicht behandelt, allerdings führt Kapitel 18 einige beliebte Methoden für die Abweisung von Spam mit Postfix an. Im World Wide Web finden Sie viele Informationen über Postfix und andere MTAs.

Die Alternative zur Integration in den MTA stellt Procmail dar, und zwar sowohl für den Site-umfassenden als auch für den benutzerspezifischen Einsatz.

DCC findet gewöhnlich mehr Spam als Razor und Razor wiederum mehr als Pyzor. Werden alle drei benutzt, gibt es Gründe dafür, sie in der Reihenfolge sinkender Effektivität einzusetzen. Es ist am besten, bei jedem Netzwerktest jeweils so viel Spam auszufiltern wie möglich.

Razor, Pyzor und DCC

Razor, Pyzor und DCC können über Procmail aufgerufen werden. Das folgende Procmail-Rezept ruft zunächst DCC auf, dann Razor und schließlich Pyzor, und entfernt alle als Spam erkannten Nachrichten. Denken Sie daran, dass das automatische Entfernen der E-Mails ohne Kenntnis und Erlaubnis des Empfänger problematisch sein kann. Die verbliebenen Nachrichten können dann wie gewohnt von SpamAssassin verarbeitet werden.

```
MAILDIR=$HOME/.maildir
:0 Wc
| /usr/bin/dccproc -ccmn,10
:0 Wa
.dcc-caught/new
:0 Wc
| /usr/bin/razor-check
:0 Wa
.razor-caught/new
:0 Wc
| /usr/bin/pyzor check
:0 Wa
.pyzor-caught/new
:0fw
| /usr/bin/spamc
...
```

Wenn Razor, Pyzor oder DCC vor SpamAssassin ausgeführt werden, sollten Sie die entsprechenden SpamAssassin-Tests durch Hinzufügen der folgenden Zeilen zur Datei local.cf oder user_prefs deaktivieren:

```
use_razor2 0
use_pyzor 0
use_dcc 0
```

Razor, Pyzor und DCC können auch in den MTA integriert werden. Dies hängt von dem verwendeten MTA ab, ähnelt aber gewöhnlich der Integration von SpamAssassin, wie sie in Kapitel 7 beschrieben wurde. Schlagen Sie dazu in der Dokumentation für Razor, Pyzor oder DCC nach.

14.2.6 Zusätzliche Rechner verwenden

Durch die Verwendung der Ressourcen von einem oder mehreren zusätzlichen Rechnern können Sie verhindern, dass die Ressourcen des E-Mail-Servers erschöpft wer-

14.2 Methoden zur Leistungssteigerung

den. Ein E-Mail-Server muss ständig empfangsbereit für eingehende Nachrichten sein, da die Mails sonst verzögert ausgeliefert oder als unzustellbar zurückgeschickt werden. Bei einem hohen E-Mail-Aufkommen können Sie die Verfügbarkeit des E-Mail-Dienstes verbessern, wenn Sie SpamAssassin auf anderen Computern ausführen.

Die einfachste Möglichkeit dafür besteht darin, spamd und spamc einzusetzen, den Spam-Assassin-Daemon und -Client. Ihre Installation und grundlegende Konfiguration wird in Kapitel 8 beschrieben.

Der MTA sollte auf dem Haupt-E-Mail-Server ausgeführt werden, der SpamAssassin-Daemon spamd muss hingegen nicht dort installiert sein. Letzteres gilt übrigens auch für SpamAssassin und die Sprache Perl, sofern das Programm spamc verfügbar ist. Sie können es aus dem Installationsverzeichnis (normalerweise /usr/bin/spamc) eines anderen Rechners kopieren, aber auch aus dem Build-Verzeichnis, nachdem Sie das Kommando make ausgeführt haben (aber vor make install). Der normale Speicherort dafür ist spamc/spamc, relativ zum Speicherort von Makefile.

Der SpamAssassin-Client spamc erkennt eine Reihe von Schaltern. Mit -d können Sie einen alternativen Host angeben, wobei der Standardhost der lokale Rechner ist. Wird spamc aufgerufen, z.B. durch ein Procmail-Rezept in der ~/.procmailrc-Datei eines Benutzers oder in der globalen /etc/procmailrc-Datei, sollte der Schalter -d an spamc übergeben werden:

```
:0fw
| /usr/bin/spamc -d 192.168.100.100
```

In diesem Beispiel wird SpamAssassin auf dem Rechner mit der Adresse 192.168.100.100 ausgeführt. Stattdessen können Sie jedoch auch wie folgt einen Hostnamen angeben:

```
:0fw
| /usr/bin/spamc -d spam_filter1
```

Wenn das E-Mail-Aufkommen sehr hoch ist, kann der SpamAssassin-Rechner dennoch unter Leistungsproblemen leiden. Sie können weitere SpamAssassin-Computer einsetzen, um die Leistung zu verbessern. Am einfachsten geht dies, wenn Sie einen weiteren Rechner hinzufügen und dann die .procmailrc-Datei einiger Benutzer so ändern, dass sie für die Spam-Filterung die neuen Computer verwenden, während der Rest der Benutzer bei den bereits vorhandenen SpamAssassin-Rechnern bleibt.

```
# .procmailrc of user1
:0fw
| /usr/bin/spamc -d 192.168.100.100
# .procmailrc of user2
:0fw
| /usr/bin/spamc -d 192.168.100.101
```

Benutzerspezifische Konfigurationsdateien und Datenbanken können Sie auf lokalen Festplatten aufbewahren statt auf freigegebenen Dateisystemen wie NFS (Network File System) oder NAS (Network Attached Storage). Es ist schwierig, die Last auf die einzelnen SpamAssassin-Rechner aufzuteilen, aber in jedem Fall wird jeder Computer eine geringere Last aufweisen als bei der Verwendung eines einzigen Rechners. In diesem Szenario werden die E-Mails eines Benutzers jedes Mal auf demselben Computer verarbeitet.

Der spamc-Client unterstützt auch die zufällige Auswahl eines Hostnamens, wenn die Suche mehrere IP-Adressen zurückgibt. Dafür ist der Parameter -H erforderlich. Diese Funktion kann zusammen mit passenden DNS-Einträgen eingesetzt werden, um einen Lastenausgleich zu ermöglichen.

```
| /usr/bin/spamc -H spampool
```

Ein weiterer Ansatz besteht darin, einen Pool von Spam-verarbeitenden Rechnern anzulegen und ein Round-Robin-DNS-Verfahren oder eine Netzwerkvermittlung zu verwenden. Dabei wird der DNS-Server die Last auf die einzelnen Computer im Pool aufteilen. Sie können diesen Pool im Laufe der Zeit vergrößern oder verkleinern, ohne Änderungen an der MTA-Konfiguration oder an Procmail-Skripts vornehmen zu müssen.

Bei Round-Robin-DNS werden die E-Mails eines Benutzers nicht immer auf demselben Rechner verarbeitet, weshalb seine Einstellungen auf allen Computern zur Verfügung stehen müssen. Dies lässt sich durch ein freigegebenes Dateisystem oder eine Datenbank zur Speicherung von Benutzerinformationen erreichen.

14.2.7 Schnellere Dateisperren

Die schnellere Dateisperrung war eine der kleinen Leistungsverbesserungen, die mit SpamAssassin Version 3.0 eingeführt wurden. Bei der lokalen Speicherung (der Zugriff auf die Dateien erfolgt nicht über das Netzwerkdateisystem) kann ein effizienterer Sperrmechanismus eingesetzt werden, den Sie durch folgende Direktive in der Datei /etc/mail/spamassassin/local.cf aktivieren:

```
lock_method flock
```

14.3 SQL verwenden

SpamAssassin verwendet standardmäßige lokale Datenbanken für die einzelnen Benutzer im Verzeichnis ~/.spamassassin. Dabei gibt es drei Arten von Datenbanken: Benutzervoreinstellungen, die automatische Whitelist und die Bayes-Datenbank. Um alle oder einige dieser Informationen zu speichern, kann SpamAssassin auch eine SQL-Datenbank nutzen.

14.3 SQL verwenden

Wird SpamAssassin in einer verteilten Umgebung eingesetzt, in der er auf einem beliebigen von vielen verschiedenen Rechnern ausgeführt werden kann, stellt eine einzige SQL-Datenbank die ideale Lösung dar. Dies hilft auch beim zentralen Backup der Voreinstellungen und gibt Administratoren die Gelegenheit, viele Konten auf einfache Weise zu bearbeiten.

SpamAssassin nutzt die Modularität von Perl, die die Verwendung verschiedener Datenbanken ohne eine Änderung an der Anwendung erlaubt, und wurde mit MySQL, PostgreSQL und SQLite getestet. Aufgrund der Natur der Perl-Datenbankschnittstelle funktionieren die meisten von Perl unterstützten relationalen Datenbanken auch zusammen mit SpamAssassin. Die Datenbanktreibermodule sind über CPAN erhältlich und tragen Namen, die mit DBD beginnen; so bietet z.B. das Modul DBD::Oracle Unterstützung für Oracle-Datenbanken.

Zu den unterstützten Datenbanken zählen u.a. auch ODBC, Sybase und Informix. Um die Perl-Unterstützung für eine Datenbank zu laden, können Sie über CPAN die erforderlichen Module installieren. Dazu sind normalerweise Root-Berechtigungen erforderlich:

```
# perl -MCPAN -e shell
cpan> i /mysql/
   ... (cpan lists all modules matching *mysql*)
Module         DBD::mysql    (R/RU/RUDY/DBD-mysql-2.9004.tar.gz)
   ... (more modules)
cpan> install DBD::mysql
   ... (cpan begins to install the module or prerequisites)
```

Da MySQL frei erhältlich ist und mit der Leistung der besten relationalen Datenbanken mithalten kann, wird diese Datenbanklösung in den Beispielen dieses Abschnitts verwendet. Bei anderen Datenbanken ist die Vorgehensweise ähnlich. In der SpamAssassin-Dokumentation finden Sie Beispiele zu PostgreSQL und MySQL.

14.3.1 Voraussetzungen

Um eine SQL-Datenbank verwenden zu können, sind einige Perl-Module erforderlich, die für die einzelnen Datenbanken jeweils eigene Datenbankschnittstellen (DBI) und Datenbanktreiber (DBD) einsetzen. Sie können sie mit Hilfe des CPAN-Moduls installieren oder den Quellcode herunterladen, ihn extrahieren und dann den Installationsanweisungen folgen. Die meisten Module für Datenbanktreiber erfordern die Installation einer Art von Datenbankbibliothek, darunter einige C-Headerdateien und Bibliotheken. Sie können sich im Verzeichnis /usr befinden, was aber nicht zwangsläufig der Fall sein muss.

14.3.2 MySQL

MySQL ist eine beliebte Datenbank und auf den meisten Linux-Distributionen erhältlich. Es gibt auch Binärdateien für die Plattformen HP/UX, Solaris und AIX, und überdies steht der Quellcode auf der MySQL-Website unter *http://dev.mysql.com* zum Download bereit. Die Installation erfolgt ähnlich wie bei anderen in diesem Buch besprochenen Paketen.

Bei der Installation von MySQL müssen Sie sich den administrativen Benutzernamen und das zugehörige Passwort merken, da Sie sie in der Folge benötigen.

Konfiguration

Wenn Sie mit relationalen Datenbanken nicht vertraut sind, mögen Ihnen die Begriffe Datenbank, Tabelle und Zeile nichts sagen. Eine Datenbank ist etwas Ähnliches wie ein Verzeichnis oder ein Ordner, enthält statt Ordner aber Tabellen. Die Dateien in einem Verzeichnis stehen miteinander in Beziehung, und diese Gruppierung ähnelt der Gruppierung von Tabellen in einer Datenbank. Jede Tabelle enthält miteinander verbundene Elemente ähnlich den Zeilen in einer Datei, die ebenfalls als Zeilen bezeichnet werden.

Ebenso wie SpamAssassin miteinander in Beziehung stehende Dateien im selben Verzeichnis unterbringt, ist es ratsam, die Datenbanktabellen an einem Ort zusammenzuhalten. Für die Verwendung durch SpamAssassin müssen Sie eine neue Datenbank anlegen. Bei MySQL wird dazu das Kommando `mysqladmin` verwendet:

```
# mysqladmin -p create spamassassin_db
Enter password:
```

In diesem Beispiel wird eine Datenbank namens `spamassassin_db` angelegt. Der Parameter `-p` stellt sicher, dass Sie nach dem Passwort für den administrativen MySQL-Benutzer gefragt werden. Je nachdem, für welche Teile von SpamAssassin SQL eingesetzt wird, können Sie zu dieser Datenbank verschiedene Tabellen hinzufügen.

Falls erforderlich lässt sich auch ein bestehender Datenbankbenutzer verwenden, doch ist es am besten, für den Zugriff auf diese Datenbank ein neues Benutzerprofil anzulegen. Dazu wird wie folgt das Kommando `mysql` verwendet, um der Datenbank Befehle zu erteilen:

```
# mysql -u root -p
Enter password:
Welcome to the MySQL monitor.  Commands end with ; or \g.
Your MySQL connection id is 24 to server version: 4.0.18
Type 'help;' or '\h' for help. Type '\c' to clear the buffer.
mysql> grant all privileges on spamassassin_db.* to spamassassin_user@localhost
identified by 'password';
Query OK, 0 rows affected (0.09 sec)
```

14.3 SQL verwenden

In diesem Beispiel ist root der administrative MySQL-Benutzer. Der Parameter -p des Kommandos mysql sorgt dafür, dass das Passwort abgefragt wird. Hier muss das Passwort für den Datenbankbenutzer root eingegeben werden, wird aber nicht angezeigt. Am mysql-Prompt eingegeben, gewährt das Kommando grant all den Vollzugriff auf alle bereits bestehenden und zukünftigen Objekte in der Datenbank spamassassin_db für den Benutzer spamassassin_user. Gleichzeitig wird das Passwort für diesen neuen Benutzer festgelegt. Beachten Sie, dass grant bei der Verwendung anderer Clientrechner mit dem entsprechenden Namen oder der IP-Adresse anstelle von localhost wiederholt werden muss:

```
mysql> grant all privileges on spamassassin_db.* to spamassassin_user@mta1
  identified by 'password';
```

In diesem Beispiel wird der Zugriff für den Clientrechner mta1 gewährt.

14.3.3 Spamd mit SQL

Um SQL zu verwenden, muss spamd mit den Schaltern -q und -x gestartet werden. Der Schalter -q aktiviert die SQL-Unterstützung, während -x die Benutzerkonfigurationsdateien deaktiviert. Werden init-Skripts verwendet, um spamd zu starten, müssen diese Schalter darin enthalten sein:

```
spamd -x -q
```

14.3.4 SQL für Benutzervoreinstellungen

Die Verwendung von SQL kann für einzelne Benutzer oder global eingerichtet werden. So wie die Einstellungen in user_prefs die in der Datei local.cf überschreiben (oder in den Dateien des Verzeichnisses /usr/share/spamassassin/), so überschreiben die Voreinstellungen in einer SQL-Datenbank diejenigen in den Konfigurationsdateien.

Die Benutzervoreinstellungen werden in einer einzigen Datenbanktabelle gespeichert. Im Unterverzeichnis sql des Build-Verzeichnisses von SpamAssassin gibt es Skripts, um geeignete Tabellen für MySQL und PostgreSQL anzulegen.

Das MySQL-Skript heißt userpref_mysql.sql und befindet sich im Verzeichnis mysql. Um das Skript auszuführen, das die Datenbanktabelle erstellt, wird das Kommando mysql verwendet. Diesen Schritt sollten Sie wie folgt auf dem Datenbankserver ausführen:

```
$ cd /path/to/build/directory/sql
$ mysql -u spamassassin_user spamassassin_db -p < userpref_mysql.sql
Enter password:
```

Auch hier fragt mysql nach dem Passwort. Bei erfolgreicher Ausführung des Kommandos erfolgt keine Ausgabe.

Um Benutzervoreinstellungen global zu aktivieren, müssen Sie die folgenden Zeilen zur Datei /etc/mail/spamassassin/local.cf jedes Rechners hinzufügen, der die Datenbank verwendet. Für einzelne Benutzer ergänzen Sie die Zeilen zu ~/.spamassassin/user_prefs.

```
user_scores_dsn DBI:mysql:spamassassin_db:db_server
user_scores_sql_username spamassassin_user
user_scores_sql_password password
```

Dieses Beispiel setzt voraus, dass die Datenbank auf einem Rechner namens db_server ausgeführt wird. Bei einer lokalen Datenbank kann dieser Wert auch localhost lauten:

```
user_scores_dsn DBI:mysql:spamassassin_db:localhost
```

Um Benutzervoreinstellungen festzulegen, müssen Sie der Datenbanktabelle userpref Zeilen hinzufügen. Diese Tabelle umfasst vier Spalten: username, preference, value und prefid, wobei Letztere eine automatisch generierte laufende Nummer speichert und nicht geändert werden kann, was dazu dient, jede Zeile eindeutig zu bezeichnen. Die Spalte username enthält den lokalen Benutzernamen, preference gibt die Art der zu definierenden Einstellung an und value den Wert. Der Tabelle userprefs lassen sich benutzerdefinierte Wertungen, Regeln und andere Voreinstellungen hinzufügen.

Mit Hilfe des mysql-Clients oder einer der vielen grafischen Benutzerschnittstellen wie *phpMyAdmin* können Sie die Datenbank bearbeiten. Bei den folgenden Beispielen wird das MySQL-Kommandoprompt genutzt:

```
$ mysql -u spamassassin_user spamassassin_db -p
Enter password:
Reading table information for completion of table and column names
You can turn off this feature to get a quicker startup with -A

Welcome to the MySQL monitor.  Commands end with ; or \g.
Your MySQL connection id is 24 to server version: 4.0.18-log

Type 'help;' or '\h' for help. Type '\c' to clear the buffer.

mysql> use spamassassin_db
Reading table information for completion of table and column names
You can turn off this feature to get a quicker startup with -A

Database changed
mysql>
```

Das Kommando use teilt mysql mit, welche Datenbank verwendet werden soll, und muss einmal in jeder Sitzung des mysql-Clients eingegeben werden. Das mysql-Prompt zeigt an, dass mysql bereit ist, weitere Kommandos zu empfangen.

14.3 SQL verwenden

Bei SpamAssassin können Sie globale Einstellungen vornehmen, indem Sie in der Spalte username den Eintrag @GLOBAL verwenden. Einstellungen für einzelne Benutzer erfordern die Angabe des zugehörigen Kontonamens in dieser Spalte.

Verwaltung der Benutzereinstellungen

Die Verwaltung der Benutzervoreinstellungen kann direkt mit SQL-Befehlen erfolgen. Diese Befehle werden im folgenden vorgestellt. Da dies aber in vielen Umgebungen den Benutzern nicht zugemutet werden kann, gibt es bereits eine ganze Reihe von meist webgestützten Werkzeugen, die dies auch grafisch ermöglichen. Sie finden eine Auswahl der verfügbaren Web-Interfaces in dem SpamAssassin-Wiki auf *http://wiki.apache.org/spamassassin/WebUserInterfaces*.

Neue Benutzervoreinstellungen hinzufügen

Um neue Benutzervoreinstellungen zu definieren, verwenden Sie das SQL-Kommando INSERT:

```
mysql> INSERT INTO userpref (username, preference, value) VALUES ('user2', 'score
    GTUBE', '3');
Query OK, 1 row affected (0.03 sec)
mysql> INSERT INTO userpref (username, preference, value) VALUES ('user3',
    'use_razor2', '0');
Query OK, 1 row affected (0.03 sec)
```

Dieses Kommando hat die folgende Form: Nach INSERT INTO steht eine Liste der Spalten, für die Werte angegeben werden. Darauf folgt die Liste der zu verwendenden Werte, jeweils in Anführungszeichen, während die ganze Liste von Klammern umschlossen ist. Beachten Sie, dass die Spalte prefid nicht aufgeführt ist, da sie vom System ausgefüllt wird.

Um weitere Einstellungen zu ergänzen, müssen Sie die Struktur des Befehls beibehalten und die Werte in der zweiten Hälfte ändern. Für Site-umfassende Einstellungen fügen Sie Werte mit Hilfe des Benutzernamens @GLOBAL hinzu. Das folgende Beispiel aktiviert Pyzor auf globaler Ebene:

```
mysql> INSERT INTO userpref (username, preference, value) VALUES ('@GLOBAL',
    'use_pyzor', '1');
Query OK, 1 row affected (0.03 sec)
```

Benutzervoreinstellungen anzeigen

Um zu sehen, welche Voreinstellungen für einen bestimmten Benutzer in Kraft sind, verwenden Sie wie im Folgenden gezeigt den Befehl SELECT, um Zeilen aus der Tabelle userprefs abzurufen:

```
mysql> SELECT * FROM userpref WHERE username = 'user1';
+----------+-------------+-------+--------+
| username | preference  | value | prefid |
+----------+-------------+-------+--------+
| user1    | score GTUBE | 2     |     14 |
+----------+-------------+-------+--------+
1 row in set (0.03 sec)
mysql> SELECT * FROM userpref WHERE username = 'user2';
+----------+-------------+-------+--------+
| username | preference  | value | prefid |
+----------+-------------+-------+--------+
| user1    | use_razor2  | 0     |     15 |
+----------+-------------+-------+--------+
1 row in set (0.03 sec)
mysql>
```

Beachten Sie, dass username in einfachen Anführungszeichen steht und zwischen Groß- und Kleinschreibung unterschieden wird. Der Befehl wird mit einem Semikolon abgeschlossen, das auch in der zweiten Zeile stehen kann, wenn es in der ersten weggelassen wurde.

In diesem Beispiel gibt es eine Voreinstellung für den Benutzer. Der Eintrag entspricht folgender Einstellung in ~user1/.spamassassin/user_prefs:

```
score GTUBE 2
```

Benutzervoreinstellungen ändern

Um Einstellungen zu ändern, müssen Sie die betreffende Zeile angeben. Am einfachsten geht das über die Spalte prefid, die eine eindeutige Bezeichnung der Zeile enthält. Sie können sie über eine Abfrage abrufen und in einer darauf folgenden UPDATE-Anweisung verwenden:

```
mysql> SELECT * FROM userpref WHERE username = '@GLOBAL';
+----------+-------------+-------+--------+
| username | preference  | value | prefid |
+----------+-------------+-------+--------+
| @GLOBAL  | use_razor2  | 0     |     11 |
| @GLOBAL  | use_pyzor   | 0     |     12 |
| @GLOBAL  | use_dcc     | 0     |     13 |
+----------+-------------+-------+--------+
3 rows in set (0.00 sec)
mysql>
```

In der vorherigen Abfrage wurden alle Voreinstellungen für den Benutzernamen @GLOBAL angezeigt. Mit Hilfe der prefid können Sie eine dieser Voreinstellungen gezielt ändern:

14.3 SQL verwenden

```
mysql> UPDATE userpref SET value = 1 WHERE prefid = 12;
Query OK, 1 row affected (0.06 sec)
mysql> SELECT * FROM userpref WHERE username = '@GLOBAL';
+----------+------------+-------+--------+
| username | preference | value | prefid |
+----------+------------+-------+--------+
| @GLOBAL  | use_razor2 | 0     |     11 |
| @GLOBAL  | use_pyzor  | 1     |     12 |
| @GLOBAL  | use_dcc    | 0     |     13 |
+----------+------------+-------+--------+
3 rows in set (0.00 sec)
mysql>
```

Benutzervoreinstellungen löschen

Um Benutzervoreinstellungen zu löschen, müssen Sie die betreffende Zeile angeben und dann entfernen. Dies lässt sich auf eine ähnliche Weise erledigen wie eine Änderung. Betrachten Sie als Beispiel die folgende Reihe von Abfragen:

```
mysql> SELECT * FROM userpref WHERE username = '@GLOBAL';
+----------+------------+-------+--------+
| username | preference | value | prefid |
+----------+------------+-------+--------+
| @GLOBAL  | use_razor2 | 0     |     11 |
| @GLOBAL  | use_pyzor  | 0     |     12 |
| @GLOBAL  | use_dcc    | 0     |     13 |
+----------+------------+-------+--------+
3 rows in set (0.00 sec)
mysql>
```

In dieser Abfrage werden alle Voreinstellungen für den Benutzernamen @GLOBAL aufgeführt. Sie können die prefid nutzen, um eine davon zu löschen:

```
mysql> DELETE FROM userpref WHERE prefid = 12;
Query OK, 1 row affected (0.06 sec)
mysql> SELECT * FROM userpref WHERE username = '@GLOBAL';
+----------+------------+-------+--------+
| username | preference | value | prefid |
+----------+------------+-------+--------+
| @GLOBAL  | use_razor2 | 0     |     11 |
| @GLOBAL  | use_dcc    | 0     |     13 |
+----------+------------+-------+--------+
2 rows in set (0.00 sec)
mysql>
```

> **Hinweis**
>
> Anstatt ~user1/.spamassassin/user_prefs zu bearbeiten, können Sie bei aktivierter SQL-Unterstützung auch einen Eintrag in der Tabelle userprefs vornehmen oder ändern. Ebenso lassen sich globale oder Site-umfassende Voreinstellungen durch Ergänzen oder Ändern der Tabelle userpref für den Benutzer @GLOBAL bearbeiten.

Werden die SQL-Benutzervoreinstellungen verwendet?

Um herauszufinden, ob die SQL-Datenbank für die Benutzervoreinstellungen verwendet wird, legen Sie eine Voreinstellung für einen Testbenutzer an, bei der Sie die Wertung für den Test GTUBE auf 123 setzen.

```
mysql> INSERT INTO userpref (username, preference, value) VALUES ('test1', 'score
    GTUBE', 123);
Query OK, 1 row affected (0.00 sec)
```

Starten Sie spamd mit den Schaltern -x und -q und führen Sie dann spamc mit der GTUBE-Test-E-Mail aus, die im Build-Verzeichnis von SpamAssassin zur Verfügung steht:

```
$ spamc < sample-spam.txt | grep 123
 123 GTUBE               BODY: Generic Test for Unsolicited Bulk Email
```

Die korrekte Wertung wird angezeigt, was bedeutet, dass die SQL-Datenbank verwendet wurde. Der Standardwert für den GTUBE-Test beträgt 1000. Wird dieser Wert angezeigt, so wird die SQL-Datenbank nicht für die Benutzervoreinstellungen genutzt.

Vorrang von Voreinstellungen

Globale Einstellungen erhalten ihre Werte von den Dateien im Verzeichnis /usr/share/spamassassin/. Werte in /etc/mail/spamassassin/local.cf überschreiben diese Einstellungen und werden wiederum von Werten für den Benutzernamen @GLOBAL in der Datenbank überschrieben.

Für die einzelnen Benutzer überschreiben die Werte in ~/.spamassassin/user_prefs die globalen Einstellungen und werden von den Einträgen in der Datenbank unter dem jeweiligen Benutzernamen überschrieben.

14.3.5 SQL für Bayes-Datenbanken

Die Bayes-Datenbank kann auch in einer SQL-Datenbank gespeichert werden. Dabei lässt sich SQL für die Bayes-Datenbank unabhängig von anderen Einstellungen verwenden. Zum Speichern der Bayes-Daten sind mehrere Tabellen notwendig, die einmal erstellt werden und dann die Bayes-Daten für die einzelnen Benutzer enthalten.

14.3 SQL verwenden

Im SpamAssassin-Build sind Skripts enthalten, um Tabellen für die Bayes-Datenbank anzulegen. Das MySQL-Skript heißt `bayes_mysql.sql` und befindet sich unter `mysql` im Build-Verzeichnis. Um das Skript auszuführen und damit Datenbanktabellen zu erstellen, verwenden Sie das folgende `mysql`-Kommando:

```
$ cd /path/to/build/directory/sql
$ mysql -u spamassassin_user spamassassin_db -p < bayes_mysql.sql
Enter password:
```

Auch hier fragt `mysql` nach dem Passwort. Bei erfolgreicher Ausführung des Kommandos erfolgt keine Ausgabe.

```
ERROR 1045: Access denied for user: 'spamassassin@localhost' (Using password: YES)
```

In diesem Beispiel erfolgte eine Fehlermeldung, da das falsche Passwort angegeben wurde.

Die jeweilige Implementierung der Bayes-Datenbank hängt von der jeweiligen Version von SpamAssassin ab, wobei die Tabellen nicht mit SQL-Befehlen bearbeitet werden dürfen.

Um die Bayes'sche SQL-Datenbank zu aktivieren, fügen Sie folgende Zeilen zu `/etc/mail/spamassassin/local.cf` hinzu:

```
bayes_store_module Mail::SpamAssassin::BayesStore::SQL
s_sql_dsn DBI:mysql:spamassassin_db:localhost
bayes_sql_username spamassassin_user
bayes_sql_password password
```

Mit `bayes_sql_override_username` können Sie alle Benutzer zwingen, dieselbe Bayes-Datenbank zu verwenden:

```
bayes_sql_override_username sharedusername
```

In `~/.spamassassin/user_prefs` können Sie diese Einstellungen auch für einzelne Benutzer vornehmen.

Wird die Bayes'sche SQL-Datenbank verwendet?

Um zu überprüfen, ob die Bayes-Datenbank verwendet wird, müssen Sie eine Test-E-Mail entweder mit `spamc` oder mit dem Kommando `sa-learn` verarbeiten. Prüfen Sie anschließend nach, ob die dateibasierte Bayes-Datenbank verändert wurde, indem Sie die Zeitstempel der `~/.spamassassin/bayes_*`-Dateien untersuchen:

```
$ ls -al ~/.spamassassin/bayes_*
ls: /home/user1/.spamassassin/bayes_*: No such file or directory
```

Hier sind keine Bayes-Dateien vorhanden. Das ist ein gutes Zeichen, da diese Dateien angelegt würden, wenn der SQL-Zugriff nicht aktiviert wäre. Als weiteren Test können Sie die SQL-Tabellen der Bayes-Datenbank untersuchen:

```
mysql> select COUNT(*) FROM bayes_vars WHERE username = 'user1';
+----------+
| count(*) |
+----------+
|        1 |
+----------+
1 row in set (0.00 sec)
```

Wenn der Zähler einen größeren Wert als 0 annimmt, gibt es in der Bayes-Datenbank Einträge für den Benutzer, was bedeutet, dass die Datenbank tatsächlich verwendet wird.

14.3.6 Die Datenbank für die automatische Whitelist

Die automatische Whitelist kann ebenfalls in einer Datenbank gespeichert werden, wozu sich unabhängig von anderen Einstellungen SQL verwenden lässt. Wie bei den Benutzereinstellungen teilen sich die Benutzer *nicht* dieselben Daten, obwohl nur eine Datenbanktabelle verwendet wird.

Im Distributions-Verzeichnis von SpamAssassin sind Skripts enthalten, mit denen sich Datenbanktabellen für die automatische Whitelist anlegen lassen. Das MySQL-Skript heißt `awl_mysql.sql` und wird wie folgt verwendet:

```
$ cd /path/to/build/directory/sql
$ mysql -u spamassassin_user spamassassin_db -p < awl_mysql.sql
Enter password:
```

Der `mysql`-Client fragt nach dem Passwort. Sofern kein Fehler auftritt, erfolgt keine Ausgabe.

Um die Datenbank für die automatische Whitelist zu aktivieren, fügen Sie zu `/etc/mail/spamassassin/local.cf` die folgenden Kommandos hinzu:

```
user_awl_dsn DBI:mysql:spamassassin_db:localhost
user_awl_sql_username spamassassin_user
user_awl_sql_password password
user_awl_sql_table awl
```

In `~/.spamassassin/user_prefs` können Sie diese Einstellungen auch für einzelne Benutzer vornehmen.

Wird die SQL-Datenbank für die automatische Whitelist verwendet?

Bevor Sie überprüfen können, ob SQL verwendet wird, müssen Sie SQL konfigurieren und einige Test-E-Mails nacheinander verarbeiten. Sehen Sie zuerst nach, ob ein Zugriff auf die Datenbankdateien für die automatische Whitelist im Home-Verzeichnis des Benutzers erfolgte, indem Sie den Zeitpunkt des letzten Zugriffs auf `~/.spamassassin/auto-whitelist.*` ermitteln:

```
$ ls -al ~/.spamassassin/auto-whitelist.*
ls: /home/user1/.spamassassin/auto-whitelist.*: No such file or directory
```

Wenn die Dateien vorhanden sind und einen jungen Zeitstempel aufweisen, wurden sie anstelle der Datenbank verwendet. Als weiteren Test können Sie die SQL-Tabellen der Whitelist-Datenbank untersuchen. Führen Sie dazu das folgende Kommando am `mysql`-Prompt aus:

```
mysql> select count(*) from awl where username = 'test1';
+----------+
| count(*) |
+----------+
|        5 |
+----------+
1 row in set (0.00 sec)
```

Als Ergebnis wird das Vorhandensein von 5 Einträgen angezeigt. Jede Zahl größer null bedeutet, dass die SQL-Datenbank für die automatische Whitelist verwendet wird.

14.4 Zusammenfassung

Engpässe können in verschiedenen Bereichen auftreten: beim Speicher, bei der Festplatten-E/A, der CPU und der Netzwerk-E/A. Arbeitsspeicher (RAM) ist der häufigste Engpass beim Einsatz von SpamAssassin. Die Verwendung von SpamAssassin als Daemon steigert die Leistung.

Nachrichten bereits vor der Verarbeitung durch SpamAssassin auszufiltern, reduziert die Last auf dem Rechner. Dieses Ziel lässt sich auf verschiedenen Wegen erreichen.

SpamAssassin kann auf mehreren Rechnern laufen und wird dabei vom MTA verwendet. Mit Hilfe von SQL lassen sich die Benutzereinstellungen an einem einzigen Ort speichern, auch wenn mehrere Rechner im Einsatz sind. SQL dient auch zur Leistungssteigerung.

15 Wartung und Berichte

Wenn SpamAssassin installiert und konfiguriert ist, funktioniert es sehr gut mit nur minimalem oder gar keinem Benutzereingriff. Fleißige Administratoren werden darauf achten, jeden Aspekt des Betriebs zu automatisieren, um die Handhabung für die Benutzer einfacher zu machen. In diesem Kapitel erfahren Sie mehr über weitere Filter und einfache Skripts.

15.1 Spam nach Wahrscheinlichkeiten trennen

Spam muss nicht auf dem Server gespeichert werden, außer als Corpus zum Trainieren der Bayes-Datenbank und als Referenz für Wertungsanpassungen. Im Allgemeinen werden Spam-Nachrichten gespeichert, damit die Benutzer die Gelegenheit haben, fälschlicherweise aussortierte Ham-E-Mails zu reklamieren. Wird die automatische Lernfunktion genutzt, können Sie diese gespeicherten Spam-Nachrichten auch verwenden, um sicherzustellen, dass solche Fehltreffer nicht als Spam gelernt werden. Dazu muss der Ordner für Spam täglich oder wöchentlich untersucht werden.

Eine Möglichkeit, um die Anzahl der zu untersuchenden Spam-E-Mail zu verringern, besteht darin, sie auf zwei Ordner aufzuteilen: einen für Spam-Nachrichten mit hohen Wertungen und einen für solche mit relativ geringen. Dass sich Fehltreffer in der Kategorie mit der hohen Wertung befinden, ist sehr unwahrscheinlich, weshalb die Benutzer die E-Mails in diesem Ordner nicht untersuchen müssen.

Eine solche Sortierung lässt sich mit einem Promail-Rezept bewerkstelligen. Der Header X-Spam-Level enthält eine Reihe von Sternchen, deren Anzahl die Wertung einer E-Mail angibt. Nachrichten mit einer Wertung zwischen 1 und 2 bekommen ein Sternchen, solche mit Wertungen zwischen 12 und 13 erhalten 12 Sternchen. Der Header X-Spam-Level weist niemals mehr als 30 dieser Sternchen auf.

Im Folgenden sehen Sie ein Procmail-Rezept zum Filtern von E-Mails mit einer Wertung von 14 und mehr Sternchen:

```
:0
* ^X-Spam-Level: \*\*\*\*\*\*\*\*\*\*\*\*\*\*
.BigSpam/new
```

In diesem Rezept wird das Sternchen durch das Zeichen \ maskiert, da Procmail es sonst als Teil des Rezepts verstehen würde. In dieser Regel wird E-Mail in ein `maildir`-Verzeichnis namens `BigSpam` ausgeliefert, es ist jedoch auch möglich, wie folgt eine Zustellung im mbox-Postfach vorzunehmen:

```
:0
* ^X-Spam-Level: \*\*\*\*\*\*\*\*\*\*\*\*\*\*
BigSpam
```

Spam mit Wertungen unterhalb des Schwellenwerts kann dann wie in den vorangegangenen Kapiteln beschrieben verarbeitet und in einen als `PossibleSpam` bezeichneten Ordner verschoben werden:

```
:0
* ^X-Spam-Status: Yes
.PossibleSpam/new
```

Jede E-Mail, die nicht von einem dieser beiden Procmail-Rezepte erfasst wird, erhält keine Spam-Kennzeichnung und kann weiterverarbeitet oder an den Standardbestimmungsort ausgeliefert werden.

Bei der Verwendung dieses Rezepts sollten Sie lieber einen vorsichtigen als einen optimistischen Schwellenwert wählen. Ein hoher Wert hat zur Folge, dass täglich mehr E-Mails durchgesehen werden müssen, ein niedriger erhöht jedoch die Wahrscheinlichkeit dafür, dass sich im Ordner mit den hoch bewerteten Nachrichten versehentlich als Spam markierte Ham-E-Mails befinden. Nutzen Sie Ihre Erfahrung und wählen Sie einen Wert, der zwei oder drei Punkte höher liegt als die jeweiligen Fehltreffer, die es in der Vergangenheit gegeben hat.

15.2 Fehler von SpamAssassin erkennen

SpamAssassin ist meistens sehr zuverlässig. Wird SpamAssassin als Daemon verwendet, rufen die E-Mail-Clients `spamc` auf. Wenn der `spamd`-Daemon nicht läuft, werden E-Mails nicht gekennzeichnet, so dass Spam-Nachrichten ins Postfach des Benutzers gelangen. Beruht die E-Mail-Auslieferung auf SpamAssassin, sollten Sie regelmäßig überprüfen, ob `spamd` ausgeführt wird. Ein häufiger Grund für einen Dienstausfall besteht darin, dass der Daemon beendet wurde. Das Funktionieren eines Daemons lässt sich durch eine Verbindung zu dem Port überprüfen, an dem er lauscht. Dazu muss ein Testclient geschrieben oder ein bestehender Client im Testmodus verwendet werden, was sehr kompliziert werden kann. Eine andere Lösung besteht darin, einfach unter den Prozessen des Systems nachzuschauen, ob der Daemon läuft.

Große Unternehmen setzen Produkte wie *Tivoli* von IBM oder *OpenView* von HP für die Systemverwaltung ein, die sich auch für die Überwachung der entsprechenden Prozesse eignen und den Administrator auf die eine oder andere Art und Weise

15.2 Fehler von SpamAssassin erkennen

benachrichtigen. Für kleinere Unternehmen sind die Kosten für solche Produkte zu hoch. Eine billigere Lösung besteht darin, ein Skript zu verwenden, das eine E-Mail-Benachrichtigung verschickt, wenn der Zieldaemon nicht ausgeführt wird. Das Kommando ps kann alle laufenden Prozesse auflisten, wenn es mit den geeigneten Schaltern verwendet wird. Bei den meisten Versionen von Linux und UNIX führt das Kommando ps -ef alle Prozesse auf. Diese Überprüfung auf laufende Prozesse zu automatisieren und regelmäßig durchzuführen hilft Systemadministratoren, sich auf andere Dinge zu konzentrieren.

Das folgende Skript, check_process.sh, überprüft, ob ein bestimmter Prozess läuft, und sendet eine E-Mail-Benachrichtigung, falls es den Prozess nicht findet:

```
#!/bin/sh
# check_process.sh &#8211; prüft, ob der angegebene Prozess läuft
RECIPIENT=postmaster@mycompany.com
if [[ $1 = "" ]]; then
    echo "Incorrect usage; specify the process name on the command line"
else
    process_pid=`ps -ef | grep "$1" | grep -v grep | grep -v "$0" | cut -c 10-14`
    if [[ $process_pid = "" ]]; then
        echo "$1 is not running - sending notification email"
        mail $RECIPIENT <<- EOF
        From: Process checking daemon
        Subject: Process $1 down
        The process $1 is down
EOF
    fi
fi
```

Dieses Skript sucht in der Ausgabe von ps -ef nach einem Prozessnamen. Es ist jedoch noch sehr einfach konstruiert und weist mindestens einen schwerwiegenden Fehler auf: Wenn ein Prozess mit dem gesuchten Namen läuft, der gewünschte Daemon aber nicht, wird keine Warnung gesendet.

Es sind noch einige Anpassungen notwendig. So gibt die dritte Zeile den Empfänger für die E-Mail-Warnungen an, der entsprechend geändert werden muss. Sollte die Ausgabe von ps -ef die Prozesskennung (PID) nicht in den Spalten 10 bis 14 angeben, müssen Sie das cut-Kommando anpassen.

> **Hinweis**
>
> Welcher Prozess überprüft wird, ist nicht in dem Skript festgelegt, sondern wird stattdessen als Parameter übergeben. Dadurch lässt sich das Skript auch für andere Prozesse verwenden.

Wenn Sie dieses Skript einsetzen möchten, sollten Sie es über die Datei crontab regelmäßig ausführen lassen. In der folgenden crontab wird der Befehl von Montag bis Freitag zwischen 8.00 und 19:00 Uhr alle 15 Minuten ausgeführt und in der restlichen Zeit stündlich:

```
5,20,35,50 8-18 * * 1-5 /path/to/check_process.sh spamd
5 18-8 * * 1-5 /path/to/check_process.sh spamd
5 * * * 6-7 /path/to/check_process.sh spamd
```

Aufgaben so zu planen, dass sie zur vollen Stunde, 15 Minuten nach der vollen Stunde usw. ausgeführt werden, ist keine gute Idee, da dies so naheliegende Zeiten für regelmäßig auszuführende Tätigkeiten sind, dass die Rechnerlast zu diesen Zeitpunkten stark ansteigen kann. Eine genaue Zeitplanung von cron-Jobs oder die Auswahl von willkürlichen Zeitpunkten verteilt die Last gleichmäßig über die Stunde oder den Tag.

15.3 Spam- und Ham-Berichte

Unter Umständen ist es notwendig, Statistiken zur E-Mail-Verarbeitung aufzustellen. Dies kann sinnvoll sein, um die Zeit zu rechtfertigen, die für die E-Mail-Verwaltung aufgewendet wird, oder um Trends bei der E-Mail-Nutzung und im Verhältnis zwischen Spam und Ham zu erkennen.

Eine grundlegende Angabe bildet die Anzahl der verarbeiteten E-Mails. Durch Summierung der Werte für Ham und Spam und eine benutzerspezifische Statistik lässt sich eine gute Darstellung der E-Mail-Dynamik in einem Unternehmen aufstellen.

Eine weitere nützliche Angabe ist die Zeit, die SpamAssassin zur Verarbeitung von E-Mails benötigt. Neben der unmittelbaren Erkenntnis, wie lange E-Mails aufgrund der Spam-Verarbeitung verzögert werden, ist ein solcher Bericht für die Langzeitplanung wichtig: Wenn die E-Mail-Verarbeitung von Monat zu Monat mehr Zeit in Anspruch nimmt, so bedeutet dies, dass die Last auf dem System steigt, weshalb zusätzliche Ressourcen erforderlich sind, um die Dienstqualität zu erhalten.

15.3.1 Spam-Zähler

Ein Spam-Zähler kann eingesetzt werden, um die Anzahl der Spam- und der Ham-E-Mails zu bestimmen. Er erstellt keine Berichte, sondern lediglich Dateien mit der Anzahl der Spam- und Ham-Nachrichten, die dann für weitergehende Berichte verwendet werden können.

Das folgende Beispielskript muss von Procmail aufgerufen werden, nachdem SpamAssassin E-Mails gekennzeichnet hat, aber bevor irgendeine weitergehende Verarbeitung stattfindet. Es fungiert als Filter und untersucht jede E-Mail, wobei es den entsprechenden Wert in seinen Zählerdateien erhöht, sobald es auf ein SpamAssassin-Tag für Spam oder Ham stößt. Da es sich bei dem Skript um einen Filter handelt, gibt

15.3 Spam- und Ham-Berichte

es jede Zeile aus, die es empfängt. Es führt drei Paare von Zählerdateien mit jeweils einer Datei für Spam und einer für Ham. Die drei Zähler gelten für den aktuellen Benutzer, die globale Anzahl und eine stündliche globale Anzahl, die von einem anderen Skript verwendet werden kann.

Es folgt ein Beispiel für ein Spam-Zähler-Skript:

```perl
#!/usr/bin/perl -w
# spamcounter   - keeps count of spams and hams
while (<>) {
  if ($_ =~ m/X-Spam-Status: Yes/ ) {
    ReportSpam();
  }
  elsif ($_ =~ m/X-Spam-Status: No/) {
    ReportHam();
  }
  print;
}

sub ReportSpam {
  UpdateCount ("/var/spam.hourly");
  UpdateCount ("/var/spam.count");
  UpdateCount ("~/spam.count");
}

sub ReportHam {
  UpdateCount ("/var/ham.hourly");
  UpdateCount ("/var/ham.count");
  UpdateCount ("~/ham.count");
}

sub ExpandFilename {
  my $filename = shift or die "I need a parameter";
  $filename =~ s{ ^ ~ ( [^/]* ) }
    { $1
        ? (getpwnam($1))[7]
        : ( $ENV{HOME} || $ENV{LOGDIR}
            || (getpwuid($>))[7]
          )
    }ex;
  return $filename;
}
sub UpdateCount {
  my $filename = shift or die "I need a filename";
  $filename = expand_filename ($filename);
  sysopen(FH, "$filename", O_RDWR|O_CREAT) or return ;
  flock(FH, LOCK_EX) or return;
  # Now we have acquired the lock, it's safe for I/O
  $num = <FH> || 0;
```

```
    seek(FH, 0, 0) or return;
    truncate(FH, 0) or return;
    print FH $num+1, "\n" or return;
    close(FH) or return;
    flock(FH, LOCK_EX);
}
```

Dieses Skript erstellt und unterhält jeweils zwei Dateien für die Benutzer, die es aufrufen: ~/spam.count und ~/ham.count sowie zwei ähnliche systemweite Zähler in /var/spam.count und var/ham.count. Die stündlichen Zähler tragen die Bezeichnung /var/spam.hourly und /var/ham.hourly.

Wenn dieses Skript über ein Procmail-Rezept für jede E-Mail aufgerufen wird, lassen sich zuverlässige Angaben über die Anzahl der verarbeiteten E-Mails ermitteln. Eine schnelle Zusammenfassung erhalten Sie durch eine Untersuchung des Inhalts von /var/ham.count und /var/spam.count.

Das Procmail-Rezept zum Aufrufen dieses Skripts lautet wie folgt:

```
:0fw
| /path/to/scripts/spamcounter.pl
```

Bei Dateien, die in /var gespeichert werden, kann ein Berechtigungsproblem auftreten. Gewöhnlich sind solche Dateien global oder zumindest innerhalb der Gruppe überschreibbar, was bedeutet, dass die Dateien anfällig für Änderungen durch Benutzer sind.

Statistiken über verschiedene Zeiträume

Es ist recht sinnvoll, die Anzahl der E-Mails zu kennen, die an einem bestimmten Tag oder einer Woche verarbeitet wurden, oder nachvollziehen zu können, wie sich der E-Mail-Durchsatz mit der Zeit ändert. Wenn Sie das einfache Spam-Zähler-Skript aus dem vorhergehenden Abschnitt mit einem cron-Job koppeln, der stündlich den aktuellen Zählerstand registriert, lässt sich ermitteln, wie das E-Mail-Aufkommen stündlich variiert.

Das von einem Spam-Zähler-Skript ermittelte systemweite Spam-Aufkommen lässt sich stündlich von einem cron-Job weiterverarbeiten, der Datum, Zeit und Anzahl der empfangenen Spam- und Ham-E-Mails aufzeichnet. Das folgende Skript zählt die Spam- und Ham-E-Mails und fügt den Wert anschließend am Ende der Datei /var/spamstats.txt hinzu:

```
#!/usr/bin/perl -w
# spamstats.pl - hourly tally of spam statistics from spamcounter.pl

# processes global running totals
my $spam = ReadCount("/var/spam.count");
my $ham = ReadCount("/var/ham.count");
```

15.3 Spam- und Ham-Berichte

```
open FILE, ">>/var/spamstats.txt";
my ($sec,$min,$hour,$mday,$mon,$year,$wday,$dummy,$isdst) = localtime(time());
printf FILE "%02d/%02d/%04d %02d:%02d:%02d,%d,%d\n",$mday, $mon+1, $year+1900,
  $hour, $min, $sec, $spam, $ham;
close FILE;

# processes global hourly totals
$spam = ReadCount ("/var/spam.hourly"); unlink "/var/spam.hourly";
$ham = ReadCount("/var/ham.hourly"); unlink "/var/ham.hourly";

open FILE, ">>/var/spamstats-hourly.txt";
printf FILE "%02d/%02d/%04d %02d:%02d:%02d,%d,%d\n",$mday, $mon+1, $year+1900,
  $hour, $min, $sec, $spam, $ham;
close FILE;

sub ReadCount {
  my $file = shift or die "I need a parameter";
  open FILE, "<$file";
  my $results = (<FILE>);
  close FILE;
  return $results;
}
```

Der Inhalt von spamstats.txt sieht wie folgt aus:

```
30/07/04 19:00:00, 115, 30
30/07/04 20:00:00, 154, 41
```

Das Skript liest auch die stündlichen Spam-Werte ein, fügt sie am Ende der Datei /var/spamstats-hourly.txt hinzu und setzt die Zähler zurück. Die entsprechende Datei für denselben Zeitraum sieht wie folgt aus:

```
30/02/04 19:00:00, 36, 6
30/02/04 20:00:00, 39, 11
```

Diese Dateien lassen sich mit Hilfe von Perl-Skripts analysieren, in eine Tabellenkalkulation übernehmen und zum Erstellen von Diagrammen verwenden.

15.3.2 Die Verarbeitungszeit von SpamAssassin bestimmen

Sobald spamd eine E-Mail verarbeitet hat, schreibt er einen Eintrag in das Systemprotokoll. Die entsprechenden Zeilen weisen die folgende Form auf:

```
Feb 30 12:04:09 hostname spamd[31336]: clean message (-1.0/4.0) for user1:1001
  in 4.1 seconds, 13600 bytes.
Feb 30 12:24:39 hostname spamd[31454]: identified spam (39.2/4.0) for user1:1001
  in 3.3 seconds, 2258 bytes.
```

In diesen Zeilen stecken viele Informationen. Angegeben sind Datum, Benutzer, Wertung und Größe der Nachrichten. Mit Hilfe der Protokolldatei können Sie folgende Fragen beantworten:

- Wie viele E-Mails wurden verarbeitet?
- Wie viele davon waren Spam-E-Mails?
- Wie viele davon waren Ham-E-Mails?
- Wie lange dauert es, um eine E-Mail zu verarbeiten?
- Welche Benutzer bekommen die meisten E-Mails?
- Wie nah am Schwellenwert liegen die Wertungen der Spam- und Ham-E-Mails?

Perl ist ein hervorragend geeignetes Werkzeug, um diese Zeilen zu analysieren und die Ergebnisse zu verarbeiten. Ein Skript, das das Systemprotokoll für den weit verbreiteten Linux-Systemlogger `syslog-ng` abarbeitet, finden Sie im Folgenden. Es liest die Protokolldatei und analysiert die Ergebnisse.

> **Hinweis**
>
> Die Funktionsfähigkeit dieses Skripts hängt sehr stark vom Format der Protokollzeilen ab. Die Subroutine `ParseLogLine` am Ende des Skripts ist die einzige Stelle mit protokolldateiabhängigem Code. Wenn das Format nicht korrekt analysiert wird, funktioniert das Skript nicht.

Dieses Skript liest von der Standardeingabe und erwartet, dass ihm die Protokolldatei über eine Pipe zugeführt wird. Um Protokolldateien einzusehen, ist normalerweise `root`-Zugriff erforderlich. Sie können dieses Skript aufrufen, indem Sie ihm die Protokolldatei wie folgt über eine Pipe bereitstellen:

```
# ./spamlogfileparser.pl < /var/log/messages
```

Bei jeder Zeile, die die Wendung `clean message` enthält, zeichnet das Skript den Benutzer, das Datum, die Wertung und die Verarbeitungszeit auf. Dieselben Schritte führt es auch für Zeilen mit `identified spam` durch. Nachdem die Protokolldatei vollständig abgearbeitet wurde, analysiert das Skript den Inhalt und zeigt danach eine Zusammenfassung an, die u.a. die Anzahl der Spam- und Ham-E-Mails, die durchschnittliche und die maximale Verarbeitungszeit für beide Arten von Nachrichten und die niedrigste Spam- sowie die höchste Ham-Wertung umfasst. Das Skript lautet wie folgt:

```
#!/usr/bin/perl -w
# spamlogfileparser.pl - parse /var/log/messages and calculate statistics
use strict;
```

15.3 Spam- und Ham-Berichte

```perl
# declare variables
my (@ham, @spam, %seen);
my ($ham_total_time, $ham_total_score, $spam_total_time, $spam_total_score);
my $ham_max_time = 0; my $ham_max_score = 0; my $spam_max_time = 0;
my $spam_max_score = 0; my $spam_min_score = 99;

# process input
while (<>) {
  push @ham, ParseLogLine($_) if $_ =~ m/clean message/;
  push @spam, ParseLogLine($_) if $_ =~ m/identified spam/;
}

# create statistics
foreach (@ham) {
  $ham_total_time += $_->{proc_time};
  $ham_max_time = $_->{proc_time} if $_->{proc_time} > $ham_max_time;
  $ham_total_score += $_->{score};
  $ham_max_score = $_->{score} if $_->{score} > $ham_max_score;
  $seen{$_->{user}}->{ham}++;
}

foreach (@spam) {
  $spam_total_time += $_->{proc_time};
  $spam_max_time = $_->{proc_time} if $_->{proc_time} > $spam_max_time;
  $spam_total_score += $_->{score};
  $spam_max_score = $_->{score} if $_->{score} > $spam_max_score;
  $spam_min_score = $_->{score} if $_->{score} < $spam_min_score;
  $seen{$_->{user}}->{spam}++;
}

# report results
print "Number of Spams: ", $#spam+1, "\n";
print "Average processing time for spam: ", $spam_total_time / ($#spam+1),
 " seconds\n";
print "Longest processing time for spam: $spam_max_time seconds\n";
print "Maximum spam score: $spam_max_score\n";
print "Minimum spam score: $spam_min_score\n\n";

print "Number of Hams:", $#ham+1, "\n";
print "Average processing time for ham: ", $ham_total_time / ($#spam+1),
 " seconds\n";
print "Longest processing time for ham: $ham_max_time seconds\n";
print "Maximum ham score: $ham_max_score\n";
print "\nUser report\n";
print "User\tNum Spams\tnum hams\n";
foreach (sort keys %seen) {
  print "$_\t", $seen{$_}->{spam}, "\t\t",  $seen{$_}->{ham}, "\n";
}
```

```
sub ParseLogLine {
  my $line = shift;
  m/(^.* \d\d \d\d:\d\d:\d\d).*\((.*)\)\/.*\).* for (.*):.* in (.*) seconds.*/;
  #print "1: $1 2: $2 3: $3 4: $4 \n"; # for debugging new log formats
  return {date => $1, score => $2, user => $3, proc_time => $4};
}
```

Eine Beispielausgabe des Skripts sehen Sie im Folgenden:

```
Number of Spams: 475
Average processing time for spam: 6.90947368421053 seconds
Longest processing time for spam: 52.6 seconds
Maximum spam score: 52.5
Minimum spam score: 4.3

Number of Hams:88
Average processing time for ham: 1.13452631578947 seconds
Longest processing time for ham: 42.7 seconds
Maximum ham score: 3.7

User report
User    Num Spams       num hams
user1   473             84
user2   2               4
```

Das Skript verwendet das Datum der Protokollmeldungen nicht. Die einfachste Form einer solchen Weiterverarbeitung bestünde darin, das älteste und jüngste Datum in die Ausgabe einzuschließen. Außerdem sind tägliche oder stündliche Zusammenfassungen denkbar. Diese Aufgaben überlassen wir dem Leser als Übung.

15.4 Zusammenfassung

Spam-E-Mails werden gewöhnlich archiviert, um einen Corpus zum Trainieren von Filtern zur Verfügung zu haben und um Fehltreffer zu erkennen. Der Benutzer muss die Spam-Nachrichten manuell durchgehen, um sie auszusortieren. Um diesen Aufwand für den Benutzer zu verringern, können automatische Skripts und cron-Jobs eingesetzt werden, um Spam-E-Mails vorab zu verarbeiten und auszufiltern.

Wird Spam aufgrund der Wertung in verschiedene Kategorien aufgeteilt, hilft das dem Benutzer, da er weniger E-Mails manuell nach Fehltreffern untersuchen muss. Ähnliche Skripts zur Analyse von Spam-Statistiken dienen dazu, Spam-Berichte zu erstellen. Dazu werden über Procmail einfache Skripts aufgerufen, die z.B. das Systemprotokoll untersuchen. Diese Skripts und ihre Ergebnisse lassen sich nach Bedarf bearbeiten, z.B. um Site-überspannende oder stündliche Berichte zu erstellen. Ein wenig Anstrengung dabei entlastet den Systemadministrator und die Benutzer von dem weit größeren Aufwand, große Mengen von Spam-E-Mails manuell zu sieben.

16 Aufbau eines Anti-Spam-Gateways

Viele E-Mail-Administratoren sind mit der Arbeitsweise ihres E-Mail-Servers zufrieden, möchten ihn aber um einen Spam-Filter erweitern. Es ist schwierig und gilt als riskant, SpamAssassin in Microsoft Exchange Server, der unter Windows ausgeführt wird, zu integrieren. Das liegt daran, dass es aufgrund der Tatsache, wie einige Einstellungen geändert werden, problematisch sein kann, zu den alten Einstellungen zurückzukehren. Unabhängig von der verwendeten Plattform haben E-Mail-Administratoren, die keine ausreichende formale Ausbildung haben oder keinen beträchtlichen Teil ihrer Arbeitszeit mit der Systemadministration verbringen, eventuell nicht genügend Selbstvertrauen, die Konfiguration eines laufenden E-Mail-Servers zu ändern.

Eine sichere Lösung besteht im Einsatz eines gesonderten E-Mail-Gateways. Der Gateway empfängt alle eingehenden E-Mails, SpamAssassin identifiziert und erkennt Spam, und anschließend werden die E-Mails an den eigentlichen E-Mail-Server weitergeleitet. Auf Wunsch kann der Gateway zusätzlich Spam filtern und Spam an ein anderes Benutzerkonto weiterleiten oder einfach löschen. Die Konfiguration des vorhandenen Servers braucht nicht geändert zu werden, und wenn die Firma eine Firewall einsetzt, lässt sich der E-Mail-Gateway nach Bedarf durch Firewallregeln an- oder abschalten.

Dieses Kapitel beschreibt, wie ein E-Mail-Gateway erstellt und konfiguriert wird. In allen größeren Linux-Distributionen ist Postfix entweder der Standard-MTA oder kann bei der Installation des Betriebssystems als MTA ausgewählt werden. Der Einfachheit halber behandelt dieses Kapitel nur Postfix, obwohl auch andere MTAs diese Aufgabe erfüllen können.

Um einen neuen Spam-Gateway einzurichten, müssen Sie die folgenden Schritte ausführen:

1. Wählen Sie die PC-Plattform aus.
2. Wählen Sie eine Linux-Distribution.
3. Installieren Sie Linux.
4. Konfigurieren Sie den Postfix-MTA.

5. Installieren Sie SpamAssassin – folgen Sie dazu den Anweisungen in Kapitel 6.
6. Installieren Sie Amavisd-new.
7. Führen Sie zusätzliche Konfigurationsschritte durch.
8. Testen Sie die Konfiguration.
9. Setzen Sie den Gateway ein.

16.1 Die PC-Plattform auswählen

Eines der Verkaufsargumente für Linux besteht darin, dass ältere PCs, auf denen die neueste Version von Windows nicht mehr ausgeführt werden kann, oftmals für Linux geeignet sind. Auch wenn das wahr ist, gibt es weitere Faktoren, die die Auswahl eines PCs für einen kritischen Einsatz bestimmen.

Eine Spam-Filterung ist CPU-intensiv. Es lohnt sich jedoch selten, einen hohen Preis für einen schnellen Prozessor zu bezahlen, der pro Rechenschritt mehr kostet als ältere, langsamere Prozessoren. Sofern Sie keinen Mehrprozessorrechner mit einer hohen Last haben, benötigen Sie keine Hochgeschwindigkeitsfestplatten. Die E/A der Festplatte ist bei der Verarbeitung von Spam relativ niedrig, die benötigte Festplattenkapazität für einen E-Mail-Gateway ist gering. Die Installation der Serversoftware kann weniger als 1 GB belegen, und es wird wenig zusätzlicher Platz benötigt, es sei denn, der Haupt-E-Mail-Server ist für eine gewisse Zeit nicht verfügbar, so dass eine zusätzliche Spoolkapazität gebraucht wird.

Für ältere PCs gibt es oftmals keinen Hardwaresupport mehr. Wenn eine Komponente ausfällt, ist möglicherweise kein Techniker verfügbar und ein geeignetes Ersatzteil erst in mehreren Tagen erhältlich. Ältere PCs sind auch weniger zuverlässig. Wie bei allen Maschinen treten Ausfälle gegen Ende der Lebensdauer häufiger auf.

Linux unterstützt ein Software-RAID. Diese Technologie ist seit 1998 im Linux-Kernel verfügbar und ausreichend getestet. Ein Software-RAID kann aus standardmäßigen IDE-Festplatten aufgebaut werden. Wenn in einem Rechner identische Festplatten verwendet werden, kann das Software-RAID beim Ausfall einer von ihnen einen Datenverlust verhindern. Es ist jedoch kein Ersatz für regelmäßige Backups.

Die Unterstützung für Hardware-RAID in Linux ist lückenhaft. Einige Adapter funktionieren, andere nicht. Vor dem Kauf sollten Sie den Supportstatus für sämtliche Hardwareelemente und insbesondere für RAID-Adapter überprüfen.

Moderne Linux-Distributionen kommen mit den meisten Hardware-Neuerungen zurecht, einschließlich serieller ATA-Festplatten (SATA). Um eine schnelle Überprüfung vor der Auswahl eines Systems durchzuführen, sollten Sie sich eine CD mit Knoppix (*http://www.knopper.net/knoppix/*) besorgen und den PC damit starten. Damit stellen Sie sicher, dass die verschiedenen Komponenten von Linux erkannt werden.

Die Hauptkomponenten für einen E-Mail-Gateway sind die Festplatten und die Ethernet-Netzwerkkarte; die Grafikkarte braucht nicht im 3D-Modus zu arbeiten.

SpamAssassin ist speicherhungrig, weshalb der Rechner so viel RAM wie möglich enthalten sollte.

Es lohnt sich, ein Gerät mit zwei oder mehr Netzwerkkarten zu kaufen, denn das erleichtert die Konfiguration der Firewall. Überprüfen Sie wiederum, dass Linux die ausgewählten Karten unterstützt; ältere Karten funktionieren perfekt, doch neuere Gigabyte-Ethernetkarten werden möglicherweise nicht unterstützt.

> **Hinweis**
>
> Als Richtlinie gilt: Ein Rechner mit einem 3,0-GHz-Dual-Xenon-Prozessor mit 4 Gigabyte RAM und relativ schneller E/A kann bequem drei bis fünf Nachrichten pro Sekunde oder mehr als 250.000 am Tag verarbeiten. Am unteren Ende kann ein Standard-Pentium-Rechner mit 2,0 GHz und einem Software-RAID aus IDE-Festplatten mit 7.200 U/min mehr als 1.000 Nachrichten pro Stunde oder 24.000 am Tag verarbeiten.

16.2 Die Linux-Distribution auswählen

Es gibt viele verschiedene Linux-Distributionen. Einige enthalten Support, während andere keine formelle Unterstützung bieten, aber eine Benutzergemeinschaft, über die man eine effektive Hilfe unter Gleichgesinnten erhält. Im Folgenden sind die wichtigsten Linux-Distributionen aufgelistet:

- *Red Hat Enterprise Linux:* Dies ist ein kommerzielles Produkt. Im Preis inbegriffen ist die technische Unterstützung für einen begrenzten Zeitraum; weitergehender Support ist über Jahresverträge möglich. Die Marke bietet mehrere Produkte an, wobei das einfachste, Red Hat Enterprise Linux Desktop, für den Zweck eines E-Mail-Gateways ausreicht, sofern ein PC mit nur einer CPU verwendet wird. Die Installation kann mit Hilfe einer grafischen Benutzeroberfläche durchgeführt werden und ist sehr einfach. Die Adresse der Red Hat-Website lautet *http://www.redhat.com/software/rhel/*.

- *Mandrake:* Dies ist eine weitverbreitete Linux-Distribution. Sie ist frei erhältlich, doch die Benutzer werden gebeten, eine kleine Gebühr zur Unterstützung der Distribution zu zahlen. Diese Zahlung ist erforderlich, um auf einige Bereiche der Mandrake-Website zuzugreifen. Support kann direkt bei Mandrakesoft (den Herstellern von Mandrake Linux) gekauft werden und ist auch von Drittanbietern erhältlich. Die Installation kann mit Hilfe einer grafischen Benutzeroberfläche durchgeführt werden und ist sehr einfach. Die Adresse der Mandrake Linux-Website lautet *http://www.mandrakesoft.com/*.

- *SUSE:* SUSE ist in Europa sehr populär und wurde vor einiger Zeit von Novell aufgekauft. Es gibt eine Vielzahl von Versionen, wobei einige kostenfrei sind, während die meisten einen Kauf erfordern. Die SUSE/Novell bietet Supportverträge an, die auch von Drittanbietern erhältlich sind. Die Installation kann über eine grafische Benutzeroberfläche durchgeführt werden und ist sehr einfach. Die Adresse der SUSE-Website lautet *http://www.suse.com/*.

- *Debian:* Debian ist eine weltweit sehr populäre Distribution, die von Freiwilligen entwickelt und gepflegt wird. Viele Enthusiasten bezeichnen Sie daher als einzige echte freie Distribution. Es existieren viele Firmen, die kommerzielle Unterstützung für die Debian-Distribution anbieten. Die Adresse der Website lautet: *http://www.debian.org*.

Nachfolgend einige Richtlinien zur Auswahl einer Distribution:

- Wenn der Support eine hohe Priorität hat, sind Red Hat Advanced Server, SUSE, Debian und Mandrake geeignet, da sie selbst oder Dritte Supportverträge anbieten.

- Wenn in der Firma bereits eine Linux-Distribution im Einsatz ist, sollten Sie diese dringend in Erwägung ziehen.

- Wenn Sie in Europa sind, sollten Sie SUSE in Erwägung ziehen, da es hier eine große Benutzergemeinde gibt.

Die meisten Linux-Distributionen sind für einen E-Mail-Gateway geeignet. Der hier beschriebene Prozess ist so konzipiert, dass Sie die Konfiguration vor dem Einsatz des neuen E-Mail-Gateways ausführen und testen können. Das einzige Risiko beim Erproben einer unbekannten Distribution ist der Zeitverlust.

16.2.1 Linux installieren

Jede Distribution enthält eine sehr gute Dokumentation zur Installation. Folgen Sie den Anweisungen des Herstellers und beachten Sie die folgenden Richtlinien:

- Richten Sie *kein* Dual-Boot ein. Das ist in diesem Fall sinnlos, da der E-Mail-Gateway ohne Unterbrechung aktiv ist.

- Löschen Sie alle Festplattenpartitionen, entweder vor der Linux-Installation oder unter Verwendung des Installationsprogramms der Distribution. Das Installationsprogramm trifft bessere Entscheidungen zur Verteilung der Partitionen, wenn es merkt, dass die gesamte Festplatte zur Verfügung steht.

- Wenn mehrere Partitionen erforderlich sind, sollten Sie die Partitionierung vom Installationsprogramm durchführen lassen, insbesondere dann, wenn Sie mit der Partitionierung von Linux nicht vertraut sind. Das Installationsprogramm wird diesbezüglich eine vernünftige Auswahl treffen.

- Wenn das Installationsprogramm für die Standardinstallation mehrere *Profile* anbietet, wählen Sie zunächst »Server« oder die Minimalinstallation aus und passen die Optionen dann nach Bedarf an.

- Installieren Sie nicht das X-Window-System (oftmals *xfree86* oder neuerdings *x.org* genannt), sofern Sie es nicht unbedingt wünschen. Wenn es installiert ist, richten Sie keine grafische Anmeldung ein. X-Windows trägt deutlich zur Größe der Minimalinstallation und der Ressourcenauslastung bei und kann eine Quelle ernster Sicherheitslücken darstellen.

- Installieren Sie keine Daemons, die nicht benötigt werden. Dazu zählen *cups*, *lpd* und andere Druckdienste, alle Daemons für Ftp- (*ftp*) und Webserver (*http*), die Samba-Dienste *smbd* und *nmbd*, die Remote Shell-Dienste *rsh*, *rcp* usw. Eine Minimalinstallation enthält nur den *Postfix*-MTA, *ssh* und die entsprechenden abhängigen Komponenten. Für diese Installation sind der Internetdienste-Daemon (*inetd*) und der erweiterte Internetdienste-Daemon (*xinetd*) *nicht* erforderlich.

- Wenn Sie ein Software-RAID verwenden, wählen Sie nicht RAID-0, da es keine Fehlertoleranz aufweist. Die RAID-Level 1, 3, 4 und 5 bieten Fehlertoleranz. RAID-1 ist die einzige Lösung, wenn nur zwei Festplatten verfügbar sind.

- Nutzen Sie *ssh*, eine sichere Login-Shell, wenn Sie über das Netzwerk auf den Rechner zugreifen. Erfolgt der Zugriff über einen Windows-Rechner, können Sie das Terminal-Emulationsprogramm *putty* verwenden, das Sie von *http://www.chiark.greenend.org.uk/~sgtatham/putty/download.html* herunterladen können.

- Installieren Sie die Linux-Firewall *iptables*, wenn es in der Firma keine andere Firewall gibt.

- Installieren Sie *Postfix* anstelle des Standard-MTAs.

- Installieren Sie *Perl*.

- Dokumentieren Sie alle Schritte für den Fall, dass der Rechner aufgrund eines Hardwarefehlers oder eines anderen Unglücks neu eingerichtet werden muss. Notieren Sie insbesondere das Kennwort des Benutzers `root`.

16.3 Postfix konfigurieren

Die Konfigurationsdateien für Postfix befinden sich normalerweise in `/etc/postfix/` und in `/etc/mail/`, wobei die Verzeichnisse jedoch je nach Distribution unterschiedlich lauten können. Die wichtigsten Dateien sind `main.cf` und `master.cf`. Um ein E-Mail-Gateway zu erstellen, führen Sie die in den folgenden Abschnitten beschriebenen Arbeitsgänge aus.

16.3.1 E-Mail an die Domain akzeptieren

Postfix muss konfiguriert werden, damit es E-Mails an die Domain akzeptiert. Bearbeiten Sie dazu die Datei main.cf und fügen Sie die folgenden Zeilen hinzu bzw. ändern Sie sie, indem Sie den geeigneten Domain- und Hostnamen eintragen:

```
myhostname = mailgateway.domain.com
mydomain = domain.com
```

16.3.2 Mail an den Benutzer root

Mails an den Benutzer root und andere gebräuchliche Aliase sollten umgeleitet werden. Bearbeiten Sie dazu die Datei aliases und ändern Sie die Einträge wie im folgenden Beispiel:

```
# Basic system aliases -- these MUST be present.
MAILER-DAEMON:     postmaster
postmaster:        root

# General redirections for pseudo accounts.
adm:               root
bin:               root
daemon:            root
exim:              root
lp:                root
mail:              root
named:             root
nobody:            root
postfix:           root

# Well-known aliases - - these should be filled in!
root:              joe
# operator:

# Standard RFC2142 aliases
abuse:             postmaster
ftp:               root
hostmaster:        root
news:              usenet
noc:               root
security:          root
usenet:            root
uucp:              root
webmaster:         root
www:               webmaster
```

Das in dieser Datei verwendete Format gibt den Aliasnamen gefolgt von einem Doppelpunkt und dann die E-Mail-Adresse an, die die Nachricht erhalten soll. Aliasadressen können geschachtelt werden; so zeigt z. B. der Alias postmaster auf root und root auf joe. Der Benutzer joe erhält alle an root, postmaster und an die anderen auf root verweisenden Adressen gerichtete E-Mails, sowie natürlich die direkt an joe gesandten.

Wenn die Datei aliases geändert wurde, muss die zugehörige Hash-Datenbank aktualisiert werden. Geben Sie dazu das folgende Kommando ein:

```
# newaliases
```

16.3.3 Grundlegende Spam-Filterung mit Postfix

Postfix kann beim Eingang einer E-Mail mehrere Überprüfungen durchführen. Schlagen sie fehl, wird die E-Mail zurückgewiesen. Zum Aktivieren dieser Überprüfungen fügen Sie der Datei /etc/postfix/main.cf die folgenden Zeilen hinzu:

```
smtpd_helo_required = yes

disable_vrfy_command = yes

smtpd_recipient_restrictions =
    reject_invalid_hostname,
    reject_non_fqdn_hostname,
    reject_non_fqdn_sender,
    reject_non_fqdn_recipient,
    reject_unknown_sender_domain,
    reject_unknown_recipient_domain,
    reject_unauth_pipelining,
    permit_mynetworks,
    reject_unauth_destination,
    reject_maps_rbl,
    permit
```

Die oben aufgeführten Änderungen bilden keine erschöpfende Liste von Anti-Spam-Maßnahmen, die Postfix durchführen kann. Es gibt dazu eine ausgezeichnete Dokumentation von Scott L. Henderson unter *http://www.geocities.com/scottlhenderson/spamfilter.html*.

16.3.4 E-Mails an den ursprünglichen E-Mail-Server weiterleiten

Ein E-Mail-Gateway nimmt E-Mails an, verarbeitet sie und leitet sie dann weiter. Um Postfix zu konfigurieren, fügen Sie der Datei /etc/postfix/transport eine Zeile mit dem Domainnamen und der IP-Adresse des eigentlichen E-Mail-Servers hinzu:

```
domain.com smtp:[192.168.1.1]
```

Anstelle einer IP-Adresse kann auch ein Hostname verwendet werden:

```
domain.com smtp:originalserver.domain.com
```

Diese Zeile teilt Postfix mit, dass an domain.com gerichtete E-Mails an den angegebenen Rechner weitergeleitet werden sollen. Anschließend muss die entsprechende Datenbank neu erstellt werden, da Postfix nicht die Textdatei liest. Verwenden Sie den Befehl postmap, der aus der Textdatei eine effizientere Datenbank erstellt.

Führen Sie stets das folgende Kommando aus, wenn sich der Inhalt der Datei /etc/postfix/transport geändert hat:

```
# postmap /etc/postfix/transport
```

Fügen Sie dann der Datei main.cf die folgenden Zeilen hinzu (oder verändern Sie die entsprechenden Zeilen):

```
transport_maps = hash:/etc/postfix/transport
local_transport = local
```

Diese Zeilen teilen Postfix mit, dass es eine Weiterleitungsfunktion gibt, und geben ihren Speicherort an. Starten Sie Postfix nach dieser Änderung neu und senden Sie eine Testnachricht von außerhalb der Domain.

16.3.5   Postfix neu laden

Postfix kann mit dem von der gewählten Distribution bereitgestellten Skript init angehalten und neu gestartet werden. Die Syntax lautet wie folgt:

```
# /etc/init.d/postfix restart
```

Alternativ können Sie eine laufende Postfix-Instanz wie folgt anweisen, ihre Konfiguration neu zu laden:

```
# postfix reload
```

16.3.6   Postfix testen

Stellen Sie sicher, dass Postfix E-Mails für die richtige Domain akzeptiert und weiterleitet. Nutzen Sie dazu das Kommando telnet und eine Verbindung mit dem SMTP-Port:

```
$ telnet localhost 25
Trying 42.42.42.42...
Connected to localhost.
Escape character is '^]'.
220 mycorp.com ESMTP some_mta
MAIL FROM:user1@someplace.org
```

```
250 Ok
RCPT TO:user1@domain.com
250 Ok
DATA
354 End data with <CR><LF>.<CR><LF>
From: user1@someplace.org
To: user1@domain.com
Subject: Test
Testing that email is forwarded from postfix to main email server.
.
250 Ok: queued as 7A7F18D888
^]
telnet> quit
```

Das Kommando `telnet` kann von einem anderen Rechner ausgeführt werden. In diesem Fall muss es die IP-Adresse oder den Hostnamen des E-Mail-Gateways verwenden. Die in der Zeile `RCPT TO:` angegebene Adresse sollte die eines gültigen Benutzers auf dem vorhandenen E-Mail-Server sein. Schließen Sie die Dateneingabe ab, indem Sie einen allein stehenden Punkt am Zeilenanfang setzen und anschließend die Taste ⏎ betätigen. Die Tastenkombination [Strg] + [ ] überführt Telnet in den Kommandomodus, über den Sie es mit dem Befehl `quit` verlassen können.

Es kann bis zu einer Minute dauern, bis die E-Mail ausgeliefert wird. Wird sie nicht empfangen, sollten Sie die Protokolldatei von Postfix und die des Systems nach Fehlermeldungen durchsuchen.

Damit ist die grundlegende Konfiguration von Postfix abgeschlossen.

16.4 Amavisd-new installieren

Amavisd-new ist eine Schnittstelle zwischen MTAs und Programmen zur Inhaltsprüfung. Solche Programme durchsuchen E-Mails nach Viren oder Spam. Amavisd-new ist in Perl geschrieben und wird als Daemon ausgeführt. Anstatt auf SpamAssassin über die Clients `spamc` oder `spamassassin` zuzugreifen, lädt es SpamAssassin in den Speicher und greift direkt auf seine Funktionen zu. Es ist daher eng mit SpamAssassin verbunden, weshalb beide Programme gleichzeitig aktualisiert werden müssen.

Amavisd-new ist als Quellcode verfügbar, für SUSE und Mandrake Linux gibt es RPM-Pakete und für RedHat Linux das RPM-Paket eines Drittanbieters. Auch für Debian und Gentoo sind Pakete verfügbar. Einzelheiten zu den Versionen erfahren Sie unter *http://www.ijs.si/software/amavisd/#download*. Wenn ein RPM-Paket zur Verfügung steht, sollten Sie es verwenden.

16.4.1 Installation von einem Paket

Um Amavisd-new von einem Paket zu erstellen, verwenden Sie für RPM-basierte Distributionen das Kommando `rpm`. Amavisd-new benötigt viele weitere Perl-Module, die von Version zu Version variieren können. Sie sind in der Datei `install` aufgeführt, die Bestandteil des Pakets ist. Die Voraussetzungen für die Version 20040701 lauten:

```
Archive::Tar
Archive::Zip
Compress::Zlib
Convert::TNEF
Convert::UUlib
MIME::Base64
MIME::Parser
Mail::Internet
Net::Server
Net::SMTP
Digest::MD5
IO::Stringy
Time::HiRes
Unix::Syslog
BerkeleyDB
```

Um die Voraussetzungen für eine bestimmte Version von Amavisd-new zu sehen, laden Sie den Quellcode herunter, entpacken ihn wie hier gezeigt und lesen die Datei `install`:

```
$ cd /some/dir
$ wget http://www.ijs.si/software/amavisd/amavisd-new-20040701.tar.gz
http://www.ijs.si/software/amavisd/amavisd-new-20040701.tar.gz
$ gunzip -c amavisd-new-20040701.tar.gz
$ cd amavisd-new-20040701
$ vi install
```

Einige der abhängigen Komponenten sind vermutlich bereits installiert, da sie von SpamAssassin verwendet werden.

16.4.2 Vorbereitung

Einige RPM-basierte Linux-Distributionen können die vorausgesetzten Module automatisch installieren. Bei anderen Distributionen müssen alle benötigten Komponenten vom CPAN heruntergeladen und installiert werden. Wie in Kapitel 6 beschrieben, erreichen Sie das am einfachsten mit dem Befehl `cpan`. Ein alternatives Verfahren besteht darin, den Quellcode für jede einzelne abhängige Komponente herunterzuladen und mit den folgenden Kommandos zu installieren:

16.4 Amavisd-new installieren

```
$ cd /some/directory
$ gunzip -c source-nn.tar.gz | tar xf -
$ cd source-nn
$ perl Makefile.pl
$ make test
$ su
# make install
```

16.4.3 Installation aus dem Quellcode

Amavisd-new hat weder ein Makefile noch ein Konfigurationsskript oder eine Installationsroutine. Zur Installation kopieren Sie das einzige ausführbare Skript nach /usr/local/bin/ und passen seine Dateirechte so an, dass es von niemandem außer dem Benutzer root geändert werden kann:

```
# cp amavisd  /usr/local/sbin/
# chown root  /usr/local/sbin/amavisd
# chmod 755   /usr/local/sbin/amavisd
```

Kopieren Sie auch die Beispieldatei amavisd.conf nach /etc/ und passen Sie ihre Rechte an:

```
# cp amavisd.conf /etc/
# chown root   /etc/amavisd.conf
# chmod 644    /etc/amavisd.conf
```

Sie müssen Amavisd-new konfigurieren, um es als Daemon auszuführen. Daher sollten Sie das als Beispiel mitgelieferte init-Skript in das geeignete Verzeichnis kopieren:

```
# cp amavisd_init.sh /etc/init.d/amavisd-new
# chmod 755  /etc/init.d/amavisd-new
```

Das init-Skript sollte auch zum Systemstart hinzugefügt werden. Die meisten Linux-Distributionen verwenden dazu den Befehl chkconfig:

```
# chkconfig --add amavisd-new
```

16.4.4 Ein Benutzerkonto für Amavisd-new anlegen

Um ein Benutzerkonto anzulegen, erstellen Sie zunächst mit dem Kommando groupadd eine dedizierte Gruppe und dann mit dem Kommando useradd den Benutzer:

```
# groupadd amavis
# useradd -m -d /home/amavis -g amavis -s /bin/false amavis
```

16.5 Amavisd-new konfigurieren

In der Datei /etc/amavisd.conf müssen mehrere Änderungen vorgenommen werden. Diese Datei wird als Perl-Code verarbeitet, weshalb die Syntax wichtig ist. Jede Zeile muss mit einem Semikolon enden, und die Groß- und Kleinschreibung ist relevant. Ändern Sie die folgenden Zeilen mit Variablendefinitionen:

```
$MYHOME = '/home/amavis';
$mydomain = 'domain.com';
$daemon_user = 'amavis';
$daemon_group = 'amavis';
$max_servers  =  5;   # number of pre-forked children         (default 2)
$max_requests = 10;   # retire a child after that many accepts (default 10)
$child_timeout=60;# abort child if it does not complete each task in n sec
```

Stellen Sie sicher, dass für $mydomain die richtige Domain angegeben ist. Der für $max_servers angegebene Wert 5 steht für die Anzahl der ausgeführten Daemons.

In der Datei /etc/amavisd.conf muss das Kommentarzeichen aus einer Zeile entfernt werden, da wir keinen Virenscan durchführen. Amavisd-new ist in der Lage auch gleichzeitig einen Virenscan durchzuführen. Schlagen Sie hierzu in der Dokumentation nach. Wird dieser Schritt ausgelassen, kann Amavisd-new nicht starten. Die Zeile beginnt mit # @bypass_virus_checks_acl. Das führende # und das Leerzeichen müssen entfernt werden:

```
@bypass_virus_checks_acl = qw( . );  # uncomment to DISABLE anti-virus code
```

In /etc/amavisd.conf gibt es einen Abschnitt mit Konfigurationseinstellungen für Spam-Assassin:

```
$sa_tag_level_deflt  = 3.0;
$sa_tag2_level_deflt = 6.3;
$sa_kill_level_deflt = 12;
```

Diese drei Einstellungen sind die Wertungen von SpamAssassin, die für die zu verarbeitenden E-Mails gelten. Die Einstellung $sa_tag_level_deflt ist der Schwellenwert, bei dem Ham von Spam getrennt wird und die Header X-Spam-Status und X-Spam-Level einer E-Mail hinzugefügt werden.

E-Mails, die niedriger als dieser Schwellenwert bewertet sind, erhalten diese Header nicht, in höher bewerteten sind sie vorhanden. Die Einstellung $sa_kill_level_deflt ist der Schwellenwert, von dem an Spam zurückgewiesen wird.

In der Standardeinstellung werden Spam-Nachrichten zurückgewiesen. Um sie an eine andere E-Mail-Adresse weiterzuleiten, suchen Sie die Zeile, in der $final_spam_destiny angegeben wird, und ändern sie wie folgt:

```
$final_spam_destiny       = D_PASS;  # (defaults to D_REJECT)
```

Der Empfänger von Spam muss definiert werden. Suchen Sie die Zeile, in der $spam_quarantine_to gesetzt wird, und geben Sie dort eine E-Mail-Adresse an. Die zuvor definierte Variable $mydomain können Sie für die Domain einsetzen, wobei Sie das Symbol @ mit einem Backslash schützen müssen:

```
$spam_quarantine_to = "spam-quarantine\@$mydomain";
```

Starten Sie Amavisd-new anschließend neu. Die meisten Linux-Distributionen verwenden dazu das folgende Kommando:

```
# /etc/init.d/amavisd-new start
```

16.6 Postfix für Amavisd-new konfigurieren

Bearbeiten Sie die Datei /etc/postfix/master.cf und suchen Sie folgende Zeile:

```
smtp        inet  n       -       n       -       -       smtpd
```

Fügen Sie dahinter die folgenden Zeilen ein:

```
smtp-amavis unix  y       -               5                       smtp
  -o smtp_data_done_timeout=1200
  -o disable_dns_lookups=yes

127.0.0.1:10025 inet n                    y       -       -       smtpd
  -o content_filter=
  -o local_recipient_maps=
  -o relay_recipient_maps=
  -o smtpd_restriction_classes=
  -o smtpd_recipient_restrictions=permit_mynetworks,reject
  -o mynetworks=127.0.0.0/8
  -o strict_rfc821_envelopes=yes
```

In der Zeile smtp-amavis gibt der Wert 5 die Anzahl der Instanzen an, die gleichzeitig verwendet werden können. Sie sollte dem Eintrag $max_servers in der Datei amavisd.conf entsprechen.

Bearbeiten Sie die Datei /etc/postfix/main.cf und fügen Sie die folgende Zeile nahe beim Ende der Datei ein:

```
content_filter = smtp-amavis:[localhost]:10024
```

Starten Sie Postfix mit dem Kommando postfix reload neu:

```
# postfix reload
```

16.7 Externe Dienste konfigurieren

SpamAssassin kann mehrere externe Dienste wie Pyzor und DCC nutzen deren Konfiguration in Kapitel 11 beschrieben wird. Folgen Sie bei Bedarf den Anweisungen zur Installation dieser Dienste.

16.8 Die Firewall konfigurieren

Eine Firewall verhindert ungewollte Verbindungen aus dem Internet. Die meisten Organisationen haben eine dedizierte Firewall und platzieren ihren E-Mail-Server in einer *demilitarisierten Zone*, im Allgemeinen unter der Bezeichnung DMZ bekannt, die sowohl aus dem externen als auch dem internen Netzwerk der Organisation erreichbar ist. Sie können dazu einen Linux-Rechner mit iptables, der Firewall des Linux-Kernels, einzusetzen. Wenn externe Dienste wie DCC verwendet werden, finden Sie in Kapitel 13 die benötigten Informationen, um den Zugriff auf diese Dienste einzurichten.

16.9 Backups

Backups sind ein absolut notwendiger Bestandteil der IT-Dienste einer jeden Organisation. Anders als andere Computer speichert ein E-Mail-Server wenig veränderliche Daten, mit Ausnahme der verschiedenen Spools der aktuell verarbeiteten E-Mail-Nachrichten. Der Inhalt dieser Spools ändert sich sehr schnell, weshalb ein Backup dieser Daten schwierig ist. Eine tägliche Datensicherung ist demnach überflüssig, doch nach jeder Änderung sollte die gesamte Konfiguration des Rechners gesichert werden, um eine Wiederherstellung nach einem Hardwarefehler zu ermöglichen. Hardware- oder Software-RAIDs können eingesetzt werden, um vor Festplattenausfällen zu schützen.

16.10 Tests

Das System sollte vor dem Einsatz getestet werden. Starten Sie zunächst den Rechner neu und überprüfen Sie dann mit dem Kommando ps, ob Amavisd und Postfix ausgeführt werden:

```
$ ps -ef | grep amavisd
amavis   27549     1  0 Jul18 ?        00:00:01 amavisd (master)
amavis   27554 27549  0 Jul18 ?        00:00:00 amavisd (virgin child)
amavis   27555 27549  0 Jul18 ?        00:00:00 amavisd (virgin child)
$ ps -ef | grep postfix
root      6657     1  0 Jul18 ?        00:00:00 /usr/lib/postfix/master
postfix  29918  6657  0 00:37 ?        00:00:00 pickup -l -t fifo -u
```

```
postfix  29919  6657  0 00:37 ?       00:00:00 qmgr -l -t fifo -u
root     30989 10059  0 01:16 pts/11  00:00:00 grep postfix
```

Schicken Sie anschließend die Standard-Test-E-Mails von SpamAssassin an einen Testbenutzer:

```
$ cd /spamassassin-distribution-dir
$ mail user@domain.com < sample-nonspam.txt
$ mail user@domain.com < sample-spam.txt
```

Die Ham-E-Mail sollte an den passenden Benutzer auf dem Original-E-Mail-Server ausgeliefert werden, die Spam-E-Mail dagegen verworfen oder an die E-Mail-Adresse geschickt werden, die bei der Konfiguration von Amavisd-new verwendet wurde.

Schlägt einer dieser Tests fehl, sollten Sie die Protokolldatei des Systems auf Fehlermeldungen untersuchen.

16.11 Im Einsatz

Der Wechsel zum E-Mail-Gateway erfolgt mit einem der drei folgenden alternativen Verfahren:

- Wenn eine dedizierte Firewall im Einsatz ist, ändern Sie ihre Konfiguration dahingehend ab, dass sie SMTP-Verkehr (Port 25) an den E-Mail-Gateway weiterleitet. Stellen Sie sicher, dass der Verkehr für alle externen Dienste wie Razor oder Pyzor von dem E-Mail-Gateway erlaubt ist. Einzelheiten zur Konfiguration der Firewall für externe Dienste finden Sie in Kapitel 13.

- Geben Sie dem E-Mail-Gateway die IP-Adresse des alten E-Mail-Servers und dem alten E-Mail-Server eine neue. Ändern Sie die Konfiguration des E-Mail-Gateways, damit er die neue IP-Adresse verwendet.

- Ändern Sie im DNS den MX-Eintrag für die Domain. Der neue Gateway erhält den primären und der aktuelle E-Mail-Server den Backup-MX-Eintrag. Es dauert eine gewisse Zeit, bis die Einträge verbreitet sind. Dadurch erfolgt der Wechsel langsam und allmählich, so dass irgendwelche Probleme nicht den gesamten E-Mail-Verkehr betreffen. Wenn es Schwierigkeiten mit dem neuen Dienst gibt, können Sie einfach das Netzwerkkabel abziehen, woraufhin alle E-Mails an den Backup-MX, also den alten E-Mail-Server, geschickt wird, so dass sich die Situation nicht verschlimmert. Wenn das Spam-Gateway getestet ist, sollten Sie nach ungefähr einer Woche den Backup-MX-Eintrag entfernen. Spammer versenden E-Mail an den Backup-MX einer Domain in der Hoffnung, dass Spam dort nur wenig gefiltert wird. Ein Backup-MX ist nicht erforderlich, da die meisten MTAs mindestens 48, oftmals sogar 120 Stunden lang versuchen, eine E-Mail auszuliefern.

Beobachten Sie die Dienste in den ersten 48 Stunden sorgfältig und senden Sie Test-E-Mails aus der eigenen Domain sowie von vielen verschiedenen externen E-Mail-Adressen.

16.12 Zusammenfassung

Eine Organisation kann eine Spam-Filterung mit Hilfe eines E-Mail-Gateways einführen und dazu einen neuen Rechner mit Linux, SpamAssassin, Postfix und Amavisd-new verwenden.

Die E-Mail-Filterung kann ohne Änderungen am bestehenden E-Mail-Server erfolgen. Sie kann aktiviert und deaktiviert werden, indem der vorhandene Verkehr wie erforderlich entweder an den alten E-Mail-Server oder den neuen E-Mail-Gateway gerichtet wird. Spam-E-Mail wird als solche gekennzeichnet, wobei auch ein Schwellenwert gesetzt werden kann, ab dem Spam einfach verworfen wird.

17 E-Mail-Clients

SpamAssassin entfernt keine Spam-Nachrichten aus dem Posteingang eines Benutzers, sondern fügt nur zusätzliche Header hinzu, um die E-Mails zu kennzeichnen. Die Sortierung erfolgt in einem anderen Teil des E-Mail-Zustellvorgangs. Bei der Verwendung von Procmail können Benutzer oder Systemadministratoren Spam automatisch in einen anderen Ordner umleiten lassen, wie in Kapitel 8 beschrieben wurde.

Durch Verschieben von Spam in einen anderen Ordner wird sichergestellt, dass die Benutzer die Spam-Nachrichten nicht sehen, bevor sie nicht freiwillig einen Blick darauf werfen. Der Posteingang ist frei von Spam, und doch können die als unerwünscht gekennzeichneten E-Mails bei Bedarf eingesehen werden. Dies ist eine Rückversicherung für den Fall, dass rechtmäßige E-Mails versehentlich als Spam markiert werden.

Oft kann der E-Mail-Client, mit dem der Benutzer Nachrichten liest und erstellt, dazu verwendet werden, Spam zu filtern. Dazu muss er in der Lage sein, eingehende Nachrichten je nach den Daten in den Headern in unterschiedliche Ordner zu verschieben – eine Fähigkeit, über die die meisten weit verbreiteten E-Mail-Clients verfügen. In diesem Kapitel behandeln wir die Konfiguration von E-Mail-Clients wie Microsoft Outlook, Microsoft Outlook Express, Mozilla Thunderbird und Qualcomm Eudora zur Spam-Filterung.

Standardmäßig fügt SpamAssassin folgende E-Mail-Header hinzu:

```
X-Spam-Flag:
X-Spam-Checker-Version:
X-Spam-Level:
X-Spam-Status:
```

SpamAssassin kann auch den Subject:-Header ändern und an seinem Anfang eine Kennzeichnung wie ***SPAM*** hinzufügen. Das Hinzufügen und Ändern von E-Mail-Headern ist Thema von Kapitel 10.

17.1 Allgemeine Konfigurationsregeln

Bei den meisten E-Mail-Clients lassen sich Regeln oder Filter erstellen. Sie werden normalerweise aktiv, sobald ein bestimmtes Ereignis eintrifft, z.B. beim Eingang, beim Lesen oder Schreiben einer E-Mail. Damit Spam automatisch aus dem Posteingang entfernt wird, muss die Regel ausgeführt werden, wenn neue E-Mails eingehen.

Regeln orientieren sich am Wert eines Headers. Wenn der E-Mail-Client es zulässt, Regeln zu erstellen, die den Wert eines bestimmten Headers untersuchen, dann verwenden Sie dazu am besten den Header X-Spam-Status: und lassen nach dem Wert Yes suchen.

Der Vorgang zum Verschieben gekennzeichneter E-Mails in einen bestimmten Ordner läuft im Prinzip wie folgt ab:

1. Erstellen Sie einen Ordner (oder ein Postfach) für Spam. Der Name dieses Ordners sollte für sich sprechen, also z.B. Spam lauten.
2. Erstellen Sie eine Regel, die beim Eingang neuer E-Mails ausgeführt wird. Die Regel sollte nach dem Text X-Spam-Status: Yes im Nachrichtenheader suchen. Überprüfen Sie, welcher Text in einer tatsächlich gekennzeichneten Spam-E-Mail steht, und verwenden Sie diesen, falls er von dem hier angegebenen abweicht.
3. Die mit der Regel verknüpfte Aktion sollte darin bestehen, die Nachricht in den Spam-Ordner zu verschieben, den Sie im ersten Schritt erstellt haben.
4. Nachdem Sie den Filter erstellt haben, senden Sie Spam- und Ham-Testnachrichten, um zu überprüfen, ob er ordnungsgemäß funktioniert.

Hinweis

Es ist nicht möglich, genaue Anweisungen für jeden einzelnen E-Mail-Client zu geben, aber das grundlegende Verfahren ist bei den meisten Clients identisch. Bei den Clients, die in diesem Kapitel nicht behandelt werden, schlagen Sie in der zugehörigen Dokumentation nach.

17.2 Microsoft Outlook

Als Spam gekennzeichnete E-Mails werden am besten in einem eigenen Ordner gespeichert. Um einen Ordner anzulegen, klicken Sie mit der rechten Maustaste auf POSTEINGANG und wählen NEUER ORDNER, woraufhin das Fenster NEUEN ORDNER ERSTELLEN erscheint. Geben Sie im Feld NAME die Bezeichnung Spam ein. Bei Bedarf können Sie auch einen anderen Speicherort für diesen Ordner angeben, doch sollte der Standardspeicherort Posteingang für die meisten Benutzer gut geeignet sein.

17.2 Microsoft Outlook

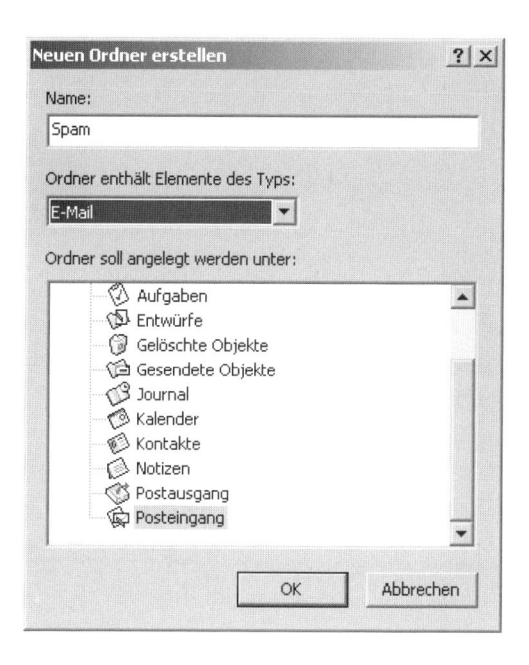

Hinweis

Wenn ein IMAP-Server verwendet wird, sollten Sie den Spam-Ordner am besten auf dem Server anlegen. Dadurch kann der Systemadministrator die Spam-Nachrichten zum Trainieren des Bayes-Filters oder als Corpus einsetzen.

Nachdem dies erledigt ist, klicken Sie auf OK. Möglicherweise wird eine Bestätigung angezeigt, bei der Sie gefragt werden, ob eine Verknüpfung der Outlook-Leiste zu diesem Ordner hinzugefügt werden soll. Da Sie (hoffentlich) nicht häufig in den Spam-Ordner schauen werden, beantworten Sie diese Frage am besten mit einem Klick auf NEIN.

Um eine neue Regel zu erstellen, klicken Sie im Menü EXTRAS auf REGEL-ASSISTENT, der daraufhin wie in der Abbildung gezeigt erscheint. Je nach Outlook-Version müssen Sie unter Umständen auch noch den Ordner auswählen, an den E-Mails ausgeliefert werden, in diesem Fall den Posteingang. Klicken Sie dann auf NEU.

Nun erscheint das in der folgenden Abbildung gezeigte Fenster. Hier können Sie bei manchen Outlook-Versionen auch noch bestimmen, ob Sie eine Vorlage verwenden möchten oder nicht. Wählen Sie in diesem Fall REGEL OHNE VORLAGE ERSTELLEN und dann in der oberen Liste den Punkt NACHRICHTEN BEI ANKUNFT PRÜFEN.

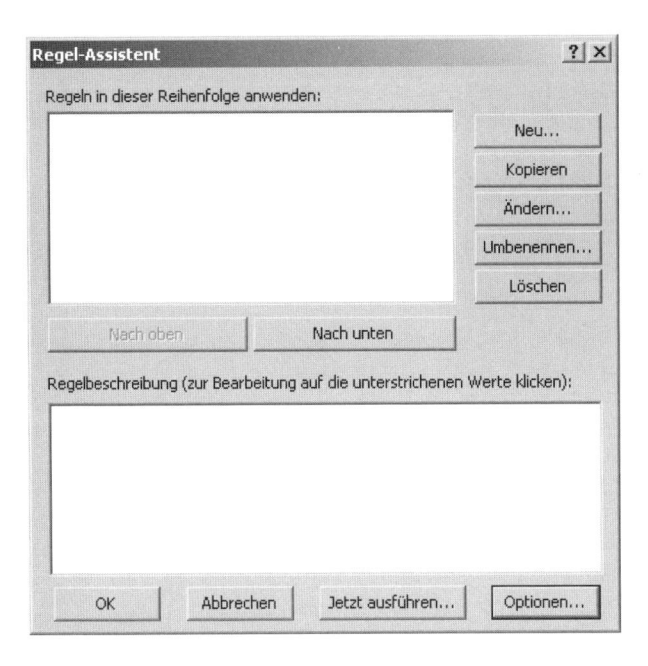

Wenn Sie auf WEITER klicken, erscheint ein Fenster wie in der folgenden Abbildung. Wählen Sie aus der Bedingungsliste den Punkt MIT BESTIMMTEN WÖRTERN IN DER NACHRICHTENKOPFZEILE.

17.2 Microsoft Outlook

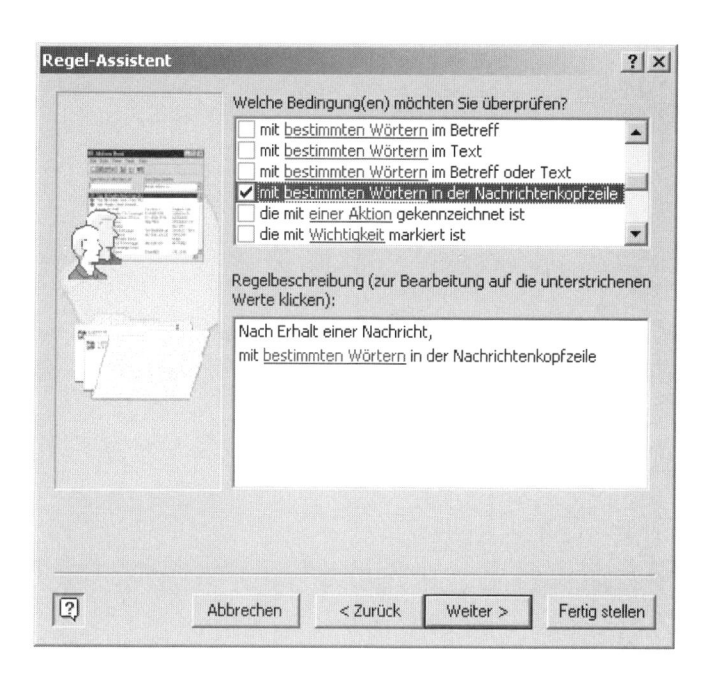

Klicken Sie dann auf den Link BESTIMMTEN WÖRTERN in dem Feld mit der Regelbeschreibung. Geben Sie im Feld des nun angezeigten Fensters X-SPAM-STATUS: YES ein. Achten Sie darauf, diesen Eintrag genauso zu schreiben, einschließlich der Großbuchstaben und des Leerzeichens zwischen dem Doppelpunkt und dem Wort YES. Klicken Sie nun auf HINZUFÜGEN.

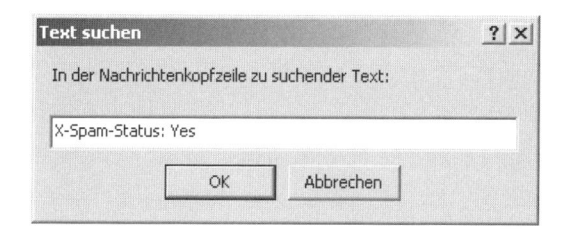

Wählen Sie OK und dann WEITER. In der oberen Liste des nächsten Fensters aktivieren Sie das Kontrollkästchen DIESE IN DEN ORDNER ZIELORDNER VERSCHIEBEN:

Klicken Sie im unteren Feld auf den angegebenen Link, woraufhin Ihnen die Struktur der Ordner angezeigt wird. Erweitern Sie hier die Ordnerstruktur von Posteingang und wählen Sie den Ordner SPAM. Klicken Sie anschließend auf OK:

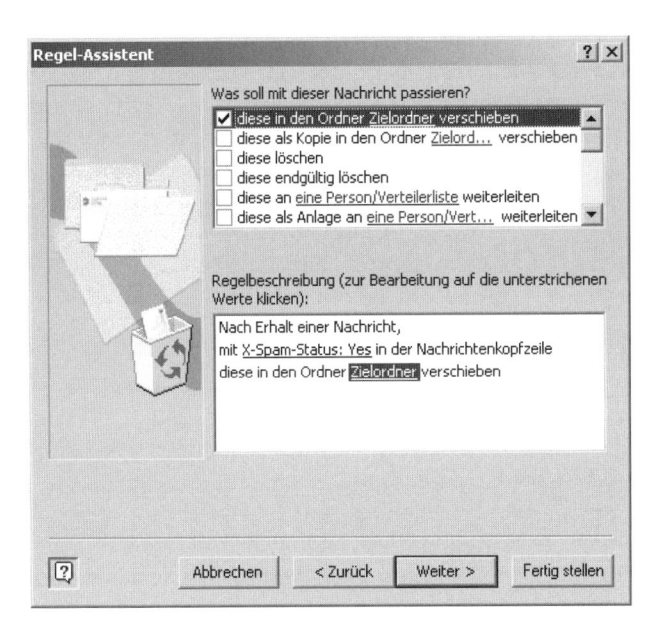

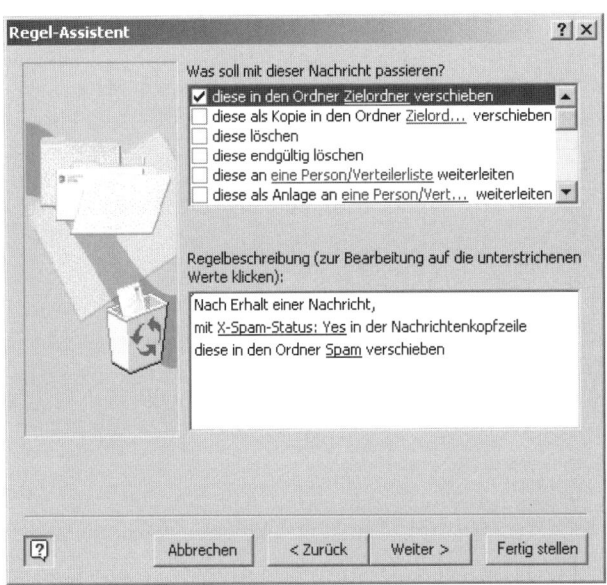

Wenn Sie anschließend auf WEITER klicken, müssen Sie angeben, ob es Ausnahmen von dieser Regel geben soll. Dies ist nicht der Fall, weshalb Sie mit dem Erstellen der Regel fertig sind. Klicken Sie auf die Schaltfläche WEITER, um fortzufahren.

Der Regel-Assistent bietet Ihnen an, die neue Regel unmittelbar auf Nachrichten im Posteingang anzuwenden. Aktivieren Sie dazu das Kontrollkästchen DIESE REGEL JETZT AUF NACHRICHTEN ANWENDEN, DIE SICH BEREITS IM POSTEINGANG BEFINDEN. Im

Allgemeinen ist es sinnvoll, eine neu erstellte Regel sofort anzuwenden, selbst wenn es so aussieht, als ob es keine Nachrichten gäbe, die mit den Bedingungen dieser Regel übereinstimmen. Dadurch kann der Benutzer jedoch unter Umständen unerwartete Auswirkungen der Regel erkennen. Wenn Sie abschließend auf FERTIG STELLEN klicken, zeigt der Regel-Assistent eine Liste aller Regeln an. Outlook ist nun so eingerichtet, dass es Spam in einen eigenen Ordner umleitet. Senden Sie eine Testnachricht und überprüfen Sie, ob sie im Posteingang verbleibt (wenn es sich um Ham handelt) oder in den Ordner SPAM verschoben wird (im Falle von Spam).

17.3 Microsoft Outlook Express

Outlook Express ist im Lieferumfang des Betriebssystems Windows enthalten. Ihm fehlen zwar einige der Funktionen von Outlook, aber dennoch handelt es sich dabei um einen leistungsfähigen E-Mail-Client. Outlook Express kann jedoch keine E-Mails aufgrund eines beliebigen Headers ausfiltern, sondern nur aufgrund des Subject:-Headers. Daher müssen Sie SpamAssassin bei der Verwendung von Outlook Express so einrichten, dass es die Betreffzeilen der Nachrichten ändert, die es als Spam erkennt. Dieser Vorgang wurde bereits in Kapitel 10 beschrieben.

Beginnen Sie mit der Konfiguration von Outlook Express, indem Sie einen Spam-Ordner erstellen. Wählen Sie im Menü DATEI die Option ORDNER und klicken Sie auf NEU. Geben Sie dann Spam ein, um den neuen Ordner zu benennen, und wählen Sie einen übergeordneten Ordner aus, in dem er gespeichert werden soll. Der Standardspeicherort Posteingang ist für die meisten Zwecke gut geeignet. Mit einem Klick auf OK legen Sie den Ordner an.

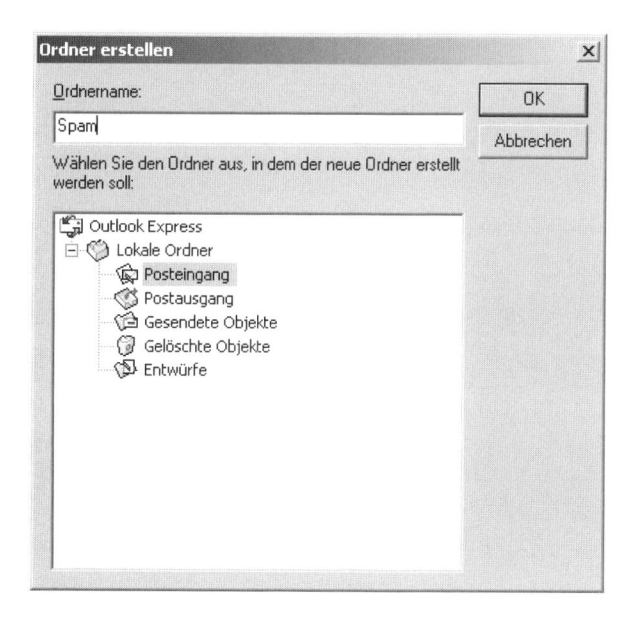

Um eine Regel zu erstellen, wählen Sie im Menü EXTRAS die Option NACHRICHTEN-REGELN und dann E-MAIL. Aktivieren Sie in der Liste der Bedingungen das Kontrollkästchen ENTHÄLT DEN »TEXT« IN DER BETREFFZEILE und in der Liste der Aktionen das Kontrollkästchen IN DEN ORDNER »...« VERSCHIEBEN.

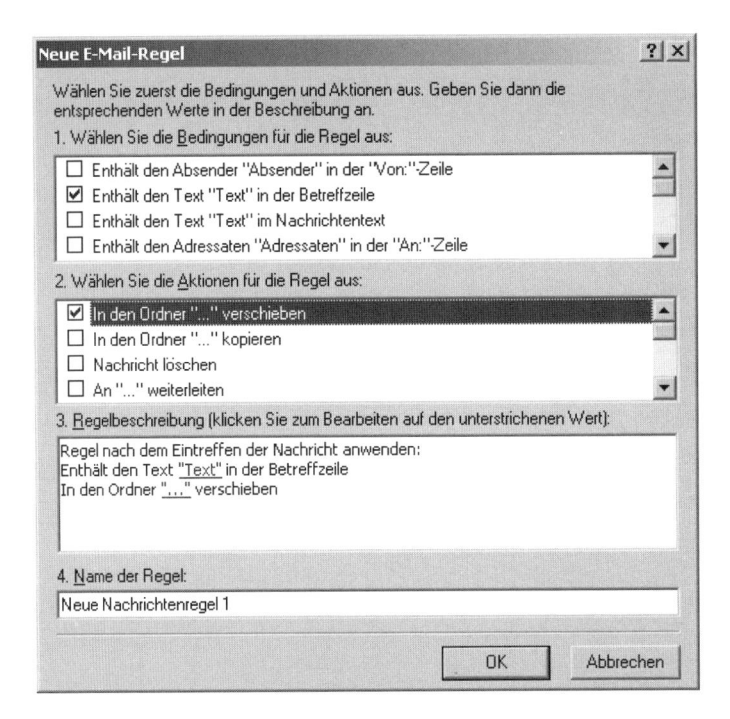

Klicken Sie in der Beschreibung anschließend auf »TEXT« und geben Sie das Wort ein, das SpamAssassin bei Ihnen in die Betreffzeile schreibt, um Spam zu kennzeichnen. Achten Sie auf genaue Schreibweise und eventuelle Leerzeichen und wählen Sie HINZUFÜGEN. Wenn Sie auf OK klicken, wird das Wort in die Beschreibung eingefügt.

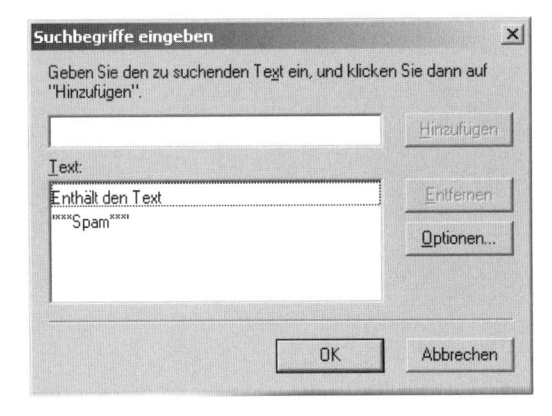

Klicken Sie in der dritten Liste anschließend auf »...«. Daraufhin wird ein Bildschirm angezeigt, auf dem Sie einen Ordner angeben können. Wählen Sie den neu angelegten Ordner Spam innerhalb von Posteingang aus. Anschließend geben Sie der Regel im untersten Textfeld einen Namen und klicken auf OK.

Im folgenden Screenshot sehen Sie einen Überblick über die neue Regel:

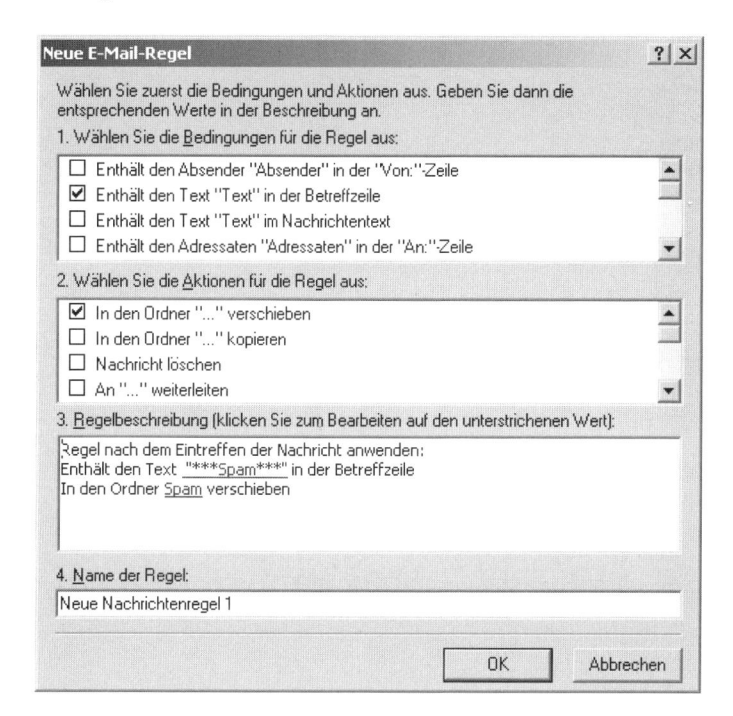

17.4 Mozilla Thunderbird

Mozilla Thunderbird ist ein Open-Source-E-Mail-Client, den Sie von *http://www.mozilla.org/products/thunderbird/* herunterladen können. Die Benutzung ist kostenlos und bietet viele Vorteile. Um Nachrichten aufgrund des von SpamAssassin hinzugefügten Headers X-Spam-Status auszufiltern, richten Sie sich nach den folgenden Anweisungen.

Wählen Sie im Menü DATEI den Punkt NEU und dann NEUER ORDNER, um einen neuen Ordner anzulegen. Die Anwendung fragt Sie nach dem Ordnernamen sowie nach dem übergeordneten Ordner. Geben Sie einen geeigneten Ordnernamen und den gewünschten Speicherort an. Bei der Benutzung eines IMAP-Servers sollten Sie den Spam-Ordner auf dem Server anlegen. Dadurch kann der Systemadministrator die Spam-Nachrichten zum Trainieren des Bayes-Filters oder als Corpus einsetzen. Nachdem Sie alle Angaben gemacht haben, klicken Sie auf OK.

Um den Filter zu definieren, wählen Sie als Nächstes FILTER aus dem Menü EXTRAS. Klicken Sie im Dialogfeld auf die Schaltfläche NEU.

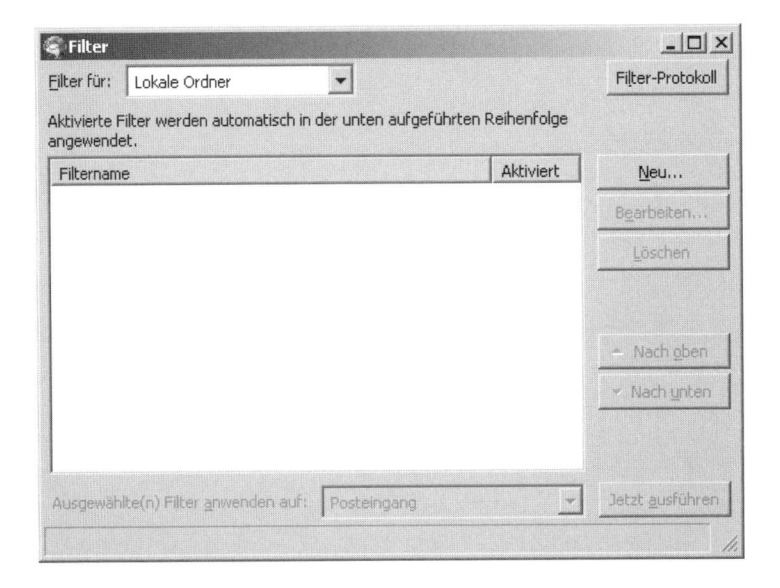

Geben Sie im nächsten Dialogfeld einen Namen für den Filter ein, z.B. Spam, und wählen Sie dann ALLE DER FOLGENDEN BEDINGUNGEN ERFÜLLEN aus. Wählen Sie in der Liste ganz links den Punkt ANPASSEN und geben Sie in dem Dialogfeld, das als Nächstes erscheint, X-Spam-Status ein. Klicken Sie auf HINZUFÜGEN und anschließend auf OK.

Wählen Sie jetzt in der Liste ganz links X-SPAM-STATUS und IST aus der mittleren Liste. Geben Sie in der dritten YES ein. Aktivieren Sie im unteren Bereich das Kontrollkästchen IN ORDNER VERSCHIEBEN und wählen Sie den Ordner SPAM. Die Anzeige sollte wie folgt aussehen:

Klicken Sie auf OK. Damit ist die Regel fertig gestellt.

17.4 Mozilla Thunderbird

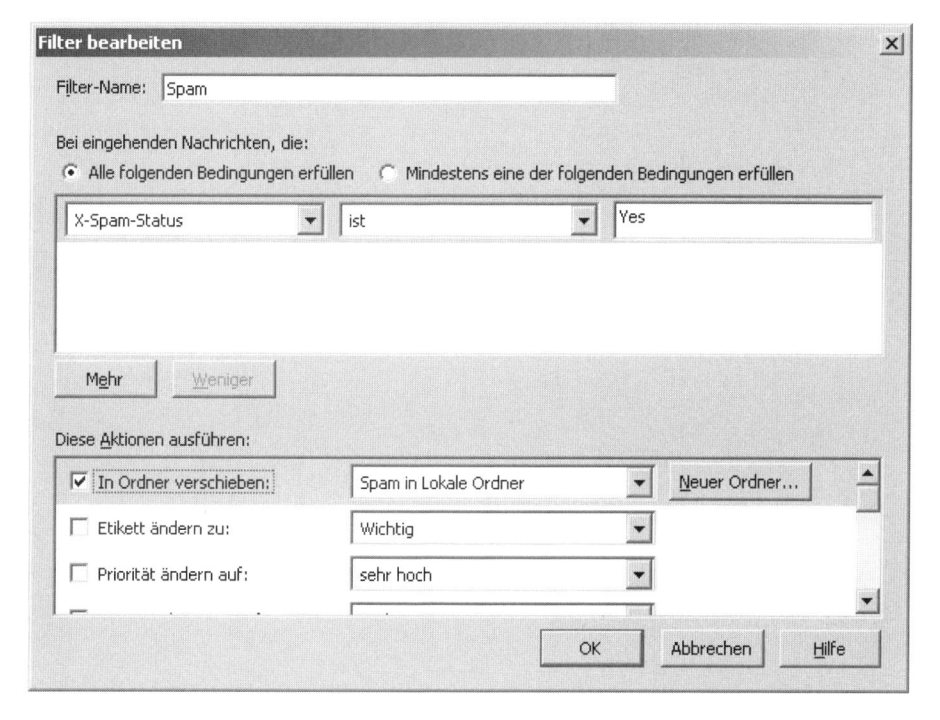

Der letzte Bildschirm zeigt alle Filter an, die zurzeit benutzt werden, und sollte auch den neuen Filter als aktiviert aufführen.

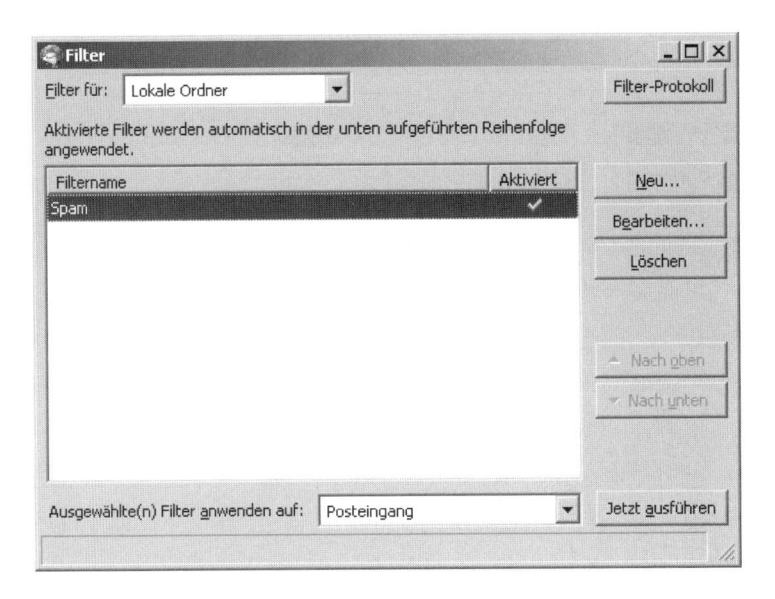

Sie können die Regel sofort ausführen, indem Sie sie in der Liste auswählen und auf JETZT AUSFÜHREN klicken. Die Regel wird jedes Mal beim Öffnen eines Ordners für neue E-Mails ausgeführt.

17.5 Qualcomm Eudora

Eudora ist ein beliebter E-Mail-Client mit vielen Funktionen für professionelle Benutzer. Um dieses Programm zu konfigurieren, müssen Sie zunächst ein Postfach für die Speicherung von Spam anlegen. Klicken Sie im Menü FOLDERS mit der rechten Maustaste auf EUDORA und dann auf NEW. Daraufhin wird das folgende Dialogfeld angezeigt:

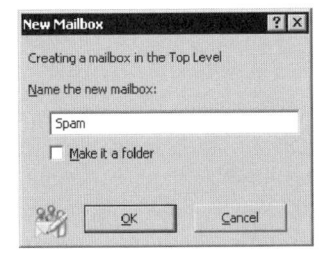

Geben Sie einen Namen ein, z. B. Spam, und klicken Sie auf OK.

Um einen Filter zu erstellen, klicken Sie im Menü TOOLS auf FILTERS und dann auf die Schaltfläche NEW. Stellen Sie sicher, dass der Posteingang markiert ist. Wählen Sie im Feld HEADER: den Punkt <ANY HEADER> und geben Sie unter CONTAINS die Bezeich-

17.6 Zusammenfassung

nung X-Spam-Status: Yes ein. Wählen Sie in der Dropdownliste ACTION den Punkt TRANSFER TO, klicken Sie auf die Schaltfläche IN und wählen Sie das Postfach SPAM:

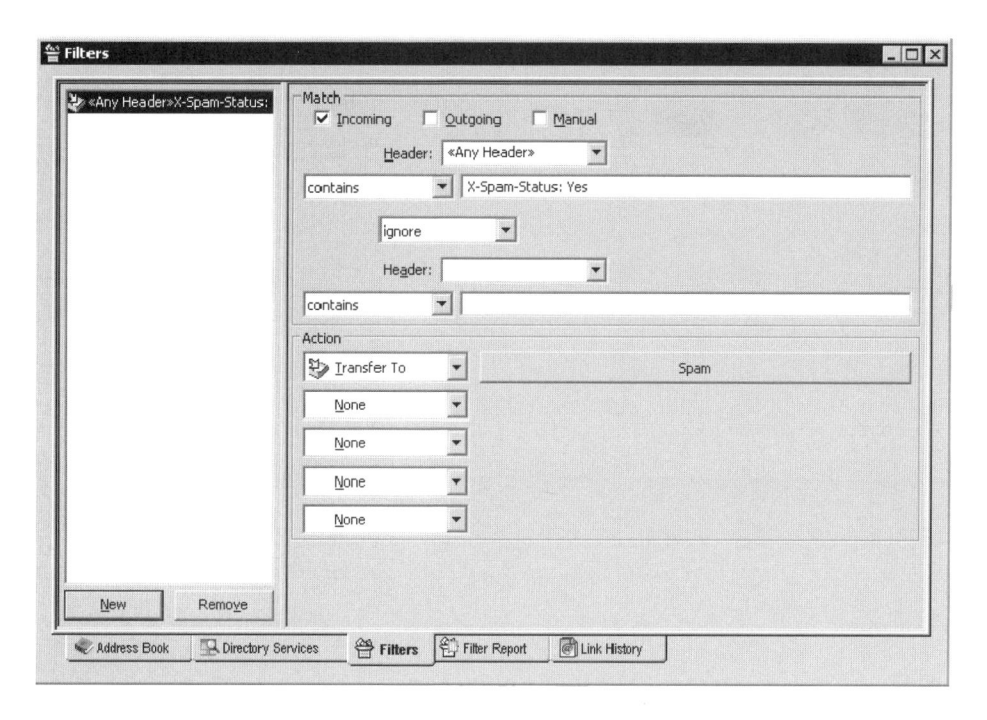

Der Filter wurde angelegt und wird auf alle neuen E-Mails angewandt, die im Posteingang eintreffen.

17.6 Zusammenfassung

Es ist gewöhnlich die beste Lösung, Spam serverseitig in einen eigenen Ordner zu verschieben. Dadurch kann der Administrator die aussortierten Spam-E-Mails zum Training für den Bayes-Filter von SpamAssassin verwenden.

Wenn dies nicht möglich ist, können die Benutzer Spam im E-Mail-Client ausfiltern. Die meisten Clients bieten die Möglichkeit, neue Ordner anzulegen und bestimmte E-Mail-Nachrichten dorthin zu verschieben. Diese Filterung kann entweder anhand der Header erfolgen, die SpamAssassin den Nachrichten hinzufügt, oder aufgrund der Betreffzeile einer E-Mail. In diesem Kapitel wurde die Konfiguration von Filtern in weit verbreiteten E-Mail-Clients wie Microsoft Outlook, Microsoft Outlook Express, Mozilla Thunderbird und Qualcomm Eudora beschrieben.

18 Andere Anti-Spam-Programme

SpamAssassin ist quasi das Schweizer Taschenmesser der Spam-Filterung. Indem es Verfahren wie DCC oder RBLs mit flexibel konfigurierbaren Regeln koppelt, ist es anderen Spam-Filtern einen Schritt voraus.

Es kann jedoch vorteilhaft sein, mehr als ein Werkzeug zur Spam-Filterung einzusetzen:

- Wenn die Systemlast auf einem Mail-Server hoch ist, kann ein weiterer Rechner mit einem einfachen Filter den offensichtlichen Spam entfernen. Die weitergehende Filterung wird dann von SpamAssassin übernommen. Diesen Ansatz verwenden häufig ISPs, die offensichtlich pornografische und identische Spam-Nachrichten ausfiltern, jedoch eine sehr rechenzeitintensive statistische Analyse vermeiden.
- Ein Spam-Filter kann andere statistische Analysen einsetzen und daher andere Arten von Spam ausfiltern. Durch Kombination mit SpamAssassin ergibt sich eine bessere Erkennungsrate.
- Durch den Einsatz zweier Filter wird die Spam-Erkennung flexibler. In der einfachsten Anwendung werden Mails dann und nur dann als Spam markiert, wenn beide Filter die Nachricht als Spam kennzeichnen. Alternativ können Mails dann als Spam markiert werden, wenn nur einer der beiden Filter anspricht.
- Werden zwei Filter eingesetzt, können die Einstellungen von SpamAssassin dazu dienen, Fehltreffer oder Nichterkennungen (False Positives bzw. Negatives) zu reduzieren.

18.1 Spam-Richtlinien

Wird SpamAssassin als einziger Filter eingesetzt, lassen sich die Spam-Richtlinien relativ einfach gestalten. Die Kennzeichnung von Spam kann unternehmensweit oder für jeden Benutzer einzeln erfolgen. Spam kann gelöscht oder in einen separaten Ordner verschoben werden, die Benutzer können eine Bayes-Datenbank verwenden usw. Ein zweiter Filter erhöht die Flexibilität.

Anstatt zwei Spam-Filter einfach miteinander zu verknüpfen (Filter 1 UND Filter 2 bzw. Filter 1 ODER Filter 2), können Sie auch komplexere Spam-Richtlinien einrichten. Die Mail für bestimmte Empfänger kann z.B. von beiden Filtern bearbeitet werden, während die für andere nur mit SpamAssassin gefiltert wird oder überhaupt nicht.

Auch noch komplexere Richtlinien sind denkbar. So könnte SpamAssassin nur dann ausgeführt werden, wenn ein anderer Filter einen bestimmten Schwellenwert überschreitet. Einige Filter bieten nur die Funktionalität »Spam oder nicht Spam«, während andere eine Wahrscheinlichkeit dafür angeben, ob eine E-Mail Spam ist.

Es ist bei den meisten MTAs möglich, auch komplexe Richtlinien aufzustellen. Die einfachste und flexibelste Option ist jedoch Procmail, entweder als globale Datei /etc/procmailrc oder mit individuellen ~.procmailrc-Dateien. Durch Änderungen am MTA entsteht gewöhnlich eine längere Ausfallzeit als durch Änderungen an procmailrc-Dateien, die vor der Installation isoliert getestet werden können.

18.2 Spam-Filter bewerten

Es gibt unzählige Spam-Filter. Es ist daher sinnvoll, Kriterien und den notwendigen Funktionsumfang einer Lösung zu bestimmen, anstatt sich mit einzelnen Funktionen zu beschäftigen. Es folgen einige Auswahlkriterien für ergänzende Spam-Filter:

- *Integrationsgrad in Procmail oder den verwendeten MTA:* Ist die Systemkonfiguration komplex, dauert die Installation länger und erschwert spätere Aktualisierungen.
- *Belastung des Hostsystems:* Dieser Punkt ist besonders dann relevant, wenn der Spam-Filter auf demselben Rechner ausgeführt wird wie SpamAssassin oder wenn ältere Hardware für die Mail-Filterung eingesetzt wird.
- *Basistechnologie:* Jede grundsätzlich von SpamAssassin abweichende Technologie kann die Erkennungsraten signifikant erhöhen. Jedes Verfahren, das SpamAssassin ähnlich ist, z.B. Razor oder DCC, kann eingesetzt werden, um die Belastung von SpamAssassin zu verringern, indem es E-Mails entfernt, die bestimmte Tests nicht bestehen und daher nicht noch von SpamAssassin überprüft werden müssen.
- *Viele Benutzer und häufige Aktualisierungen:* Der Kampf gegen Spam bedeutet, auf die immer neuen Tricks der Spammer zu reagieren. Ein Filter, der aktiv von einem Team gepflegt wird, hat garantiert eine bessere Erkennungsrate.
- *Einfache Konfiguration:* Jeder Spam-Filter sollte so einfach zu installieren und zu konfigurieren sein wie SpamAssassin.
- *Spam-Erkennungsrate:* Durch die Zusammenstellung eines Corpus von Spam-Nachrichten kann die Erkennungsleistung anderer Programme erhöht werden.

Anhand dieser Kriterien können Sie einen zusätzlichen Filter auswählen und testen.

18.3 Einen zweiten Filter konfigurieren

Ist der zusätzliche Filter ausgewählt, sollte er in das bestehende Mail-System integriert werden. In diesem Kapitel werden zwei Konfigurationen besprochen. In beiden Fällen wird der zusätzliche Spam-Filter zuerst eingesetzt, um die Anzahl der von SpamAssassin zu verarbeitenden E-Mails zu verringern.

Die beiden erwähnten Konfigurationen bestehen darin, den Filter auf einem bereits bestehenden oder einem zusätzlichen Rechner einzurichten, der nur für den neuen Filter verwendet wird.

Der Einsatz zweier Rechner bietet den Vorteil gesteigerter Rechenleistung, führt aber auch ein weiteres Element ein, das ausfallen kann. Überdies kann die Konfiguration komplexer werden. Bei einer Notfall-Wiederherstellung oder einer Failover-Lösung verdoppeln sich die Kosten für das Hinzufügen eines neuen Geräts.

Die beiden Ansätze weisen unterschiedliche Stärken und Schwächen auf. Eine Entscheidung sollte auf der Grundlage der Systemauslastung und der Backup/Wiederherstellungs-Strategie des Unternehmens getroffen werden.

18.3.1 Einzelner Rechner

Dies ist die einfachere Lösung. Der vorhandene MTA verarbeitet bereits den SMTP-Verkehr, prüft Empfängernamen und ruft einen Spam-Filter auf. Die einzige Änderung besteht in der Installation und Konfiguration eines weiteren Spam-Filters.

Installieren und testen Sie den neuen Spam-Filter zunächst einmal separat. Er sollte dann in das bestehende System eingebunden und vor SpamAssassin aufgerufen werden. Im Idealfall werden SpamAssassin und der neue Filter zur Steigerung der Leistung beide in den MTA integriert. Die Integration von SpamAssassin wird in Kapitel 8 beschrieben.

Wird ein einzelnes Gerät verwendet, gibt es viele Kombinationsmöglichkeiten für den MTA und alternative Filter. Wir können an dieser Stelle nicht alle behandeln, so dass Sie die Dokumentation des MTA, von SpamAssassin und dem neuen Spam-Filter heranziehen und im Internet recherchieren sollten, wenn Probleme auftreten.

Werden die Spam-Filter nicht in den MTA integriert, können Sie Procmail einsetzen. Die folgende `procmailrc`-Datei zeigt eine aggressive Richtlinie, die die durch den neuen Filter erkannten Spam-Nachrichten sofort abweist. Der neue Filter wird zuerst aufgerufen. Anschließend wird das Ergebnis überprüft und der Spam im Spam-Ordner abgelegt. SpamAssassin wird nur dann aufgerufen, wenn eine E-Mail durch den ersten Filter nicht gekennzeichnet worden ist.

```
:0fw
| /usr/bin/other_filter
* ^X-Other-Filter-Spam: Yes
.SPAM/cur
```

```
:0fw
| /usr/bin/spamc
* ^X-Spam-Status: Yes
.SPAM/cur
```

Die folgende `procmailrc`-Datei zeigt eine vorsichtigere Herangehensweise. Hier werden beide Spam-Filter aufgerufen und Nachrichten nur dann in den Spam-Ordner verschoben, wenn beide darin übereinstimmen, dass es sich um Spam handelt.

```
0fw
| /usr/bin/other_filter
:0fw
| /usr/bin/spamc
* ^X-Spam-Status: Yes
* ^X-Other-Filter-Spam: Yes
.SPAM/cur
```

18.3.2 Getrennte Rechner

Dieses Szenario ist komplexer. Der vorhandene MTA nimmt eingehende E-Mails an, doch dieser Vorgang wird jetzt von dem neuen Rechner übernommen, der eine erste Spam-Filterung mit dem neuen Filter durchführt. Die E-Mail wird dann zum Speichern bzw. zur Zustellung an den ursprünglichen Mailserver übergeben. In diesem Stadium können E-Mails ausgefiltert oder an den Haupt-Mail-Server weitergeleitet werden, der dann die Spam-Kennzeichnung für die weitere Bearbeitung auswerten kann.

Der neue Rechner sollte alle Mails für die Domain empfangen und muss daher Zugriff auf die gültigen E-Mail-Benutzer haben, so dass Nachrichten abgewiesen werden können, die nicht lokal sind. Dieser Zugang lässt sich z. B. über LDAP bereitstellen. Ist das nicht möglich, könnten E-Mails akzeptiert werden, die ansonsten abgewiesen würden, da die Empfänger nicht überprüft werden können. Es ist zwar immer noch möglich, eine E-Mail durch den Haupt-Server abzuweisen, jedoch erst, nachdem die erste Spam-Filterung abgeschlossen wurde. Dadurch wird Rechenzeit vergeudet.

Der MTA auf dem neuen Filterrechner sollte so konfiguriert werden, dass er den neuen Spam-Filter aufruft und gegebenenfalls Spam verwirft sowie als Relay (oder Forwarder) für die E-Mails an den Mail-Server eingerichtet wird. Dort können alle Headereinträge des ersten Filters dazu verwendet werden, um zu ermitteln, ob Spam-Assassin aufgerufen werden muss oder nicht. Von dieser Stelle an läuft die E-Mail-Verarbeitung genauso ab wie vor der Einführung des neuen Filters.

Wird auf dem neuen Rechner der gleiche MTA wie der bestehende ausgeführt, sollte der Systemadministrator ihn konfigurieren können. Der einzige Konfigurationsunterschied besteht in der Weiterleitung der E-Mail an den bestehenden Server.

Wird ein zweiter Rechner eingesetzt, empfiehlt es sich, ihn so einzurichten wie den bestehenden Mail-Server. Außerdem sollte der MTA E-Mails an den bestehenden Ser-

18.3 Einen zweiten Filter konfigurieren

ver weiterleiten. Im Folgenden finden Sie Anweisungen für die Einrichtung von Sendmail, Postfix, Exim und qmail.

> **Hinweis**
>
> Die folgenden Anweisungen beschreiben nur die zusätzlichen Änderungen, die notwendig sind, damit der neuen Filter E-Mail an den bestehenden Server weiterleitet. Der zusätzliche Spam-Filter muss ebenfalls konfiguriert werden.

Sendmail

Bei Sendmail wird die Weiterleitung von E-Mails durch die Funktion `mailertable` aktiviert. Darin befindet sich eine Zuordnung von Domains zu SMTP-Hosts. Nach der Verarbeitung leitet Sendmail eingegangene E-Mails an einen anderen Host weiter, in diesem Fall an den bestehenden Server.

Die Funktion `mailertable` wird in der Hauptkonfigurationsdatei von Sendmail aktiviert. Bearbeiten Sie `/etc/mail/sendmail.mc` und fügen Sie folgende Zeile ein:

```
FEATURE(`mailertable')
```

Generieren Sie dann `sendmail.cf` mit folgendem Kommando neu:

```
# m4 < sendmail.mc > sendmail.cf
```

Lokalisieren Sie die `mailertable`, indem Sie mit `grep` die folgende Anweisung in der Datei `sendmail.cf` suchen:

```
# grep mailertable sendmail.cf
##### $Id: mailertable.m4,v 8.23 2001/03/16 00:51:26 gshapiro Exp $ #####
Kmailertable hash /etc/mail/mailertable
```

Erstellen Sie anschließend die Textfassung dieser Hash-Datenbank und tragen Sie darin Domain und Ziel ein:

```
domain.com smtp:[originalserver.domain.com]
```

Erstellen Sie die Hash-Datenbank aus der Textdatei. Diesen Schritt müssen Sie jedes Mal wiederholen, wenn die Textdatei bearbeitet wird, damit Sendmail die Änderungen erkennt.

```
# /usr/sbin/makemap hash /etc/mail/mailertable.db < /etc/mail/mailertable
```

Starten Sie Sendmail anschließend neu und senden eine Test-E-Mail.

Postfix

Für Postfix erstellen oder bearbeiten Sie die Datei /etc/postfix/transport mit einer Transport-Zuordnung. Fügen Sie in diese Datei eine Zeile mit dem Domainnamen und der IP-Adresse des Zielservers ein:

```
domain.com smtp:[192.168.1.1]
```

Sie können auch einen Hostnamen verwenden:

```
domain.com smtp:originalserver.domain.com
```

Diese Zeile weist Postfix an, E-Mails für domain.com an den angegebenen Server weiterzuleiten. Nachdem Sie die Zeile eingefügt haben, müssen Sie die dazugehörige Datenbank neu erstellen, da Postfix die Textdatei nicht verwendet. Das Kommando postmap dient dazu, aus der Textdatei eine effizientere Datenbank zu generieren. Verwenden Sie das folgende Kommando, wenn sich der Inhalt von /etc/postfox/transport geändert hat:

```
# postmap /etc/postfix/transport
```

Bearbeiten Sie dann die Datei main.cf und fügen Sie folgende Zeilen ein (oder bearbeiten Sie bestehende ähnliche Zeilen):

```
transport_maps = hash:/etc/postfix/transport
local_transport = local
```

Diese Änderungen weisen Postfix darauf hin, dass eine Transport-Zuordnung verwendet wird, und geben an, wo sie sich befindet. Wenn die Änderungen abgeschlossen sind, sollten Sie Postfix neu laden und eine Test-E-Mail von außerhalb senden.

Exim

Um Exim so einzurichten, dass das Programm E-Mails an den bestehenden Server weiterleitet, fügen Sie hinter der Routerdefinition des Spam-Filters folgende Routerdefinition in die Datei exim.cf ein:

```
forward_to_central:
    driver = manualroute
    transport = remote_smtp
    route_list = * originalserver.domain.com
```

Dieser Filter leitet alle E-Mails an den angegebenen Rechner weiter und sollte nach jedem Spam-filternden Router eingefügt werden. Wenn die Änderungen abgeschlossen sind, starten Sie Exim neu und senden eine Test-E-Mail von außerhalb.

qmail

Damit qmail die E-Mails an den bestehenden Server weiterleitet, müssen Sie einen Eintrag in /var/qmail/control/smptroutes hinzufügen. Ein Beispiel dafür finden Sie im Folgenden:

```
:originalserver.domain.com
```

18.4 Andere Techniken

Zusätzlich zu den Werkzeugen für die Spam-Erkennung und den bereits besprochenen Ansätzen gibt es einige weitere erwähnenswerte Techniken, die Sie in Verbindung mit SpamAssassin oder unabhängig davon verwenden können.

18.4.1 Greylists

Greylists sind ein Verfahren auf MTA-Ebene, um eingehende E-Mails zu verzögern, insbesondere solche von Absendern, die noch keine Nachrichten an diese Domain geschickt haben. Wird eine solche E-Mail vom MTA angenommen, gibt er den SMTP-Code 451 an den absendenden MTA aus, der Letzteren anweist, es später noch einmal zu versuchen. Spammer verwenden häufig Trojanische Pferde, die die Nachricht meist nicht erneut zu versenden versuchen, während ein »richtiger« MTA immer einen neuen Versuch startet. Eine Menge Spam kann also durch Greylists blockiert werden.

Mit der Zeit werden Spammer vermutlich Software entwickeln, die E-Mails ebenfalls neu versendet. Das zweite Argument für Greylists besteht deshalb darin, dass der Absender bis zum erneuten Versand der E-Mail auf eine RBL gesetzt worden sein könnte. Außerdem könnte die E-Mail durch ein Netz zur Inhaltsprüfung wie Razor erkannt oder die darin enthaltenen Weblinks auf einer SURBL aufgeführt worden sein. Durch die Verzögerung lässt sich die Spam-Erkennung erheblich steigern.

Greylists können für fast alle MTAs eingerichtet werden. Eine Internet-Suche nach dem jeweiligen MTA und dem Word »Greylisting« sollte eine brauchbare Implementierung finden. Ein Weißbuch über Greylists finden Sie unter *http://projects.puremagic.com/greylisting/whitepaper.html*.

18.4.2 SPF

Das Sender Policy Framework stellt eine Erweiterung der bestehenden DNS-Einträge dar. SPF ist darauf ausgelegt, dass eine Domain genau angeben kann, woher ihre E-Mail stammt. Ein MTA, der E-Mails empfängt, kann den Absender mit den SPF-Einträgen der Domain vergleichen und die Nachricht abweisen, wenn der Absender dort nicht aufgeführt ist.

SPF stellt eine optionale und freiwillige Methode dar. Domains, die SPF einsetzen, um eingehende E-Mails zu filtern, verzeichnen einen Rückgang bei angenommenen Spam-Nachrichten, während Domains, die SPF-Einträge bereitstellen, weniger gefälschte Absender verzeichnen, was wiederum in weniger Unzustellbarkeitsberichten resultiert. Aus solchen Domains abgeschickte E-Mails können auch weniger häufig Fehltreffer auslösen, da der Spam-Filter auf dem Empfängersystem E-Mails von SPF-Domains weniger streng bewertet.

SPF verhindert das Fälschen von Absenderadressen. Der Eigentümer kann für seine Domain genau festlegen, welche IP-Adressen oder Domains berechtigt sind, E-Mails zu versenden.

SpamAssassin bietet Unterstützung für SPF Version 3.0 oder höher. Für kleine Unternehmen kann der Einsatz von SpamAssassin mit SPF ausreichen und dabei nur wenig Aufwand verursachen. Größere Unternehmen profitieren von der Kombination aus MTA und SPF. Dadurch wird die Anzahl der von SpamAssassin verarbeiteten Nachrichten reduziert und damit auch die Systembelastung. Eine genauere Beschreibung von SPF finden Sie unter *http://spf.pobox.com*. Die Website enthält auch technische Einzelheiten über den Einsatz von SPF und einen Generator für angepasste SPF-Einträge in verschiedenen Situationen.

18.4.3 Absendervalidierung

Das Prinzip der Absendervalidierung ist einfach: Akzeptiere nur E-Mails aus bekannten Quellen. Neue Absender müssen sich auf besonderem Weg qualifizieren. In der Praxis gestaltet sich dieses Verfahren jedoch recht komplex.

Alle momentan verfügbaren Absendervalidierungs-Systeme sind kommerzieller Natur. Sie variieren in Funktionsumfang und Preis, die meisten von ihnen weisen jedoch im Wesentlichen die folgenden Funktionen auf:

- Eingehende E-Mails werden überprüft. Steht der Absender auf der Liste der zugelassenen Absender, wird die Nachricht zugestellt. Wenn nicht, wird sie zurückgehalten (»in Quarantäne gestellt«), während der Absender eine E-Mail erhält, in der er gebeten wird, die Gültigkeit seiner Nachricht durch eine Antwort zu bestätigen oder dadurch, dass er auf einen Link in der zurückgesandten E-Mail klickt. Ist der Absender dann verifiziert, wird die zurückgehaltene E-Mail zugestellt. Da Spam meist von gefälschten Konten aus und ohne manuellen Eingriff versandt wird, ist der Spammer meist nicht in der Lage, die Validierung zu leisten.

- Zurückgehaltene Nachrichten werden nach einer gewissen Zeitspanne gelöscht.

- Der Benutzer kann manuell Absender freischalten, z.B. Mailinglisten, um Verifikations-E-Mails zu verhindern.

- Der Benutzer kann die zurückgehaltenen Mails einsehen.

- Manche Systeme schalten die Adressen derjenigen Empfänger automatisch frei, an die der Benutzer von sich aus Nachrichten schickt.

Die Absendervalidierung hat jedoch auch einige Nachteile:

- Es können Blockierungen auftreten, wenn zwei Seiten eine Absendervalidierung einsetzen und die E-Mail zur Validierung der einen Seite auf der anderen zurückgehalten wird, so dass die E-Mail zur Freischaltung niemals ankommt.
- Automatisch generierte Status-E-Mails z.B. von E-Commerce-Systemen werden zurückgehalten. Diese Nachrichten enthalten oft eine generische Antwortadresse, die niemals validiert wird. Der Benutzer muss diese Adresse manuell freischalten.
- Die Adressen von Mailinglisten müssen manuell freigeschaltet werden. Dies kostet Zeit und Aufwand.
- Je nach der Verwendung von E-Mails in einem Unternehmen kann dieses Verfahren zahlreiche manuelle Eingriffe nach sich ziehen. Werden neue Kontaktadresse nur selten freigeschaltet, ist der Mehraufwand gering. Wenn neue Kontakte, z.B. Shopsysteme, regelmäßig hinzugefügt werden müssen, steigt der Aufwand.

Die Absendervalidierung kann ein sehr effektives Werkzeug sein. Theoretisch ist ein 100 %iger Spam-Schutz möglich, es besteht jedoch die Gefahr der Blockierung. Wenn die Absendervalidierung breit zum Einsatz kommt, ist es sicher, dass Spammer mit entsprechender Antwortsoftware darauf reagieren werden.

18.5 Zusammenfassung

Es kann vorteilhaft sein, mehrere Anti-Spam-Werkzeuge auf einem Server einzusetzen. Komplexe benutzerdefinierte Richtlinien können das Ergebnis ebenfalls verbessern.

Neue Verfahren wie Greylists, SPF und eine Absendervalidierung können die Spam-Erkennung drastisch verbessern und die Mehrbelastung des Servers in Verbindung mit SpamAssassin gering halten.

19 Glossar

Begriff	Definition/Erklärung
Absendervalidierung	Die Überprüfung des Absenders einer E-Mail
ADSL	Siehe DSL
Automatische Whitelist (AWL)	Eine automatisch erstellte Liste von Absendern, die Ham verschicken
Bayes-Filter	Ein Spam-Filter auf der Grundlage der Bayes-Mathematik
Blacklist	Eine Liste von E-Mail-Adressen oder Rechnern, von denen bekanntermaßen Spam versendet wird
Blockierliste	Eine Liste von Rechnern, die Spam versenden
CAN-SPAM	Das 2003 verabschiedete US-Anti-Spam-Gesetz
DNS (Domain Name System)	Eine Methode, um von Menschen lesbare Namen in die von Computern verwendete numerische Adresse zu übersetzen
DSL (Digital Subscriber Line)	Eine Methode zum Anschluss an das Internet über das Telefonsystem
– ADSL	Asymmetrisches DSL
– SDSL	Symmetrisches DSL
»Deprecated«	»Unerwünscht«: Veraltete Funktionen, die nicht mehr verwendet werden sollten
Einwählverbindung	Eine Methode zum Anschluss an das Internet über das Telefonsystem, die deutlich langsamer ist als DSL
E-Mail-Inhaltsdatenbank	Ein Datenbank von gesendeten oder empfangenen E-Mails
E-Mail-Filter	Ein Softwareprogramm, das E-Mails aufgrund verschiedener Merkmale unterscheiden kann
FTC	Federal Trade Commission, US-Bundesbehörde gegen unlauteren Wettbewerb
Ham	Das Gegenteil von Spam, also erwünschte E-Mail
Header	Zeilen am Anfang einer E-Mail, die die Nachricht, ihren Inhalt und Angaben über die Zustellung enthalten
Headeranalyse	Die Untersuchung von E-Mail-Headern, um die Quelle, das zur Erstellung verwendete Programm und den Zustellungspfad zu bestimmen

Begriff	Definition/Erklärung
Hop	Ein Abschnitt in dem Weg, den eine E-Mail von der Quelle zum Bestimmungsort nimmt; E-Mails können bis zur Auslieferung nur einen, aber auch mehrere Hops zurücklegen.
HTML (HyperText Markup Language)	Ein Protokoll für die Darstellung von Informationen im World Wide Web
IMAP (Internet Message Access Protocol)	Ein Methode, um E-Mails von einem Server abzurufen
Internet	Ein globales Netzwerk verknüpfter Computer
ISP (Internet Service Provider, Internetdienstanbieter)	Ein Unternehmen, das eine Verbindung mit dem Internet sowie meistens auch andere Dienste wie z. B. E-Mail-Adressen anbietet
Corpus	Eine Sammlung von E-Mails, die gewöhnlich zum Trainieren oder Testen eines Spam-Filters dient
LDA (Local Delivery Agent)	Die Software, die für die Verarbeitung von E-Mails zuständig ist, z. B. Procmail
Lint	Im Computerjargon ein Test dafür, dass etwas »sauber« ist
Maildir	Ein Dateiformat für die Speicherung von E-Mails, in dem jede E-Mail eine eigene Datei in einem Verzeichnis ist
mailto:	Eine Methode, um einen anklickbaren Link in einer Webseite zur Verfügung zu stellen, der direkt den E-Mail-Client aufruft, um eine E-Mail an den angegebenen Empfänger zu senden
Malware	Software, die bösartige Aktionen ausführt, indem sie z. B. einem Benutzer an einem anderen Ort erlaubt, Spam zu senden oder die Dateien auf dem Computer zu untersuchen
Mbox	Ein Dateiformat für die Speicherung von E-Mails, bei dem alle Nachrichten in einer einzigen Datei abgelegt werden
MDA (Mail Delivery Agent)	Ein anderer Begriff für LDA
MTA (Mail Transfer Agent)	Die Software, die E-Mails entgegennimmt und ausliefert oder weiterleitet
Munging	Das vorsätzliche Verschleiern einer E-Mail-Adresse, gewöhnlich für die Anzeige im WWW oder im Usenet
MX (Mail Exchange)	Ein DNS-Eintrag, der beschreibt, wohin die E-Mails für eine Domain ausgeliefert werden sollen
NAS (Network Attached Storage)	Festplatten, auf die sich über eine Netzwerkverbindung zugreifen lässt
Negative Regeln	Regeln, die Ham-E-Mails erkennen
NFS (Network File System)	Eine Methode, um Verzeichnisse über das Netzwerk zur Verfügung zu stellen

19 Glossar

Begriff	Definition/Erklärung
NNTP (Network News Transport Protocol)	Eine Methode zur Datenübertragung für das Usenet
Offenes Relay	Ein Computer, der nicht authentifizierten Benutzern das Senden von E-Mails erlaubt
ORB/ORBL (Open Relay Blacklist)	Eine Liste von Sites, die als offene Relays angesehen werden
Phishing	Der Vorgang, Benutzer auf gefälschte Websites zu locken, um dort Angaben über ihre Konten zu gewinnen
POP3 (Post Office Protocol)	Eine Methode, um E-Mails von einem Server abzurufen
RAID (Redundant Array of Independent Disks)	Eine Möglichkeit, um dieselben Daten redundant auf mehreren Festplatten zu speichern und damit die E/A-Verwendung und Leistung zu verbessern
SAR (System Activity Reporter)	Ein Werkzeug zur Überwachung der Systemnutzung und -leistung
SMTP (Simple Mail Transfer Protocol)	Der Standard für die Übertragung von E-Mail – aufgrund der Einschränkungen beim Empfang wird SMTP zusammen mit anderen Protokollen wie POP3 oder IMAP verwendet
Spam	Unerwünschte E-Mails, die irgendein Produkt anpreisen
Spammer	Jemand, der Spam-E-Mails sendet
SPF (Sender Policy Framework)	Ein neuer Standard, der überprüft, von welchem Rechner aus ein Benutzer E-Mails senden darf
SSL (Secure Sockets Layer)	Eine Methode zur verschlüsselten Übertragung von Daten über eine Netzwerkverbindung
Statistischer Filter	Eine Methode zur Spam-Erkennung durch mathematische Methoden
Swap-Space	Festplattenspeicher, den ein Computer zur Leistungssteigerung verwendet, indem er Teile des Arbeitsspeicherinhalts dorthin auslagert, wenn sich der betreffende Prozess im Leerlauf befindet
Thrashing	Die übermäßige Verwendung des Swap-Space aufgrund einer hohen Systemlast
Trojanisches Pferd	Software, die nützlich zu sein scheint, in Wirklichkeit aber bösartige Funktionen ausführt; ein Beispiel für Malware
UBE (Unsolicited Bulk Email, unerwünschte Massen-E-Mail)	Spam
UCE (Unsolicited Commercial Email, unerwünschte kommerzielle E-Mail)	Spam
Verschleiern des Inhalts	Tarnen des tatsächlichen Inhalts einer Spam-E-Mail

Begriff	Definition/Erklärung
Webbug	Ein verborgenes Bild in einer E-Mail, mit dessen Hilfe ein Spammer Informationen über die Empfänger abrufen kann
Webserver	Software, die Webseiten erstellt und sendet, oder ein Computer, auf dem diese Software ausgeführt wird
Whitelist	Eine Liste von vertrauenswürdigen Benutzern oder Rechnern, die keine Spam-E-Mails senden; siehe auch Automatische Whitelist
Usenet	Ein Computernetzwerk, das in Newsgroups gegliederte Nachrichten speichert und anzeigt
Zurückweisen (einer E-Mail; »Bouncing«)	Die Verweigerung der Annahme von E-Mails durch einen Server

Stichwortverzeichnis

Zahlen
50_scores.cf *92*

A
Absendervalidierung *35, 260*
Abwehrmaßnahmen
    Absendervalidierung *35*
    Anti-Spam-Programme *39*
    Anti-Spam-Werkzeuge *253*
    Bayes-Filterung *117*
    Beschwerde beim ISP *33*
    Blacklists *33, 174*
    E-Mail-Adressen schützen *53*
    Greylists *259*
    Headeranalyse *34*
    Inhaltsdatenbanken *35*
    Nachrichtenerkennung *64*
    Netzwerktests *137*
    Razor *141*
    Spamfallen *153*
    SPF *259*
    Sprachen ausschließen *184*
    statistische Filterung *34*
    statistische Tests *63*
    Whitelists *35*
add_header *129*
Amavisd-new
    Abhängigkeiten *232*
    Benutzerkonto *233*
    Installation *231*
    Konfiguration *234*
    Quellcode *233*
    RPM *232*
    Wertungen *234*
Arbeitsspeicher *190*
Ausschlusslisten *62*
AWL *176*

B
Bayes-Filterung
    --no-sync *123*
    --rebuild *123*
    automatische Lernfunktion *119, 124*
    automatischer Ablauf der Gültigkeit *124*
    Dateien *90*
    Datenbank entfernen *125*
    Datenbank gemeinsam nutzen *125*
    Deaktivieren *127*
    Einführung *117*
    Header *120*
    manuelles Training *121*
    negative Wertungen *118*
    Regeln *181*
    Regeln bearbeiten *118*
    sa-learn *120*
    Schwellenwert *119*
    Spam für das Training sammeln *115*
    Training *119, 183*
    verlernen *123*
    Wertungssystem *117*
bayes_auto_expire *124*
bayes_auto_learn *119*
bayes_auto_learn_threshold_ *119*
bayes_expiry_max_db_size *125*
bayes_journal *125*
Benutzervoreinstellungen *203*
Betreffzeile *136, 246*
Blacklists
    Adressen melden *63*
    automatische Meldung *63*
    Direktiven *174*
    DNS-Blacklists *62*
    falsche Klassifizierung *177*
    Kategorien *62*
    Manuell anlegen *174*
    ORBLs *33, 43*
    RBLs *139*
    SpamCop *181*
    SURBL *64*
Bounce-Nachricht *113*
Build-Fehler *78*

C
C-Compiler *75*
CAN-SPAM Act *27*
Carter, Laurence *25*
CAUCE *27*
ClamAV *108*
Corpus *167*
CPAN *72, 74, 76, 78, 201*
CPANPLUS *84*
CPU *190, 192, 197*
cron *192, 218*
Cygwin *81*
Czahor, Raymond *24*

D

DCC
    aufrufen *198*
    Effektivität *139*
    Header *153*
    Hilfe *151, 153*
    Installation *151*
    Konfiguration von SpamAssassin *151*
    Netzwerk *151*
    testen *152*
    Voraussetzungen *151*
    Wertungen *153*
dcc_add_header *153*
Debian *80, 85*
dot-forward *101*

E

E-Commerce *261*
E-Mail-Adressen
    Blacklists *175*
    Firmenrichtlinien *58*
    gefälschte Absenderadresse *113, 174*
    JavaScript *54*
    nachverfolgen *57*
    Personal *58*
    Registrierung auf Websites *57*
    reisende Mitarbeiter *176*
    sammeln *32, 53*
    schützen *54*
    Spam-Fallen *154*
    Validierung *59*
    verschleiern *56*
    Websites *53*
    Werbematerial *59*
    Whitelist *175*
E-Mail-Clients
    Eudora *250*
    konfigurieren *239*
    Microsoft Outlook *240*
    Mozilla Thunderbird *247*
    Outlook Express *245*
    Pine *122*
    Spam in Ordner verschieben *240*
    The Bat! *69*
E-Mail-Gateway
    Amavisd-new *231*
    Backup *236*
    einsetzen *237*
    Firewall *237*
    Funktionsweise *223*
    Hardware *224*
    IP-Adresse *237*
    Linux-Distribution *225*
    MX-Eintrag *237*
    Netzwerkkarten *225*
    Partitionierung *226*
    RAID *224, 227*
    testen *236*
    Weiterleitung an E-Mail-Server *229*
enable-unix-pipe-command *122*
Engpässe *189, 192*
EU-Direktive 2002/58/EC *27*
Exim
    Konfiguration *49*
    Procmail *100*
    SpamAssassin integrieren *107*
    zusätzlicher Spamfilter *258*

F

Falschschreibung *61*
Festplatten-E/A *191f.*
Filter
    Bayes-Filter *34*
    bewerten *254*
    eigenständiger Rechner *255*
    Filter-Poisoning *32*
    Konfiguration eines Zweitfilters *255*
    mehrere Rechner *256*
    Procmail *255*
    statistische Filter *34, 64*
    Training *121*
    verbessern *177*
    verknüpfen *254*
Firewalls
    DCC *151*
    E-Mail-Gateway *236f.*
    Pyzor *147*
    Razor *141*
--forget *123, 184*

G

Gebietschemata *186*
Gentoo *81, 85*
Greylists *259*
groupadd *97*

H

Habeas Sender Warranted Email *69*
Ham
    als Spam gekennzeichnet *68, 121, 177, 182*
    Definition *24*
    über offene Relays *34*
    Whitelists *174*
Hardware-RAID *224*
Harvesting *53*

Stichwortverzeichnis

Header
    ändern 132
    analysieren 34, 62, 65
    entfernen 132
    erstellen 132
    Fehlerdiagnose 110
    gefälschte Absenderadresse 59
    gefälschte Header 66
    MIMEDefang 106
    Regeln 158
    SpamAssassin 131, 239
    Sprachen 184
    Struktur 65
    Subject 245
    The Bat! 69
    X-Spam-DCC 152
    X-Spam-Level 213
    X-Spam-Pyzor 149
    X-Spam-Report 146
    X-Spam-Status 121, 180, 184, 240
    Zeichensatz 185
HELO 66
HTML-E-Mails 69, 166

I
IMAP 241, 247
Inhaltsprüfung 34, 61
Internet Black Hole of Death 63
ISP
    Auswahl 38
    Beschwerde 33
    Geschäfte mit Spammern 62

L
--lint 82f., 160
Lastenausgleich 200
Leistungsparameter 193
Leistungssteigerung 192

M
mailertable 257
Mailinglisten 56f., 261
mailto:-Links 53
make 76
Mandrake 225
mass-check 168
Massen-E-Mails 68
Metaregeln 162
Milter 104
MIMEDefang 105
MTAs
    Exim 49
    Filterrechner 256
    Konfiguration 44, 47

    Konfiguration für Procmail 99
    Netzwerktests 197
    offene Relays 43
    Postfix 48
    qmail 51
    Sendmail 47, 100
    SpamAssassin integrieren 95, 104, 195
    überprüfen 110
    Umgang mit Spam 112
mynetworks 48
MySQL 202
mysqladmin 202

N
--no-sync 123
--norebuild 123
Nachrichtenerkennung 64
Netzwerk-E/A 191f.
Netzwerklatenz 191f.
Netzwerktests
    DCC 150
    Erkennungsrate 137
    Gültigkeitsdauer 139, 141
    MTA 197
    Nachrichtenerkennung 64
    Pyzor 147
    vorziehen 197
News 55
NNTP 55

O
OpenView 214

P
.packlist 84
.procmailrc 103
Perl
    Installation 73
    Module 86
    Operatoren 162
    reguläre Ausdrücke 157
    Systemprotokoll analysieren 220
Perzeptron-Lernsystem 92
Phishing 25
Pine 122
Postfix
    Amavisd-new 235
    Domain 228
    Konfiguration 48, 227
    neu laden 230
    Procmail 100
    root 228
    SpamAssassin integrieren 107

Spamfilterung 229
testen 230
zusätzlicher Spamfilter 258
Procmail
.procmailrc 183
Benutzerkonten 95, 102
Beschreibung 98
E-Mails weiterleiten 99
globale Rezeptdatei 104
Installation 99
Installation prüfen 98
Konfiguration 99
Leistungseinbußen 195
MTA-Konfiguration 99
Netzwerktests 197
Rezepte 103
Sendmail 100
Site-umfassender Einsatz 104
sortieren von E-Mails nach Spam-
    Wahrscheinlichkeit 213
Spam für Bayes-Training sammeln 115
Spam zurückweisen 115
Spam-Zähler 216
SpamAssassin aufrufen 183
Spamfilter 255
Vorab-Filterung 195
Zusammenarbeit mit SpamAssassin 95
zusammengesetzte Aktionen 116
Python 147
Pyzor
aufrufen 198
Header 150
Hilfe 150
Installation 148
Konfiguration 148
Konfiguration von SpamAssassin 148
testen 149
Voraussetzungen 147
Wertungen 150
pyzor_add_header 150

Q
qmail
ClamAV 109
dot-forward 101
rcpthosts 51
SpamAssassin integrieren 108
zusätzlicher Spamfilter 259

R
RAID 190
Razor
aufrufen 198
Benutzerkonto 143
Falschmeldungen 143
Funktionsweise 137
Hilfe 147
Identitätskonten 144
Installation 142
Konfiguration 142
Konfiguration von SpamAssassin 145
Prüfsummen 138
Spam melden 144
testen 146
Voraussetzungen 141
Wertung 147
rbl_timeout 139
rcpthosts 51
--rebuild 123
Red Hat 225
Regel-Assistent 241
Regeln
benutzerdefinierte Regelsätze 170
beschleunigen 162
E-Mail-Clients 239
Einführung 158
einrichten 160
Erstellen 158
Eudora 250
kombinieren 162
Mozilla Thunderbird 248
Operatoren 162
Outlook 241
Outlook Express 246
positive Regeln 164
Rohtextregeln 166
testen 160, 167
Testkonto 159
Trefferhäufigkeit 169
Typen 157
Wertungen 91, 161, 170
reguläre Ausdrücke 159, 197
relay_domains 49
Relays
Blacklists 43
erwartetes Relay 174
Funktionsweise 44
MTAs 43
offene Relays 31
ORBLs 33
testen 44, 63
Whitelists 175

Stichwortverzeichnis

rewrite_subject 136
Round-Robin-DNS 200
Router 100, 107, 258
RPM 80, 83, 85, 232

S
sa-learn 86, 120, 184
Safe (Bericht) 133
Schlüsselwortfilter 33
Sender Policy Framework 36, 259
Sendmail
    frühere Versionen 47
    Konfiguration 47
    MIMEDefang 106
    Pluszeichen-Technik 58
    Procmail 100
    SpamAssassin integrieren 104
    zusätzlicher Spamfilter 257
skip_rbl_checks 139
Software-RAID 224, 227
Spam
    Abmeldelinks 59
    Adressen sammeln 32
    Anti-Spam-Techniken 33
    Definition 24
    Durchschnittsgröße 196
    Einführung 23
    einmalige Texte 32
    erkennen 61
    Falschschreibung 61
    Filter Poisoning 32
    Filterdienste 36
    Geschichte 24
    Inhalt verschleiern 32
    Kosten 27
    nach Wahrscheinlichkeit sortieren 213
    offene Relays 43
    Recht 27
    sichern 177
    Software 26
    Techniken 31
    Versanddatum 62
    Versandgeschwindigkeit 26
    zurückweisen 112
Spam Act 2003 29
Spam-Fallen 153
Spam-Zähler 216
SpamAssassin
    --lint 82
    aktualisieren 83
    Amavisd-new 231
    Aufruf über Procmail 195
    ausführbare Dateien 86

Bayes-Datenbank 123f., 126
Bayes-Filter 117
Benutzerkonten 97
benutzerspezifische Konfiguration 90
Benutzervoreinstellungen 203
Berichte 133, 216
Betreffzeile 136, 246
Build-Fehler 78
ClamAV 109
Corpus 168
CPU-intensive Tests 197
Daemon 96, 103, 195, 199
Dateisperrung 200
Datenbanken 200
DCC 151
deinstallieren 84
Distributionen 79
Dokumentation 86
Erkennungsmethoden 40
Erkennungsquote 173
Fehler erkennen 214
Funktionstest 109
Funktionsweise 39
Handhabung 40
Header 129, 239
Heimatverzeichnisse schützen 98
HTML-Nachrichten 69
Installation 71
Installation mit CPAN 76
Installation überprüfen 82
Installationsvoraussetzungen 72
Integration in den MTA 95, 104, 195
Kombination mit anderen Spam-
    filtern 253
Komponenten 85
Konfigurationsdateien 89
Lastenausgleich 200
manuelle Installation 77
Maximalgröße von E-Mails 196
MIMEDefang 105
negative Wertungen 183
Perl-Module 86
Procmail 102, 183
Prozess prüfen 214
Prozessinformationen 82
Pyzor 148
Quellcode 72, 83f.
Razor 145
RBLs 139
Regelbeschreibungen 181
Regeldateien 90
Regeln 157
RPM 83, 85
Schwellenwert ändern 178

Site-umfassende Konfiguration *89*
spamd *96, 214*
Spamrichtlinien *253*
SPF *260*
Sprachen ausschließen *184*
SQL *201*
Standardheader *131*
Standardkonfiguration *89*
Statistiken *218*
SURBLs *140*
Verarbeitungszeit *219*
verteilte Umgebung *201*
Vorab-Filterung *255*
vordefinierte Whitelist-Einträge *174*
Wartung *213*
Wertungen analysieren *180*
Wertungen im Systemprotokoll *179*
Wertungen neu gewichten *180*
Windows *85*
Zeichensätze ausschließen *185*
spamc *86, 96, 200*
SpamCopUri *141*
spamd *86, 96, 214*
Spamfallen *133*
Spammer
    aufspüren *66*
    Beschreibung *25*
    Gary Thuerk *24*
    Kosten *26*
    Laurence Carter *25*
    Melden *67*
    Verurteilungen *29, 69*
Spamtrap (Bericht) *133*
SPF *36*
Spider *53, 154*
SQL
    Bayes-Datenbanken *208*
    Benutzervoreinstellungen *203*
    spamd *203*
    Voraussetzungen *201*
Status-E-Mails *261*
SURBLs *140*
SUSE *226*
Swap-Space *189, 192*
--sync *123*
Systemprotokoll *179, 219*

T
Test-E-Mails *111*
The Bat! *69*
Thuerk, Gary *24*
Tivoli *214*
top *190*
Transporte *100, 107, 258*
Trefferhäufigkeit *169*
Trojanische Pferde *32, 56*

U
UBE *23*
UCE *23*
UNWANTED_LANGUAGE_BODY *185*
URL-Erkennung *64*
Usenet *55*
useradd *97*

V
virtueller Speicher *189*

W
Webbugs *60*
whitelist_from_rcvd *175*
Whitelists
    automatische Whitelist *210*
    Dateien *90*
    Direktiven *174*
    Domains aufnehmen *175*
    Funktionsweise *35*
    Gültigkeit *177*
Windows *81, 85*

X
X-Spam-Checker-Version *131*
X-Spam-DCC *152*
X-Spam-Flag *131*
X-Spam-Level *131, 213*
X-Spam-Pyzor *149*
X-Spam-Report *146*
X-Spam-Status *121, 131, 180, 184, 240*
X-Window-System *227*

Über den Autor

Alistair McDonald ist der Gründer und Geschäftsführer der IT-Beratungsfirma *InRevo* Ltd. in Berkshire, Großbritannien. Bevor er im Jahre 1994 InRevo gründete, hatte er bereits für verschiedene große Unternehmen gearbeitet. Seine Firma bietet IT-Beratung zu Sicherheit, E-Mail und anderen Themen sowie maßgeschneiderte Entwicklungsarbeiten an.

Als Entwickler hat sich Alistair McDonald auf C++ und Perl spezialisiert. Bei der Einführung von Perl beschrieb er die Sprache als »eine ganz neue Ebene der Flexibilität«. Er hat für einen der InRevo-Kunden die Rolle des E-Mail-Administrators übernommen und seine Fähigkeiten anschließend beim Aufsetzen der Server für InRevo noch weiter verbessert.

Als seine liebsten Open-Source-Projekte gibt Alistair McDonald GNU Emacs, den Linux-Kernel, die Gentoo Linux-Distribution, Perl, SpamAssassin und Postfix an. Er ist auch ein großer Fan von Augenschmäusen wie *xplanet* und *xscreensaver*.

Alistair McDonald ist ein Familienmensch, der seine freie Zeit gern mit seiner Frau und seinen zwei Kindern in und um Berkshire verbringt, wo er bereits seit zehn Jahren lebt.

Über die technischen Gutachter

Kevin Peuhkurinen lebt in Ontario auf dem Lande und arbeitet als Netzwerk-Sicherheitsanalytiker für eine Finanzgesellschaft in Toronto, wo seine ständigen Open Source-Predigten oftmals seine Mitarbeiter stören. Wenn er gerade keine Spam-E-Mails bekämpft, fährt er schwere Motorräder oder stromert mit seinen beiden irischen Wolfshunden. Er kann über die SpamAssassin-Benutzermailingliste erreicht werden und freut sich immer, wenn er anderen helfen kann.

Chris Santerre arbeitet als Systemadministrator in Providence, Rhode Island. Er hat das SARE (SpamAssassin Rule Emporium) unter *www.rulesemporium.com* gestartet, das benutzerdefinierte Regelsätze für SpamAssassin beherbergt. Sein Regelsatz Big-Evil durchsucht E-Mails nach den URLs bekannter Spammer. Er leistet auch inhaltliche Beiträge für *www.surbl.org*. Chris Santeree arbeitet weiterhin mit den SARE-»Ninjas« zusammen, um die SARE-Regeln für SpamAssassin stets auf dem neuesten Stand zu halten und ermuntert jeden dazu, sich ein professionelles Eishockeyspiel live anzuschauen.

... aktuelles Fachwissen rund um die Uhr – zum Probelesen, Downloaden oder auch auf Papier.

www.InformIT.de

InformIT.de, Partner von **Addison-Wesley**, ist unsere Antwort auf alle Fragen der IT-Branche.

In Zusammenarbeit mit den Top-Autoren von Addison-Wesley, absoluten Spezialisten ihres Fachgebiets, bieten wir Ihnen ständig hochinteressante, brandaktuelle Informationen und kompetente Lösungen zu nahezu allen IT-Themen.

wenn Sie mehr wissen wollen ...   **www.InformIT.de**

THE SIGN OF EXCELLENCE

VPN mit Linux

Ralf Spenneberg

Ralf Spenneberg beschreibt in seinem zweiten Buch zu Linux-Sicherheit die Konfiguration und den Betrieb eines VPN mit FreeS/wan (für Kernel 2.4) und Kernel Ipsec (für den neuen Kernel 2.6). Anschließend behandelt er Fragen der fortgeschrittenen VPN-Konfiguration wie den Einsatz in heterogenen Netzen, Bandbreiten-Kontrolle, NAT-Traversal u.v.a.m.

Open Source Library

426 Seiten, 1 CD
€ 49,95 [D] / € 51,40 [A]
ISBN 3-8273-2114-X

www.addison-wesley.de

▼ ADDISON-WESLEY

THE SIGN OF EXCELLENCE

Professionelle PHP 5-Programmierung

George Schlossnagle

Mit diesem Buch lernen Sie, wie Sie große und kritische Anwendungen – z.B. für Unternehmenssites – erfolgreich mit PHP 5 programmieren. PHP-Mitentwickler George Schlossnagle beschreibt objektorientierte PHP-Programmierung mit Design Patterns, legt dar, wie sich dank Unit Testing die Qualität der PHP-Entwicklung unmittelbar steigern lässt, und zeigt Wege der professionellen Fehlerbehandlung. Er zeigt auch die für den Unternehmenseinsatz unentbehrliche Entwicklung verteilter Anwendungen und Webservices und schließt mit der z.Zt. umfassendsten Anleitung zum Schreiben von eigenen PHP-Erweiterungen – ein Muss für jeden ambitionierten PHP-Programmierer!

ISBN 3-8273-2198-0
704 Seiten
€ 49,95 [D]

www.addison-wesley.de

ADDISON-WESLEY

THE SIGN OF EXCELLENCE

Linux/Unix-Systemprogrammierung

Helmut Herold

Ein Buch für alle, die mehr über die Interna von Linux/Unix wissen möchten! Es behandelt die Systemprogrammierung unter Linux/Unix und gibt auch Einblicke in die Datenstrukturen und Algorithmen. Neu hinzugekommen sind in der dritten Auflage ein Kapitel zur Netzwerkprogrammierung mit Sockets und ein Kapitel zur Threadprogrammierung. Aufgrund der über 200 Beispiel- und Übungsprogramme eignet sich dieses Buch sowohl zum Selbststudium als auch als Nachschlagewerk.

1300 Seiten
€ 59,95 [D] / € 61,70 [A]
ISBN 3-8273-2160-3

www.addison-wesley.de

ADDISON-WESLEY

THE SIGN OF EXCELLENCE

Scriptprogrammierung für Solaris & Linux

Wolfgang und Jörg Schorn

Dieses Buch bietet Ihnen eine Referenz zu Tools, Sprachen und Anwendungsbeispielen der Skriptprogrammierung unter Solaris und Linux. Die Autoren beschreiben zunächst ausführlich das Skript-Entwicklungstool nawk und führen anschließend am Beispiel der Korn-Shell detailliert in alle Aspekte der Shell-Programmierung ein (mit grep, sort sowie sed). In einem umfassenden Praxisteil zeigen die Autoren dann exemplarisch, wie mit den beschriebenen Tools, der Korn-Shell und Perl Aufgaben aus der täglichen Administrationspraxis bewältigt werden. Neben der konkreten Problemlösung zeigt das Buch stets, wie Shellskripte aufgebaut und dokumentiert werden müssen, um nachvollziehbar, übertragbar, wartbar und damit weiträumiger einsetzbar zu sein.

August 2004
400 Seiten
€ 49,95 [D]
ISBN 3-8273-2115-8

ADDISON-WESLEY

www.addison-wesley.de